新媒体拯救报业？

陈国权 著

南方日报出版社
NANFANG DAILY PRESS

图书在版编目（CIP）数据

新媒体拯救报业？ / 陈国权著. -- 广州 : 南方日报出版社，2012.1
ISBN 978-7-5491-0277-8

Ⅰ. ①新… Ⅱ. ①陈… Ⅲ. ①报纸－新闻工作－研究－中国 Ⅳ. ①G219.2

中国版本图书馆 CIP 数据核字(2011)第 236685 号

新媒体拯救报业？ 陈国权 著

出版发行：南方日报出版社
地　　址：广州市广州大道中 289 号
电　　话：（020）83000502
经　　销：全国新华书店
印　　刷：广州市怡升印刷有限公司
开　　本：787mm×1092mm　1/16
印　　张：15.5
字　　数：280 千字
版　　次：2012 年 1 月第 1 版
印　　次：2012 年 1 月第 1 次印刷
定　　价：30.00 元

投稿热线：（020）83000503　读者热线：（020）83000502

网址：http://nf.nfdaily.cn/press/

发现印装质量问题，影响阅读，请与承印厂联系调换

目录

序言一

“拯救”报业要有新思路

范以锦

新媒体带来的不仅是传媒业发展的机遇，也给传统报业带来了巨大的挑战和严峻的考验，报业经营者的兴奋、焦躁、困惑交织在一起。伴随而来的热门话题是：报业是进入漫长的“严冬”还是依然有其乐融融的“春天”？传统媒体转型中如何选择正确的路径？新媒体是纸媒的救世主还是加快纸媒消亡的毁灭者？赞同的、质疑的、反对的，多元的看法和观点不绝于耳。在这一背景下，陈国权的新著《新媒体拯救报业？》应运而生。这本书的题目有个大问号，这问号鲜明地表达出其对某种流行观点的质疑，毫无疑问又会在不休的争论中再来一把“火上加油”。不管你是完全赞同，部分赞同或是根本不赞同此书的观点，此书都是要告诉传媒人“拯救”报业要有新思路，对这一观点相信多数人是不会持异议的，因为“思路”决定“出路”的观点早就成为主流人群的共识。

《新媒体拯救报业？》一书，展示了传媒细分导致传媒分化的趋势，介绍了报业利用新媒体、借用新媒体、运作新媒体的失败和成功例子。这些例子，传统媒体经营者都非常熟悉，其中有些困扰至今难以解决。比如，最困扰报纸的是在转型中至今还没有清晰的市场模式、赢利模式。传统纸媒无论是与新媒体互动还是融合，创办的新媒体大都仍然难以赢利。表象的问题显而易见，但找到实质性的问题就难了。《新媒体拯救报业？》的作者试图在这方面进行有别于他人的探索。书中阐述了失败的原因或成功的理由，分析了新形势下报业发展的规律及运作新媒体的规律，进而尖锐地提出：为什么“报人办网，十年不成”？为什么报业运作了那么多的新媒体却很少找到赢利模式？为什么报业在与新媒体的竞争中总是处于弱势？为什么手机报能暂时成功？

陈国权为何能提出那么多“为什么”？我们先来看看他的职业经历吧！他现就职于新华社新闻研究所，任《中国记者》杂志值班编辑，是宁波大学特聘教授，主要研究报业竞争的状况和有关规律。他不仅在各类专业核心期刊发表了一批很有见地的论文，而且从2010年8月起在《中国记者》杂志上发起策划了“报业竞争与新媒体征程”专题栏目，并到北京、成都、广州、武汉、上海、南京、福州、厦门、西安、济南、青岛、烟台、香港等城市实地调查，走访了60余家报社，对各区域报业运作新媒体的情况进行了调研。至此，《中国记者》已按6期专题刊发了几十篇文章，反响很大。2011年5月，受《中国报业》邀约，他又在《中国报业》杂志上开设了个人专栏“报业观察”，对报业应对、运用新媒体的情况进行综合分析研判。

正是这些特殊的经历和不随波逐流的个性，促使作者独立思考，对报业现状和未来走势的看法有些与众不同。比如，其提出的“媒体不应仅仅传播新闻”、“‘未来的内容提供商’不切实际”、“区域特性是报业为数不多的最后防线，应该坚守它”、“免费报能自主选择读者，而收费报只能被读者选择”、“报纸电子版应该取消”、“不能指望手机报的广告”、“报料平台不仅仅只能作为报料”、“权威性、公信力是报纸微博的绝对优势”等观点，看得出是进行过认真调研后的深入思考。

这些年来报业研究和报业实践的核心观点是报业要和新媒体融合，绝大部分人认为，“拯救报业”的终极武器就是报业与新媒体融合。“媒介融合”概念风靡一时，不仅写新媒体时代的文章要讲“媒介融合”这个词、媒体老总们凑一起开会发言不离“媒介融合”话题，就连传媒单位如果不整个“全媒体”融合一下，好像都不叫新媒体时代的事业发展。作者对这种“媒介融合”理念持否定的态度，并将这种现象形象地描绘为“媒体大兴土木搞融合的怪象”。本书认为，这个被普遍认同却又错误的观点是导致这么多年报业运作新媒体苦苦找不到赢利模式的主要原因。《新媒体拯救报业？》一书直截了当地逼问：“媒介能融合吗？”“媒介融合能拯救报业吗？”

当今“全媒体”成为一个热词，特别是在报业界，频繁见诸各种报道、报社的发展规划、报业负责人的讲话、学者的论著和演说中，许多新成立的媒体机构也以“全媒体”冠名。一时间，“全媒体”之风刮遍全国，成为一股热潮，成为一种时髦。此书作者在冷静审视之后认为，这股“全媒体”热带有很大的盲目性，很多人其实对“全媒体”到底意味着什么并不了解，对“全媒体”之路是否可行也未加论证，往往是被这股热浪所裹挟，或者是被新概念所迷惑，甚至是出于从众心理而盲目跟风。此书尖锐地指出，这股疯狂的“全媒体”热，实际上是中国传媒界面对新媒体带来的挑战压力与“拯救报业”的机遇诱惑陷入一个集体迷思状态中，它从根本上错误理解了媒介融合的含义及影响，完全无视不同媒体机构的差异，无视不同媒体业态的特殊性。对于报纸办的“大而全”或“小而全”的网站，此书也“大泼冷水”，指出不少报纸网站存在的问题是什么都想学、什么都想要，最后搞得网站像个大杂烩，什么都有，什么都不精，而且大家都一样，没有一点特色。这个痼疾不治愈，报纸网站就只能成为报纸内容另一个可有可无的落地渠道，根本承担不起“拯救报业”的使命。在提出疑问的同时，作者有针对性地阐述他对传统媒体介入新媒体的核心观点：今后传媒发展的趋势不是融合，而应该是分化，传媒实实在在地在分化，媒介融合只有少数媒体在比较严格的技术条件下才有实现的可能。

此书断言，“拯救报业”一是做好报纸，二是做好新媒体，三是不能为了拯救报纸而发展新媒体。

尽管对于书中的某些观点我并不赞同，相信其他读者也会提出这样那样的异议，但我依然认为《新媒体拯救报业？》是一部好作品。这不仅表现在书中有许多我认同的看法和观点，更为重要的是书中提供的一种思维方式能引发众人对报业介入新媒体的反思和深入探讨。传统媒体介入新媒体要找到赢利模式、发展模式，是一个漫长的过程，那些实力强大的门户网站也是经过多年探索才取得成功的。纸媒介入新媒体起步比较晚，一味模仿走在前头的门户网站难以突破，把纸媒原有的赢利模式搬过来也行不通。不闻不问，拒新媒体于门外不行；急于求成，盲目乱冲乱撞也无法成功。要走出一条既有别于传统纸媒又有别于门户网站的适合纸媒发展新媒体的新路，就需要不断探索和创新。《新媒体拯救报业？》一书提出的许多探索性的观点，对正处在十字路口困惑中的报业来说，提出了可供借鉴的突围思路。

（作序者为暨南大学新闻与传播学院院长、教授、博士生导师）

序言二

媒介融合的报业反思

张立伟

这是一本不合时宜的书。

现在的时尚就是要新媒体拯救报业，基本途径是媒介融合，特宠话题是“全媒体”。新闻学界、业界聚会，不说两句“全媒体”，你都不好意思，好像20世纪80年代在餐桌上不说弗洛伊德、萨特，那顿饭都低了档次……

这场响当当又闹哄哄的时髦，有个致命弱点——缺少实践追踪。从一些初步摸索的业界苗头，加上一些事先确定且不容置疑的大词、关键词，直接推断“应该”：数字化→数字报业→新媒体拯救报业→媒介融合……或者，吓唬不融合将如何如何……

但那些融合的先行者又如何呀？他们开心拉风吗，还是后悔搭错车？这本书就是对其的追踪分析，实地调查中国报业的媒介融合实践，得出与流行见解不同的结论。本书价值在以下三点：

一是融合业态盘点。多亏作者的细心打捞，我们回忆起短短10年，中国报业竟创造了那么多新媒体业态：PDF版电子报、报纸新闻网站、手机报、报纸二维码、有声报纸、3D报纸、电子阅读器、LED显示屏、微博、城市通、视频网站、QQ报料平台、社区网站……忽然iPhone，忽然iPad，要多潮有多潮！猛一看，真要说媒介融合是大势所趋。但本书不从人云亦云的“大势”出发，而实事求是地从“小事”入手，追踪调查这些业态效果如何。只看一个快被遗忘的有声报纸，因为它当年被寄予厚望：

“让传统意义上的视觉媒介插上声音的翅膀。”

“集报纸、电台和互联网三家之长，完成了新闻传播方式的一次‘技术革命’。”

“将传统纸质媒体与高新科技成果联姻，诞生全国首份‘有声报纸’，继报纸、电台、电视和‘第四媒体’——网络之后，开启了一个全新的传媒时代，在中国新闻史上写下新篇。”

信了这些话，有声报纸还要超越互联网！超越了吗？作者告诉我们，2005年、2006年是有声报纸最繁荣的时候，成都、合肥、沈阳、江西、广州、宁波都办过，只是，现在都到哪儿去了？没有了，再也没有它们的消息。有声报纸消失得窝囊透顶，不是“啪”的一响，而是“嘘”的一声……沦为不够资格见报的鸡毛级悲剧。消失的原因，作者自有分析，我不重复了。

从这个样本就显出本书的价值，它追踪盘点了近10年中国报业运用新媒体的主要业态。只要忽视报纸特征搞融合，老实说，都是烧香反倒引出鬼来！业界读读这本书吧，至少知道别人走过哪些弯路。融合无涯钱也有涯，哪里都靠自己摸索，盲人摸象，摸着象鼻当象鞭！学界也读读这本书吧，那么多融合业态都失败了，还大言不惭媒介融合是大趋势么？全球媒介融合的突出现象，是业界才开始摸索，学界就开始发挥，急匆匆把少数案例总结成“趋势”或“规律”，也不去追踪这些规律践行者走到了哪一步，效果如何？令人想起那部英国喜剧中的钢琴家，弹琴弹得表情十足，只是——不大准确……

二是融合理路反思。现实中确实有一些成功的媒介融合，这又如何解释？大海起潮，乍一看不知是涨潮还是落潮，我们看见一些媒介融合现象，也看见一些反融合，即媒介分化现象，问题是，谁是主流？作者深入现象背后，在反思媒介融合的基本理路后提出：“传媒发展趋势不是融合，而是分化”，“媒介融合只在很少情况下，加上严格的技术条件，才有可能”。

融合是边缘，分化是主流，根源在社会分工。本书多处强调分工，要讲趋势，这才是“大趋势”。以前读萨缪尔森的《经济学》，对其论分工印象很深，忍不住找出来抄两段，与作者“和鸣”：

“专业化使得每个人和每一地区都能最有效地使用其特殊的技能和有利资源。即使在原始社会，人们也知道，与其叫每个人以平庸的方式做每一件事，还不如实行分工：叫动作迟缓的人去钓鱼、瘦子去打猎、聪明人去制药。”

“专业化的基础是人与人之间能力上的差别，此外，专业化也加深和创造差别。打猎使人瘦，也使瘦子容易接近猎物。”

“专业化使职能简单化成为可能，后者又为机械化和使用节约劳动的资本铺平了道路。同时，专业化避免了每个人什么都做，而需要人手一套工具的浪费。”

最后一句又不对了！当前的时髦是人手一部iPhone，如同人手一根钓鱼竿！作为福利挺好的，是潮涨还是潮落啊？用本书作者“分化是主流，根源在分工”的思路去观察，大概是泡沫化的浪漫，可以在员工通讯上登登，不值得见报。再用这个思路去观察一些现象，也不必试玉要烧三日满，现在就可以做出判断。比如，当前红角儿“全媒体”，作者分析其众多弊端，如：新闻同质化无法避免、缺少赢利模式等等，我尤其感兴趣的是作者跟随全媒体记者一起采访，然后分析：

“气喘吁吁的全媒体记者。他必须会摆弄要用到的所有媒介……比较技术的熟练，思维的转型更加困难。采访归来，要写各种各样的稿子，发送到各种各样的媒介，满足各种各样的口味……心力交瘁了还在进行体力的透支。装备的重量就让体质较弱的记者承受不起。电脑、照相机、摄像机随身携带，十几公斤的重量背着跑路，一天下来，不累趴下的可能是运动员。”

我想，不管技术上多么可能，全媒体最后的敌人是人的肉身！我们天生就是这样的人，干一些事比较擅长，干另一些事却非常笨拙。只说文字记者，有的擅采访，有的长写作，写作又有长于消息、通讯、评论之分，消息又有善于成就报道或舆论监督之别……全媒体要把记者搞成全能，连文字记者非常陌生的音频、视频都要掌握，这样的记者怕要上帝来当！甚至连上帝都不能创造一块他举不起来的石头，全媒体最终跨不过“人性的障碍”！

三是拯救报业新路。现在市面上已有好几本论报业未来的书，有的叫“突围”，有的叫“转型”，有的叫“数字报业”，有的就叫“拯救”，这些书共同的核心观点，都是新媒体拯救报业，途径都离不了媒介融合。那么，这些书站在高坡上，挥手指方向，指的都是同一条路。本书则详细盘点这条路如何没走通，反思其将来也走不通，作者提出了另一条拯救报业之路：做好报纸，用好新媒体。

做好报纸的前提是清醒认识报纸的特征。作者分析融合失败，不应该那么做，不断追究其忽略或违背了报纸的哪些特征。在一片媒介融合的喧嚣中，这样的研究真是久违了，作者说了不少别人没说过的话，因此我说它是“新路”。对照大洋彼岸，还可看出这是拯救报纸的“正路”。要吸取美国报纸的教训，百多年来，它们在新技术、新媒介逼来时，坚持做好报纸开拓新边疆。有了电报，开发出倒金字塔；有了广播，开发出深度报道；有了电视，再造了图片新闻……这些都引领了世界潮流。但面对互联网，它拿出了什么骄人业绩？1998年，合众社CEO杰姆•亚当斯在一系列会议上到处断言：互联网将在5年之内吞没传统媒体，这位名人的话在业界内引起不小震动——顺便说一句，国内有关部门也迅速将其讲话译成中文作参考。现在大家熟知的“报纸消亡论”——到2043年日报没有读者了，其实是拾亚当斯的牙慧，按亚当斯的说法，报纸消亡的确切日期是2003年！

别笑！这是一场美国流感。比亚当斯还早，1987年就有《圣何赛信使报》创办电子版，被欢呼为“美国在报纸电子化上创造了世界第一”、“一个全新的媒体时代来临了”。要说新老媒介融合，这大概也是最早的。然后才有《纽约时报》、《华尔街日报》纷纷上网，然后才有媒介融合的理论，然后进一步推动以新媒体拯救报业。吊诡得像部惊悚片：越是用新媒体拯救报业，报业危机越重！纵观全球，美国报业遭受重创在全世界中最深……我们这儿还常有人论述美国报业如何发展新媒体，以反衬中国落后，殊不知美国报业已不做大哥好多年了……

美国报业陷入了“自我应验的预言”：以为报纸要灭亡，赶快拥抱新媒体，结果加速自己衰落，再拥抱，再衰落……除了抱抱新媒体，美国报业这10年究竟有什么显著成就，能够与倒金字塔、深度报道、图片新闻媲美的，说出来大家就公认的引领世界潮流的进展？这条路真该反思了，不是心诚则灵，没有情人的情人节，烧香就有艳遇。

本书认为拯救报业之路要反过来，做好报纸是根本，同时放手运用新媒体。如作者论QQ报料，不要局限于“报料”，应发展为综合性服务平台，其可以：1.咨询服务联系读者；2.主动推送扩大影响；3.抢发新闻提高时效；4.开展新闻调查，收集信息；5.开展活动吸引参与。这些都是来自实践的经验总结，每一条都有坚实案例作支撑。读本书时我总在想：拯救报业究竟该从实践中行之有效的经验出发，还是从一套说得好听、看起养眼的光鲜话语出发呢？

后者当然很新，很时尚，有个经典的时尚之问：眼镜是怎么回事？答：现在流行打扮得像个文化人！跟风问一句：媒介融合是怎么回事？答：现在流行打扮得像个数字人！

康德说：新颖使时尚具有吸引力。在数字人浪潮中，“多媒体”、“跨媒体”也曾新得厉害，后来慢慢旧了，于是有了“媒介融合”；“媒介融合”现在也有点旧了，于是走红了“全媒体”……更上一层楼，才能掩盖另一层楼的倒塌；最大的成就是留影，张三到此一游……时尚的宿命就是短命，时尚演进得越快，也越容易被忘却。这本书不追时尚，但它瞄准了真问题，提出了拯救报业的新思路，只要报业危机还在，报业与新媒体的关系还得处理，这本书就有人读。

这是一本不合时宜的书，因此，也不担心很快过时。

（作序者为四川省社会科学院新闻传播研究所所长、二级研究员）

自序

报业的未来在哪里?

把一个大家都谈得很滥的话题拿来作为自序的题目，这需要莫大的勇气。一位懂行的朋友告诉我，自序非常重要，很多读者一般看自序就会决定是否把这本书读下去。

冒着失去读者的风险使用这个题目，缘自于这本书对于报业未来的充分关注。虽然，从内容上看，本书十二章的绝大部分篇幅都用在探讨报业运用新媒体失败和成功的案例上，跟未来没多大关系；但是，正是基于对报业未来的思考，才使这些案例探讨、理念分析、思路展望具有更明确的指向、更大的意义、更高的价值。

一

报业面临寒冬、拐点，报纸即将灭亡，报人们将拍拍屁股走路……相信绝大部分报人、相关学者都曾有过对报业未来的担心。

事实上，今天，似乎从来没有其他任何一种媒介形态像报纸那样不自信。从互联网出现的时候就开始担心生存问题，后来，每一种媒介形态的出现，都使报纸又多了份忧虑，甚至是媒介形态的一种新的赢利模式，如植根于互联网的搜索竞价排名模式、视频分享模式、社交网站模式等等，都让报纸平添了几分忧愁，更不必说新闻门户网站、手机短信、博客、微博、iPad……

强烈危机感的结果是积极地行动起来，报纸与新媒体之间的关系成为业界学界最热门的话题之一，与新媒体融合被广泛地认为是拯救报业的王道。融合新媒体、利用新媒体、借用新媒体，也发展新媒体。短短几年时间，就创造和使用了很多新奇的报业新媒体种类，如PDF版电子报、报纸新闻网站、手机报、报纸二维码、有声报纸、3D报纸、iPad终端、电子阅读器、LED显示屏、微博、城市通、视频网站、QQ报料平台、免费报纸、社区网站等等。

结果却是让人伤心的。这些年来，报业做的这些曾被寄予厚望的新媒体，在告诉人们“哪些不能做”的方面是非常成功的，但是在告诉人们“哪些能做”的方面却少有建树。这也是很多报人认同的观点，实践就摆在那里，容不得虚构或者夸耀。因此，我们是否应该反思，支持这些千奇百怪的新媒体形态的理念有没有问题。

二

“拯救报纸的手段就是与新媒体融合”，“媒介融合是传媒发展的必然规律”，当我经常看到这样的句子出现在某些文章开头时，最想问的是：“凭什么这么断言，依据是什么？”能称之为规律的东西必定是经得起实践检验的。面对新媒体，报业实施媒介融合已经有些年头了，但却依然被动，也没见缓过劲来，依然一天到晚在谈论危机、出路。从发展历史看，媒介融合这个提法这些年来有的只是做法，没有听说过结果，我所指的结果是媒介融合所创造的成功的可以推广的赢利模式；那为什么媒介融合就一定是传媒发展的必然规律？国外的报业媒介融合之路真的成功了吗？我们所见到的依然是国外报纸纷纷裁人倒闭的现实。

媒介融合理论还认为，强大事物来了，应对强大事物的方法便是将强大事物的优势拿来为我所用，这是报业利用新媒体的流行理念；但关键问题是天资使然，自身条件限制，再怎么“拿来”，也无法让一只斑马变成一头狮子。

为什么不考虑强大事物的弱点和自身的强项呢？挑战狮子的方法并不只是变得跟狮子一样强壮，生物的竞争规律不是那样的，斑马可以跑得更快、反应更敏捷、进化得更聪明、身上的条纹更炫目，它也能生存繁衍。

同样，传媒竞争也应秉持这种分化思维。任何明智的竞争都应该坚持这种分化的思维方式。

三

本书的内容应该分为两个方面：一是报业怎么做好报纸；二是报业怎么做好新媒体。这两方面都需要这种分化思维。

报纸要在新的媒介竞争形势下生存发展，必须有别于新媒体，而不是一个劲地学习新媒体的皮毛功夫，再拿出来跟新媒体显摆；还应该发挥自己独特的且新媒体所没有的优势，如深度、权威、随性；集中力量做强一点，不及其余，就能成为竞争的强者。

报纸所运作的新媒体形态也应在分化基础上坚持差异化、细分法则，与现存的新媒体形态区分开来，而不是跟着新媒体后面屁颠屁颠地跑。

不正确理念的指引使报纸总是很被动，新闻网站起来了，就做报纸新闻网站；手机彩信做好了，就跟人合作手机报；阅读器发明了，就开发电子阅读器；微博火了，就开通报纸微博账号；苹果成为潮流，就争抢到iPad上客户端。一次又一次，报纸总是忠实地扮演着追随者的角色。就像芙蓉姐姐后面的“天仙妹妹”、“凤凰娘娘”、“二月丫头”一样，一直在模仿，从未有突破。

报业好像很少能独立创造一种有价值、能推广的新媒体赢利渠道或赢利模式。报业并不缺乏资金，这些年的经济发展给大部分报社积累了大量的资本；报业也不缺人才，报社的优厚待遇与新闻工作者的社会地位使大量的高素质人才挤破头地想往报社进；报业更不缺资源，运作新媒体形态的各种资源报业都不缺；报业缺少的是理念。有了报纸的依托，兴办新媒体应该成本更低，赢利更大，但是正因为有了报纸的依托，在创办新媒体时，都希望能跟报纸扯上关系，好像这样才能达到资源整合的目的，才不至于浪费资源。不浪费的结果就是所谓“取长补短”、“资源整合”，但实际上却导致创新不彻底，互拖后腿，整成个四不像。

四

技术的进步似乎永无止境。现在，一种新的媒介形态，或者一种新的媒介赢利模式被创造出来的间隔时间越来越短，报业跟随的脚步也越来越快，但也越来越被动了。

首要问题是找不到赢利模式，报业跟随新媒体的脚步，创造了那么多新奇的报业新形态，然而能实现赢利的基本没有，烧钱烧了那么久，回报却依然很少，仍然在被动地跟随。

而且，随着报业跟随新媒体的速率变快，越来越多的报业集团，甚至是一些地市报组建的小报业集团正在成为功能越来越多的“庞然大物”——全媒体集团，拥有各种各样的新媒体形态，网站、手机报、微博、LED显示屏、iPad客户端、电子阅读器、城市通等数不胜数的渠道。

为了应付自身这么多的渠道，一些县市级的报业集团也不由自主地成为内容供应商，原来的报纸采编部门必须向集团内其他媒介形态供稿；但它们总是被“庞大”冲昏了头脑，以为这种内部的内容供应商可以延展至其他媒体，成为可以向其他媒体卖稿的内容供应商。但显然，每个报业集团都成为向全国媒体供稿的内容供应商不现实，都供稿，谁来买稿？媒介种类越来越多的报业集团似乎“什么都有”、“无处不在”，但搞不清楚重点在哪里。规模越来越大，但实际的赢利支撑点却没见增多。

…………

被动的报业如何摆脱被动的局面？报业的未来究竟在哪里？本书试图探讨这个问题。

第一章　报业：给我一个“玩”新媒体的理由

为什么十年前经常有“一纸风行天下”的神话，十年后却很少看到新的报纸创刊？为什么十年前一个策划能让万人空巷，十年后再猛的策划也都是波澜不惊？十年前，报纸之间争斗“凶猛”，为什么现在基本上看不到多少“火爆”场面？十年前，都市报模式被到处成功复制，遍地开花；现在，杭州日报报业集团的19楼网站模式也被四面八方参观学习，为什么却没有完全克隆成功的情况？十年来，为什么报业办了那么多新媒体，却少有成功范例？为什么报业还要大兴土木兴办新媒体？

【本章核心观点】

- 报业“天花板”是不得不面对的现实
- 新媒体是突破报业“天花板”的方式之一
- 报业只是新媒体的“票友”
- 权责利不明晰是“票友”心态的根源

报业在经过较长时间的快速发展后，在内容创新、传播渠道和受众拓展方面走到了一个瓶颈。很多年前，报人们担心的“透明的天花板”终于呈现，这其中，既有报业自身同质竞争的问题，也有经济发展条件的限制，更为重要的是新媒体的层出不穷，在做大传媒蛋糕的同时，也压缩着报业继续发展的空间。

如何突破这个“透明的天花板”，在其他方向突破乏力的情况下，报业不约而同地开始运作新媒体，试将其作为延长纸媒生命周期、拯救报业的利器……

第一节 报业“天花板”的表现

一、没有新报纸出现

“一纸风行天下”虽然是句宣传语，但这绝对是当时大部分市场化报纸创刊时的真实写照。1997年，创办两年的全国第一张都市报——《华西都市报》日发行量接近40万份，广告收入超过9000万元，而在1995年，这份报纸只不过从《四川日报》得到300万元的投资而创刊。一时间，全国几乎所有中型以上的城市都开始创办都市报，而且都是“一纸风行天下”，都市报模式包打天下；很快，都市报就成为一个独立的并在报业市场上占据主角的报种。这源于创新事物的吸引力以及市场空白，几乎没有任何阻挡和竞争压力，空间自然很大。

華西都市報
创业板开市两周年
本报推出《创业班》特别报道
客机烧生物燃油 首飞成功
湄公河惨案基本告破 泰国9军人涉案
救人 宜宾翻船
5船员获救3人失踪
一汽物流基地
熊猫体育公园
洪峰冲击曼谷
救路 两大货车相撞
16吨麦芽糖粘停高速
“广元七绝”“剑门关土鸡”
今日再赶蓉城
救场 娜姐比赛失准
丈夫姜山武汉话咆哮
高科型材高科管道诚邀加盟
028-86969110

《华西都市报》电子版。

跑马圈地时期，全国很多城市的报纸和报纸之间，报业集团与报业集团之间爆发了激烈的“战斗”。出于竞争的需要，各种新报纸层出不穷，每隔一段时间就会有一份新的报纸出现。几年前，当一张新的报纸摆在案头时，甚至还要去百度打听一下这是哪里的报纸，是哪个报业集团办的。报业“黑马”频频出现，几百万元，从党报派几个人以及再招一些人，组成一个草台班子，一张报纸就办成了。现在南京报业市场上叱咤风云的《现代快报》，当年也是一张毫不起眼的小报。1999年10月12日，新华社江苏分社的《现代经济报》在总编辑关文的操持下，更名为《现代快报》，其借以发家的资本只有十几万元，现在却已成长为这样一份在南京数一数二的都市报。

10/11
现代快報
96060
江苏将就高层建筑消防安全举行立法听证会，拟规定——
物管负责保养消防设施消除隐患
无锡交管部门在全国率先推出新规
机动车过斑马线 不让人就罚
推1套特价房 收3000万诚意金
汇金公司增持 四大国有银行股
警方破获两亿元 假冒手机产销网
青岛一起打黑案 扳倒两公安局长
国足今战伊拉克 竞彩投注单场
泰称缅甸毒贩制造湄公河惨案
13名中国船员已确认全部遇害，是劫船运毒还是报复说法不一
龙瑞装饰

《现代快报》电子版。

但是，时过境迁，人们惊奇地发现，近几年来，已经很少有新的报纸创刊，每个城市报纸的数量和报名基本上没有什么变化，5年前有几份报纸，5年后依然还是那几份，只是社长、总编辑走马灯似的换了而已。

这说明，报业竞争的空间已经非常有限，没有多少东西留给新创刊的报纸。新报纸成功的可能性比较低，风险大、投入大，索性就不做了。

二、竞争格局基本稳定

在每个城市，即使有时各报纸出于吸引广告客户或者面子的需要会对自身的排位夸大其词，但实际上各报纸的竞争力和影响力的排名情况，业内都心知肚明。稍微专业点的外地人到一个城市要想知道这个城市的报纸排位，只要随便走几家报摊买几份报纸，然后问问报摊老板，这个城市的报纸排位大概就出来了，虽然不一定完全准确，但也是八九不离十。

非常奇怪的是，经过这么多年的激烈竞争，每家报纸都在绞尽脑汁、拼尽全力往前追，但根据我在2011年对各个城市报纸的实地调研了解，5年前，也就是2006年原来排第一的现在依然是第一，排倒数第一的现在还是倒数第一。

好像也不是报人们不努力的原因，报人们说，似乎无论怎么用劲，却依然是那个样子，没什么变化。

只有报业竞争到达一定程度，没有多少空间时才会出现这种超级稳定的现象。每个人都被这个“天花板”压得死死的，动弹不得。

三、活动影响力被稀释

常常有人回忆起都市报刚创刊时的火爆场面：推出一个活动，“万人空巷”。

1995年，《华西都市报》刚创刊时，曾借助几个著名的策划一跃而起，比如“府南河大合唱”。1995年8月，成都市“府南河工程”拆迁，为配合当地政府，其第一任总编辑席文举策划了“府南河大合唱”活动，举办了“府南河工程知识问答”抽奖活动，“告别府南河的过去”签名、留影活动，“老成都”游府南河，征集“府南河工程”书画作品，拆迁户座谈会，府南河文艺晚会，燃起了成都市民的参与热情，真的是万人空巷，从而也使政府的拆迁工作顺利进行。当时《华西都市报》成功策划的活动还有“孩子回家行动”、“李波反暴利”、“大音棚事件”、“四川明星回家乡”等等，这些都产生了巨大的社会效应和经济效益。[①]其对报纸影响力和发行量的推动让现在的报人们好生羡慕。

现在呢，报纸好不容易策划一个活动，点子好、运作方式成熟、举办者经验丰富、投入成本大，但参与者寥寥，反响就是平平。还看过哪张报纸有让人眼睛为之一亮的活动策划吗？还有一个策划让一份报纸站住脚或抢位成功的吗？

没有。

关键原因是媒介形态的多元化，现在拥有这么多的媒介种类，除了电视广播之外，还有手机、手机报、iPone、iPad、电子书、LED、楼宇电视、公交电视……光是网络上那么多的媒介种类就分食了原来属于报纸的注意力资源。还包括各种各样的栏目和节目种类，报纸能量在逐渐衰减。

更为重要的是，人们的需求、认知、消费多元化了，多元化成为一种社

---

①肖云：《席文举新闻策划》，新华出版社1999年版。

会状态，报纸策划的活动影响力被严重地稀释，原本属于报业的蛋糕也越来越小。

人们常说，现在报业“风平浪静”，各家报纸都没有大的动作，没有发行大战、策划大战、广告大战以及互相对骂。

错了。

不是报业想“风平浪静”，而是再怎么动弹都掀不起多少风浪。

传说中的报业“天花板”真的成了现实！

延伸阅读：

对报业空间计算公式的质疑

前些年，学界业界都比较流行把西方发达国家的数据拿来和我国某行业的发展程度、发展空间作对比，然后得出结论，“我们还有很大的发展空间”。

比如说，我国人均每千人报刊拥有量在世界上排名很靠后，与西欧国家、日本等相比都远远不如。因此，中国报业的发行市场、征订市场还有很大空间。在日本，《读卖新闻》、《每日新闻》、《朝日新闻》的发行量都是在千万份左右，而日本人口只相当于中国的10%左右。假设和日本相比，我们的人口是它的5倍，我们的发行量是它的1/5。从发行角度就可以推断出空间有多么大，不是10倍，也许是100倍的空间。

还有，报刊业的发展取决于广告的承载水平，有多少广告可以投入到报业。中国的报刊业，广告的总数在全国大概是100亿元多一点，这个数字只相当于美国《纽约时报》一家的广告额。按照传媒经济学教材的说法，任何一个社会、任何一个市场的广告额和它的国民生产总值之间的比例大致是3%，如果按照这个标准来推算，中国的报刊业现在只占0.9%，因此，还大有发展余地。

直来直去的数学计算，能轻松地算出一个报业市场还有多少空间。在几年前，很多人也据此得出上海、成都、南京等竞争白热化的城市还可以容纳多少家报纸，还有多少广告空间可以挖掘。

书本或理论上的运算，一旦应用到实际运作中，是那么的可笑与不切实际。影响一个区域报业市场空间的因素实在太多了，经济总量、经济发展成熟度、经济结构、城市文化氛围、市民消费习惯、市民生活习惯、城市所处地理位置、城市布局，甚至是主政领导支持力度等等，都影响着报业可发展的空间。

在成都，市民喜欢喝茶、洗脚、摆龙门阵的生活习惯诞生了中国第一份都市报，并将报业市场空间发掘到极致；而在哈尔滨，由于冬天太冷，市民晚出早归，报纸零售跟不上，致使报业空间发掘不够，而且饱和得也差不多了；在唐山，经济总量很大，增速也很快，但由于大部分都是重工业，第三产业份额低，报业也发展不顺，总量较低；在江苏，省会南京的经济总量还不如苏南的无锡、苏州、常州；而在香港，市民有喝早茶的习惯，而且香港报纸影响力比电视、广播、网络都要大，所以700多万人口，有200多万的日报发行量……

经济总量，也就是GDP只是影响报业经济总量和发展程度的因素之一，虽然也起作用，但绝对不像那个公式算的那样有一个准确数值。

短短几年时间很快就过去了，现在已经很少有人再做这个比较简单的数学题。一是因为它太简单，没有考虑别的因素；二是现在的传媒竞争形势与格局已经今非昔比，传说中的报业“天花板”已经成为现实。

第二节 突破“天花板”的几个可能

各大城市都市报市场格局已定，短期内难以出现大调整，“风平浪静”之余，为各报审视自我，挖掘潜力，突破向上发展的“天花板”和拓展新媒体市场提供了可能。但是到底如何突破？人们都在思考，也在探索。

一、创办一份新的报纸？

前面说过，最近几年已经很少看到新创办的报纸了，这并不是因为报人们没有创业的激情和勇气，而是因为不可能创办成功。一般一个城市都已经拥有好几份都市报，激烈的竞争已经使新办报纸的门槛被抬得很高很高。

现在，在很多城市，当你问一家报社的老总，如果要在你这个城市新创办一份报纸需要多少钱，他们肯定会很惊讶地张大嘴巴，如神人般地看着你，然后说："现在没有人会这么傻了。"即使在中西部一些不发达的区域，新创办一份都市报的可能性都微乎其微，报纸的先期成本实在太高了，就简单以纸价来计算，把人工成本、办公经费等都除去，一份都市报还要2元左右。要想在一个城市有一定的影响力，广告商能开始关注到你，并认为值得投入，必须要有20万份以上的发行量。这样，光新闻纸的成本，一天就是40万元，要想有影响力，20万的发行量必须保持半年以上，150天，就是6000万元。而且现在各个城市报业竞争这么激烈，可能还远没到你能赚钱的时候，你就被其他报纸的一系列降价促销活动给拍死了。所以说，现在如果没有5000万元以上的投入，要新创一张报纸几无可能。

如果有5000万元，那还不如再贷些款，去投资房地产，房地产那种生意，只要拍到地皮就可以开售楼盘卖，远比办报纸来钱来得快。或者就简单炒房，炒高了再卖，远比办报纸收益来得快，来得安全。

还有人认为在一些经济发达的地区，报业广告占经济总量的比率太低，应该还有很大空间。但这完全没有考虑中国的国情和区域经济的特殊性，比如在南京，新创办一份成功的报纸几无可能。这是很多报人的共识。江苏的经济发展情况比较特殊：一是南京的经济总量在江苏全省并不像其他省会城市一样占绝对优势，苏南的苏州、无锡、常州等地经济发展水平也很高；二是江苏全省的经济主要是外向型经济，而外向型经济的特点是广告容量很有限，即使有广告也都是面向海外的。这两个因素影响了立足于南京的几家报纸经济规模的发展。南京都市报发展初期，为了给后来者抬高进入门槛，减少竞争，故意将广告价格压得很低，这么多年来，后来的报纸一直在这个基础上进行广告经营。所以新创办成功报纸绝无可能。

突破性的改变只存在于某些追赶者的想象中。每个城市都有它们的特殊性，报业空间永远受制于这些特殊性，用概念或者公式来计算报业空间行不通。

有人说，新创办报纸可以采用低售价、广告超低的折扣从别人那里抢占市场份额。要知道市场环境和以前相比已经发生了天翻地覆的变化。还是以南京为例，20世纪90年代末，南京新创办报纸很多，刚开始是《江苏商报》以售价两角的挑战者角色杀入，之后是《现代快报》，以一角一份的价格掀起南京报业竞争最高潮。前者效果不佳，后者却成为现在南京报业很有市场话语权的报纸。但如果放到现在，这种竞争方式成功胜算不多：一是白热化的报业竞争到现在，已经没有剩下多少广告资源可以争夺；二是报纸读者没有增加潜力，甚至是在流失；三是监管方式也在改变和加强。在这种背景下，新创办的报纸试图以低价入市无异于自杀。

二、多元化经营?

多元化现在有个比较时髦的词叫“跨界”，就是跨越了自己边界或限制到别人的山头上挣饭吃。经济理论上说，范围经济也就是一个厂商可以利用原有资源生产很多产品，而成本却更低。很多媒体都秉持范围经济理念，进行了多元化，也就是跨界的经营尝试。

在很多人看来，报社拥有很多采编资源，内容却只供一张报纸使用，真是太浪费了。报业尝试过的多元化经营方向有：房地产、会展、演艺公司、旅行社等等。在当前新媒体对传统媒体冲击越来越大的情况下，传统媒体为了改变过度依赖于广告的单一赢利模式问题，都在积极实施产业多元化“跨界”发展战略。

当然，在转型压力下，传统媒体自身谋求创新求变无疑是值得高度肯定的，但是由于传统媒体对其他行业的不熟悉甚至不懂，非相关多元化的扩张，风险巨大。从全国的情况来看，多元化经营做得很成功的并不多，很多都是赔本赚吆喝，图个场面大而已。

早期，报业刚刚走向市场化，有一些盈余，国有资产又无法拿来乱花，就开始大举向多元产业进发。报业多元化经营的种类五花八门，水泥厂、模特儿队、养殖农场，很多行业中都能看到报业的身影。结果绝大部分都失败了，赢利少得可怜，很多行业的运营模式还大大损害了媒体声誉，笑传一路边餐馆老板娘趾高气昂地对工商局来检查的人说：“我是某某报社办的，你可别想罚我，我叫记者来给你曝光。”

痛定思痛之后，报业在反思：多元化经营不能脱离主业。现在这已经成为报业的共识。由此引申出一个概念，叫做延伸报业产业链。即以报业主营业务为基础，向报业上下端的产业链延伸，认为这样可以避免误入不熟悉的领域，向上延伸至印刷、油墨生产、造纸，直至造纸速生林种植；向下延伸至发行、落地渠道拓展、阅读器设计制造、户外广告业务、LED显示屏……

现在这种多元化的运营模式正在经受实践的考验，有人认为报业多元化将会面临：品牌价值被稀释、核心竞争力被摊薄、管理成本增加、产业链条延伸变细变脆等陷阱，需要慎重对待。实际运作成绩也证明了这一担心绝不是杞人忧天，报业延伸的上下游产业并不是报业所熟悉的，而且即使熟悉，也不代表有专业的人来做专业的事情。

三、异地办报?

当一个城市的人口规模、经济总量已经不足以满足报纸发展需求时，很多报人就会思考区域拓展问题。

20世纪末，第一代都市报迅速成长为一个独立的报种，报业的第一层“天花板”问题已经呈现，一些先期发展得比较快的都市报很快就发现，在后起者的追赶和激烈竞争下，发展已经开始受到限制。怎么办呢？异地办报的思路应运而生，当时在异地办得比较多的是《成都商报》。《成都商报》或和本地报纸合股，或独立创办报纸，到处投资，屡败屡战，昆明、内蒙、天津、兰州、南昌……到处都留下了《成都商报》的足迹。它每到一处，就给当地的报业带来巨大的冲击，引发当地新一轮的竞争。但却由于种种原因，几乎都没有成功。[1]

成都商报
A股开门创新低 汇金增持四大行
全球汽车论坛今成都开幕
全部遇难
13名凉公间遇难船员
3人是宜宾屏山书楼人
露营四姑娘山
十余人失踪
成都国际数字娱乐展下月14日开幕
中国IT市场成都指数将发布
三年实现飞跃
解码成都资本市场背后的支撑力量
冻鱼除冰
一斤冻小鲫儿鱼
除冰剩下八两多
开罗冲突
数百人“混战”
24死213人受伤
市中心，精装房，47-80平米
11458元/m² 超值特惠
宁要城南一张床
电话：19008131850
028 85197777
4001234567
第8届成都(秋季)品牌服博会
沙湾服博会
购品牌秋装
全城招募房东
8304 2188

《成都商报》电子版。

《成都商报》总编辑陈舒平在搜狐网的讲话中曾总结了他们异地办报屡屡失败的原因，他认为：异地办报所面临的问题很多，最主要的有四点：一是政策问题。这包括大环境和小环境，大环境是指国家

---

①陈国权：《川报的异地办报实践》，《传媒观察》2004年第2期。

关于异地办报的政策规定，小环境是指当地政府对异地办报的看法。事实上，异地办报更需要考虑的是小环境的因素，报纸的意识形态属性导致异地办报受到当地政府的严密注意，只要出问题，那么在异地就很难办下去。而且异地办报就要打破原来的报业利益分配格局，这是本地报纸的那些主管部门不希望看到的。所以说要在异地办报，当地政府的阻力不小。二是眼红问题。办报成功了，获得利润，当地人就眼红了，认为钱让外地人给抢走了，就会千方百计地挤你走，根本没有看到你给当地报业市场带来的生机。这是异地办报过程中很普遍的问题。三是权力控制问题。也就是到底谁应该当异地报纸的一把手。这种权力的纷争是导致《江西商报》失败的直接原因。[①]陈舒平总结的这三个问题在很多报社的异地办报实践中都曾遇到过。

华商传媒集团是为数很少的异地办报成功的报业集团，其在长春办的《新文化报》、在沈阳办的《华商晨报》早已在当地市场占据了竞争优势。但是，即便如此，自2005年后，华商传媒集团再也没有在外地创办过一份新报纸。华商传媒集团总裁齐东认为，“主要是大环境已经跟以前不一样了，一方面，从2005年后网络媒体发展得太快，人们的阅读习惯已发生很大变化，报纸的总体空间在缩小；另一方面，在2005年后，各省大城市的都市报已经比较成熟，格局相对稳定，要想在其间杀出一条血路，非常困难，如果现在给我5个亿，我都不敢新创一张报纸。都市报的成功规律都是一致的，方法也很简单，就那三板斧，别人很容易学会，等到大家都会那三板斧，异地报纸就很难立足了”。[②]

华商传媒集团新址（效果图）。

①陈国权：《川报的异地办报实践》，《传媒观察》2004年第2期。
②陈国权：《跨地域：不同时期不同路径》，《中国记者》2011年第6期。

第三节　面对“天花板”，报业能做什么？

报业“天花板”是指报业发展受限的一种现状，这可能是由于同城同质竞争的原因，也可能是由于新媒体瓜分市场份额的原因，也包括报纸自身赢利模式的限制，版面空间有限，无法再容纳更多的广告内容，或者广告价格由于竞争的原因已经无法提升。面对报业“天花板”，报业所能做的很多努力都致力于突破报纸赢利模式的限制，一些报社已经做出了探索和尝试。

一、抬升“天花板”：传统报业突围

面对凶悍的同城报纸，还有广播电视等其他传统媒体，再加上各种各样层出不穷的新媒体，报纸最基础的工作就是在不改变报纸形态基础上的创新。逐步调整报纸定位，在报道创新上下大力气。

竞争的压力使创新的积极性被前所未有地发掘出来，最近十年，也是全国报纸改版最频繁的十年。《南方日报》自2002年到2011年，就有比较重大的八次改版，一些细枝末节的改动更是数不胜数，每次都有新的突破。第一次提出“高度决定影响力”的办报理念，定位于华南地区主流政经大报；第二次改版用行业专刊开掘目标市场，进一步强化政经媒体定位特色；第三次改版坚持梯次发展战略，试图贴近珠三角都市群；第四次改版核心是整合资源，让《南方日报》从过去简单的资讯提供者转变为“资讯管家、时事顾问、意见领袖”智慧型资讯提供者，通过“高度+本土+整合”的思路，提升信息加工档次；第五次改版核心是深耕报道体现“成熟的力量”，加强评论力度，提高主导舆论的力量；第六次改版启用680毫米报型，加强时评和言论，深耕时政报道、文化报道、区域报道，同时成立新媒体发展部、机动记者部、市场部等部门，采编和运营机制再次突破；第七次改版除了之前一些思路的深化外，主要是开始着手全媒体运作，打造新机制、新流程。我们可以注意到，不同的时期，改版

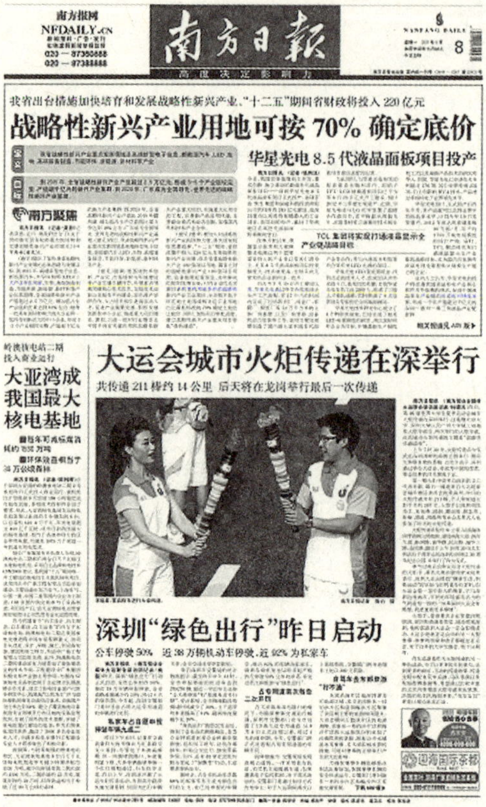

南方报网
NFDAILY.CN
南方日報
高度决定影响力
我省出台措施加快培育和发展战略性新兴产业，"十二五"期间省财政将投入220亿元
战略性新兴产业用地可按70%确定底价
华星光电8.5代液晶面板项目投产
岭澳核电站二期投入商业运行
大亚湾成我国最大核电基地
大运会城市火炬传递在深举行
共传递211棒约14公里 后天将在龙岗举行最后一次传递
深圳"绿色出行"昨日启动
公车停驶50% 近38万辆机动车停驶，近92%为私家车

《南方日报》2011年8月8日电子版。

南方报网
NFDAILY.CN
南方日報
高度决定影响力
发改委：国内成品油价暂不下调
事业单位绩效工资制度将出台
公务员实施地区附加津补贴方案也将起草，为下一步工资改革作准备
南方日报成立全媒体突击队
惠州公开选拔51名领导干部
大运会首迎代表团入境高峰
力争8000户贫困移民春节前入住新屋
云浮投百亿元打造中国禅都
帽峰山脚要建高尔夫球场？
一公司租用广州太和镇头陂村近3000亩农地和山地进行开发，项目已暂停

《南方日报》2011年8月9日电子版。

的重点是在不断推进深化的，《南方日报》试图用这些传统报业范畴的创新来满足读者不断变化的需求，应对新闻竞争的需要。[①]2011年8月9日的第八次改版则是以全媒体的转型为重点和突破口，在继续深耕平面媒体的同时，实现形成和提升全媒体的生产能力、全介质的传播能力、全方位的经营能力。[②]应对新媒体，凸显报纸特性与优势，是如此改版的主要诉求。

经营方面，很多报纸也不再仅仅满足于刊登广告，赚点打了折扣的广告费了事，而是着力挖掘广告资源的潜在空间。房产广告是报业经营的重要一

①王春芙：《坚持改革创新不断追求卓越——〈南方日报〉第七次改版的文化传承》，《中国记者》2009年第12期。

②《转型中国与党报变革——南方日报全媒体改版在线访谈》，南方报网2011年8月16日 http://www.nfdaily.cn/special/2011zt/zxbg/。

环，天津的《每日新报》在助推房地产行业的发展中突破广告刊登量的限制，报社广告部成立了调研小组，为开发商提供项目策划，参与从楼盘定位到收房的整个运作，同时还派出专人负责每日的广告额和版量监测、竞争对手监测等工作，做成周报告、月报告、季度报告和全年报告。参与到整个房地产行业的发展中，获得赢利空间，这种在助推产业发展中实现自身利益的方式已成为当前报纸经营潮流。

进一步细分化也是报业抬升“天花板”的重要方式。

近几年细分化做得比较失败的是财经报纸，似乎中国经济的发展还不足以支撑起有市场号召力的财经报纸。比较著名的《第一财经日报》在2004年创刊，其操作人马主要由《广州日报》、《北京青年报》组成，可以说是从都市报中细分出的报纸，但直到现在，其赢利便利度好像也不如一般都市报那般轻爽，赢利规模也不如一般都市报那般大。

细分化做得比较好的是地铁报。《北京娱乐信报》自2000年创刊以来一直在北京报业市场上不得宠，北京日报报业集团旗下有多张都市报，“娱乐”的报名就是为了与其他都市报拉开一点差距，但似乎未能如愿，一直都是不温不火，直到2008年转型为地铁报后才扭转了局面。其他几家地铁报的情况也大致如此，《东方卫报》在南京日报报业集团里属于第二子报，第一子报《金陵晚报》在南京也排在二三位，更不用说第二子报了，幸好转型，其独特的赢利模式使《东方卫报》焕发了生机，站稳了脚跟。

二、突破“天花板”：适应新媒体竞争的改变

更多的转型来自报业为适应新媒体竞争而对报业生产流程、运营模式的变革。最初的变化来自采编考核体系，开始将网络因素纳入采编管理和记者考核中，比如被网站等新媒体转载的频率、转载位置。把新媒体作为考核管理一重要因素的做法目前被全国各大报社普遍采用。这是一个非常失败的做法，报业所抱怨的内容被新闻门户网站霸占的内因就是这种考核管理方式。老是声讨新闻门户网站是白眼狼，却不反省自身的激励机制、管理体制是否出了问题，这样无助于内容被占用问题的解决，再签十个《南京宣言》[①]都没有用。

---

①2005年11月，中国都市报研究会总编辑年会在南京召开，为改变新闻产品被商业网站无偿或廉价使用的现状，签署了《南京宣言》，倡议不给新闻门户网站供稿，但最后不了了之。

但是，在新媒体条件下，报业新闻线索的采集变得比以往更加便利，这是谁也无法否认的现实。报纸对微博的使用是最能体现这种适应新媒体竞争的努力的。现在，全国绝大部分的报纸都开设了报纸微博，很多报纸的编辑、记者，包括总编、社长也都开设了微博，用自己的“微博之力”为报纸的品牌形象加分，同时也积极利用微博获得新闻线索、采访方便等等。

腾讯适应报业需求推出的“QQ报料平台”就是个典型的例子。在腾讯公司的宣传册上，《羊城晚报》被树立为使用“QQ报料平台”的典型。2009年8月，羊城晚报报业集团与腾讯合作，推出了QQ报料平台，利用QQ报料平台主要做四件事情：一是推送重要新闻；二是收集新闻线索；三是进行活动的前后期宣传；四是进行网络调查。2010年10月，《羊城晚报》的QQ号“87776887”的好友数已达20万。在2009年11月，羊城晚报报业集团还与广东移动合作，共同开发了“飞信报料”平台；2009年12月，与广东电信携手开通博客平台……这三个平台比传统的报料“量大质优速度快”。仅QQ报料这一个平台，每天的有效访问量就达千人左右，收到的有价值的线索近百条。

2010年8月，《羊城晚报》QQ报料平台开通一周年。

然而，最大的变化来自全媒体采编平台的组建。为适应新媒体竞争的需要，很多报社都设计了这种平台，北大方正在全国报业的全媒体采编平台上赚了很多钱。

烟台日报传媒集团2007年11月开始研发“全媒体数字复合出版系统”，在集团总体框架内搭建起一个统一的数字信息发布平台。这个自主开发的平台就是全媒体数字复合出版系统，共分为九个模块：个人平台、线索、策划、任务管理、待编稿库、个人系统管理、报表系统、资料中心和系统帮助。在个人系统管理中，系统为记者提供了网络空间，支持文字、图片、音频、视频、文件、联系人等多种信息录入渠道，支持本地写稿、远程写稿。稿件可以输出到采编系统、图片系统、网站系统、数字报系统、手机报系统等。一个平台可以实现用户、任务、线索、选题、策划、数据库等六大统一管理功能。[①]

然后以这个平台为基础，从集团层面再造流程，打造了一条包括“内容采集—内容编辑加工—内容多次发布—内容数据库存储—内容多次出售”等环节的内容产业化链条，面向集团内所有的媒体形态发稿，试图实现内容的一次采集、多渠道发布，提升新闻资源的复用率。

南方日报2010年开始实施的全媒体复合出版平台中，全媒体内容的采集与汇聚包括：全媒体的新闻报料与线索的采集与汇聚，将目前分散在电话呼叫中心、网站、QQ、微博等报料线索来源的信息汇聚起来，并实现共享；全媒介的新闻稿件（包括文字、图片、音视频、动漫）的采集与汇聚；全覆盖的背景资料（包括新华社多媒体稿件、互联网信息、广播电视、卫星节目等背景资料）的采集与汇聚，并从中发现新闻热点；全媒介的采集手段（包括通过手机、网络等）；全民的新闻参与（包括市民报料、投稿，通讯员投稿等）。

这样，新闻采编的流程就像生产线，新闻素材通过采集系统汇聚后，根据原材料的特性进入各自的生产线进行加工生产，并通过其内在的关系建立关联，协同生产。素材经过加工后，进入组装车间进行组装，文字和图片组装形成纸媒的内容，文字、图片、音视频组装形成网站、移动终端、电子阅报栏等的内容，音视频内容组装形成户外大屏幕的内容。

三、另一个空间：争做新媒体的尝试

对于全国那些撇开报纸、投资尝试新媒体形态的报社来说，上面所说的这些应对举措都是小打小闹。近几年，全国报业在发展新媒体方面动作频频，不乏大手笔。谋篇布局，抢占阵地，可谓风生水起，竞争之激烈丝毫不亚于当年的平面媒体。

各种各样的新媒体形态被富有危机意识的报业制造出来，虽然绝大部分都

①郑强：《再造流程，实施报业战略转型》，《青年记者》2009年第3期。

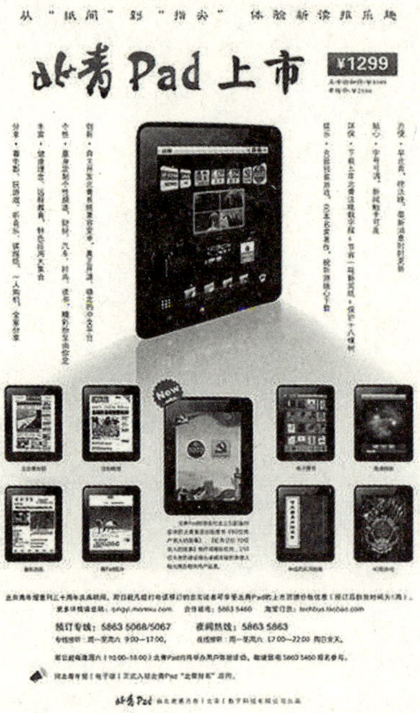

北青Pad上市。

是跟着别的新媒体模仿借鉴。电子报、手机报、报纸新闻网站、iPad客户端、电子纸、电子阅读器、电子阅报亭、城市通数字报亭、LED户外显示屏，几乎所有现在能想到的媒介种类，报业都有尝试。如北京青年报社2011年甚至做出了“北青Pad”，欲独创渠道。

但是我们却发现，因为竞争而同质化的报业，在新媒体布局上的差异，往往并不比它们在传统媒体上竞争的差异更大。基本上占据主流的还是报纸新闻网站、手机报、iPad客户端等为数不多的几种。

报业好像在试图逃离一个同质竞争的同时，又很快陷入另一个同质竞争的陷阱。

更为严重的是，报业创造出来的这么多新媒体形态，鲜有找到赢利模式的，而赢利模式的缺失使报纸赚来的大量真金白银打了水漂。这些年来，报业做新媒体的经验是：非常成功地告诉人们不能做什么，但在报业能做什么方面，依然缺少成功经验。

第四节 报业的多元诉求

报业所有与新媒体相关的努力，最突出，也最让人印象深刻的是争做新媒体的尝试。各种各样报业运作的新媒体被创造出来。“给我一个‘玩’新媒体的理由”，我在很多场合都要问报业操作者们这个问题，而分析这些回答，就会发现报业运作新媒体的心态和诉求远不是单单拯救报业那么简单。

一、拯救报业

拯救报业，这是最普遍的回答。出于对报纸前景的担忧，很多人认为报纸将消亡，对报纸没有信心，甚至有一个流传很广的说法，报纸将在2045年的某一天彻底消失。[①]而同时，新媒体却显示出强劲的竞争力和旺盛的生命力。网络媒体、移动媒体等新媒体的出现，给报纸等传统媒体带来了很多革命性的、颠覆性的冲击。新媒体快速发展，并开始蚕食传统媒体的市场份额。

出于这种考虑，很多报人都认为新媒体代表着报业的未来，新媒体可以承担起拯救报业的重任。河南日报报业集团社长朱夏炎曾经获得第十八届中国新闻奖论文奖的论文《死的是纸，活的是报》就代表了大部分报人的这种思路。朱夏炎认为，今后纸媒这种传播形式必定会不断萎缩乃至消亡，可报纸的灵魂——报道，以及报道体现出的思想和观点，也就是内容，肯定会以新的载体来表达。他在这里所指的就是新媒体载体。

除了拯救报业的诉求之外，报业兴办新媒体还有很多考虑，有些甚至是摆不上台面的东西。

二、延长纸媒生命周期

一些人对报纸依然是满怀希望的，但是他们也看到了报业在新媒体竞争的压力下所面临的严峻形势。于是他们希望“师夷长技以制夷”，使用新媒体、借用新媒体，也利用新媒体，来为报纸做事情，以此延长纸媒的生命周期。

杭州日报报业集团总编辑赵晴认为：“纸媒在现有变革时代下，在新媒体迅速成长时代已在逐步接近天花板，我们不是赶时髦办一个网站，而是为了延长纸媒生命周期，解决纸媒未来遇到的严峻形势，未雨绸缪。即便以后纸媒遇到较大冲击时，仍有品牌性媒介支撑。”

三、扩大纸媒影响力

不是要通过新媒体赢利，而是希望利用新媒体扩大纸媒影响力。这是个非常普遍的想法。报业经济就是影响力经济，提高影响力的手段很多，把报纸免

---

①普菲利普•迈耶：《正在消失的报纸：如何拯救信息时代的新闻业》，新华出版社2007年版。

费送上飞机、免费送到高档酒店、策划读者节活动、在电视上打广告……与其在户外巨幅灯箱上耗巨资打广告，还不如自己再发展一个新的渠道来打广告；即使这个新渠道不怎么赚钱，甚至赔钱，但只要能提高报纸的影响力，就足够了。《扬子晚报》总编辑刘守华说：“新媒体对于报纸广告的投放至关重要，广告商在一些比较时髦的新媒体，比如iPad上找不到你这家报纸，那说明这张报纸影响力不够。”

其实，很多报社对新媒体也没有抱着想让新媒体生个大金蛋的目的，报社对新媒体投入不大，心里也清楚，只是希望新媒体能在提高纸媒影响力方面发挥点助力的作用。《新京报》社长戴自更说：“我们电子版的广告收入是小儿科，这些新媒体的东西对于我们而言，都属于业余玩票性质。”

确实，报业创办的很多新媒体，在扩大纸媒影响力方面作用很大，如电子版、微博、iPad，为扩大纸媒报道的效果，提高纸媒的知名度等做出了积极贡献。

四、跑马圈地

更多的人持有跑马圈地的心态，在为未来打基础，以免别的报社新媒体已经很成熟时，自己还没有起步。四川日报报业集团社长余长久说：“现在报业发展这么好的情况下，应该拿出一部分报业的利润，投入到新媒体。即使退一万步说，这些投入失败了，但为了持续发展，这个钱也亏得值。”

但是也有人对此做法持怀疑态度。《京华时报》社长吴海民说：“报纸做新媒体目前投入巨大，还存在一定风险，这个风险还是留给新媒体自身吧，现在报纸做任何赌注都是不值得的。”

跑马圈地，对每个新东西都好奇的结果可能就是屡屡失败。但很多报社都不在乎，他们更多的是出于对未来探索的心态，余长久说：“如果不去闯、不去试，赢利模式的问题可能永远解决不了。”成都传媒集团总编辑何冰表示，在成都传媒集团，允许投资新媒体有试错的空间，如果失败了，算是发展的一种过程。南方报业传媒集团社长杨兴锋认为，为了在平面媒体发展到达顶点之前，寻找新的替代品，实现新的增长点，这些都是值得的。“只在旁边看，连学费都不愿意交，以后就会显得非常被动”。南方报业传媒集团应对新媒体，实行“十六字方针”——“高度重视、深入研究、谨慎投入、重在探讨”。

五、“要把这些钱花出去”

事实上，报业“玩”的这些新媒体还远不够成熟，也没有形成适合报业的赢利模式，大部分投入都是只有投入，少有产出，但为什么报业还孜孜不倦地投入呢？

除了前面这四个报人们自己总结的原因外，也有旁观者分析，报业“玩”新媒体的一个重要原因是当前传媒的体制机制问题。[①]

主要是产权主体模糊，权责利不明晰。报社归国家所有，报社社长总编辑不光有组织宣传报道、引导舆论的责任，也肩负着国有资产保值增值的重任。赚来的钱首先绝对不能据为己有，那是贪污；也不能分给报社员工，那是私分国家财产。只有两个途径：一是进行再投资，使国有资产有保值增值可能；二是上缴给国库。

这些年来，受益于经济发展与报社运营手段的变革，大部分报社发展积累了大量的资产资本。报社除了缴纳税收外，大部分收入不能乱花，只能用于再投资。在这样的情况下，用剩余资金进行再投资，发展报社经济，壮大报社产业规模成为首选。投资新媒体就是一个很好的花钱途径。有前景，“玩”得好还能形成报社欣欣向荣的形象，壮大报社声势和规模，何乐而不为呢？

“我们只是新媒体的票友”。[②]

这句话代表了报业运作新媒体的普遍心态，在这里，心态往往决定着报业“玩”新媒体的未来命运……

---

①陈国权：《香港报业“慎”做新媒体》，《中国记者》2011年第10期。

②罗婷、陈国权：《“我们只是票友”——报业领军人谈报业新媒体》，《中国记者》2010年第8期。

第二章　取长补短的败笔

“报人办网，十年不成。”这句话流传很广，流传很广的原因在于话语描述贴切，情况非常具有普遍性，引起了广泛共鸣。确实，报人们不光办网十年不成，其兴办的很多新媒体，也没有很成功的案例能让大家找到前进的方向。这些年来，报业兴办的新媒体成功地告诉大家哪些不能做，但是却没有告诉大家哪些能做。

然而，失败往往比成功更能说明问题，人们从失败中也更能学习到经验。必须从这些失败的原因中吸取教训和经验，否则，报业的这些新媒体努力就白费了。

【本章核心观点】

- 先天不足很难后天弥补
- 时效不足永远是报纸的软肋
- 图像真不是报纸的长处
- 3D技术可能更适合成人杂志
- 不要相信后长出来的“翅膀”

取长补短，是这些年报业应对新媒体竞争中最流行的一个词。新媒体时效快、能互动、内容海量、体验感强、赢利模式简单而又有效，这让报纸无比羡慕。如果能把这些优点都拿来，为我所用，那该是多么美好的事情啊！新媒体的优势都要“拿来”，管它合不合适，于是，创造了很多令人啼笑皆非的新“举措”、新的报业“品种”，其中多数新媒体种类都曾被誉为“拯救报业的希望”。

第一节　一报两投：先天不足能后天弥补吗？

当报业面对新媒体时，最早是网络，惊讶于新媒体的传播优势，纷纷开始应对，首先想到的是弥补缺陷。一报两投属于报纸的改良，应该是最早的应对新媒体的尝试举措之一。

一、报纸出版周期的痛

面对新媒体，报业最有切肤之痛的莫过于时效性。新媒体时效性无与伦比，最早是网络，网络在获得信息后能在几秒钟内就将其传播出去；而这个过程报纸最少需要三到四个小时，当然这是指号外，常规出版的报纸必须经过一个周期到第二天的上午（日报）或当天下午（晚报），才能送到读者面前。报纸的出版周期似乎就是报纸永远的痛。

面对这种不利状况，报纸开始试图弥补缺陷。“不能因为新媒体时效的优势和报纸时效的劣势而放弃对新闻时效的追求。时效性是新闻的基本特征之一，是新闻报道的一个重要核心，是新闻的生命力所在，讲时效就是要让新闻规律回归。读者打开一张报纸，找不到自己期望看到的最近发生的最新新闻事件，就会选择其他媒体获取新闻，久而久之，你这张报纸就会被读者遗忘、抛弃”。[①]秉持这种观点的报人开始努力寻找报业时效性之困的解决之道。

①徐素军：《新媒体冲击下的报纸新闻时效性》，《传媒观察》2009年第10期。

很多报纸开始打报纸出版周期的主意，其实在很早的时候，号外的目的也就是打破报纸出版周期限制，实现在重大事件发生时，满足读者及时获知信息的需求。对于报纸来说，号外对出版周期限制的突破能帮助报纸在短期内快速获得影响力，并提高美誉度。

当然，号外仅仅是重大事件发生时的应急举措，比如“神五”、“神六”上天时，奥运会开幕时，“5·12”汶川地震发生时，全国各报都出版了很多号外。可是号外绝对不可能成为常态，如果一张报纸天天出号外，那绝对是个失去理智的举动。

二、号外也能天天出？

但“一报两投”就把号外常态化了。

业界最著名的一报两投案例是《扬子晚报》，其著名的原因是因为《扬子晚报》的这个举措彻底改变了整个南京的报业格局，使《现代快报》、《金陵晚报》等一大堆南京报纸站稳了脚跟，却失去了自己原来“独步天下”的竞争地位。

1986年创刊的《扬子晚报》在业界享有盛誉，曾与《新民晚报》、《羊城晚报》、《北京晚报》一起被称为晚报“四大花旦”，一直到21世纪初，都是在南京报业市场上占据绝对优势的报纸。20世纪末21世纪初，南京报纸涌现出多家都市报，《现代快报》、《江南时报》、《江苏商报》等，凭借低价策略迅速打开局面，逐步瓜分了一部分《扬子晚报》的市场份额，但此时，《扬子晚报》仍然占据绝对强势。可以说，南京的多次价格战，《扬子晚报》的发行量虽然略受影响，但总体仍保持领先地位。日发行量从145万份发展到180万份左右，最高超过200万份；广告营业额也从3.14亿元增加到4.5亿元。但是，

扬子晚报
南京今日2叠40版
2011年1月 2 星期日
96096
元旦期间，美齿预约空前火爆
百万美牙基金
2011
025-834 33333
0512-657 33333
春运抢票大战提前开打
寒假在即引发学生购票潮,今起在南京各代售点可买11天后火车票 A9
扬子晚报 25周年庆 1986-2011
责任在肩 行者无疆
本报昨举行简朴而热烈的“25周年庆典” A4-A5
红色女特工“回家”了
60年前在台湾牺牲的朱枫烈士的女儿如今生活在南京，日前接受本报独家专访，揭秘母亲骨灰“回家之路” A6-A8
建湖昨日连发五起小地震 A2
明天南京主城下雪概率小 A3
茅台出厂价

《扬子晚报》。

《扬子晚报》在逐步失去市场份额的同时，也失去了竞争的自信。慌不择路地采取各种各样的举措，试图尽快扭转局面，把失去的都拿回来。

到了2003年、2004年时，新媒体已经异军突起，报纸的所有竞争劣势，在新媒体那里却都变成了优势，像互动、时效、海量信息等等，特别是时效性，报纸受制于出版周期，根本无法实现和网络一样的快捷传播。

出于对早报市场竞争的应对、对新媒体时效的羡慕、对报业时效的弥补等种种考虑，《扬子晚报》于2004年9月22日，选择了一条“在中国报业史上前无古人的道路”：滚动出报，一报两投。也就是把《扬子晚报》分成两部分，上午投一叠，下午投一叠。《扬子晚报》前任总编朱铭佐认为此举有两个意义：其一，填补了晚报原来没有早报的空白，一方面满足了读者对新闻时效的要求；另一方面也满足了一些广告客户在早版发布广告的要求。其二，同时又尊重了晚报一批忠实读者的阅读习惯，进一步张扬品牌内涵与优势。

但是，没有想到的是，读者和广告商对此好意都不买账。正是这次“一报两投”使《扬子晚报》从一度号称超过210万份的发行量滑落到目前对外公开的“稳定在180万左右”，而一度引以为豪的4.5亿元的年广告收入在被称为“创新晚报模式”的“一报两投”阶段也开始被高层避而不谈起来。事实上，“一报两投”后的广告收入不升反降，4.5亿元的年广告收入也成了《扬子晚报》逾越不过的一个拐点。据新华日报报业集团内部提供的数据，2005年，也就是一报两投举措之后的整整一年，《扬子晚报》的广告营业额为4.2亿元，同比下降约10%。[①]2006年8月29日，在《扬子

2004年9月22日，南京街头的报刊亭开门迎客。当日，《扬子晚报》开始将报纸的发行时间由原来每天下午改为每天“一报两投”。

①陆高峰：《〈扬子晚报〉告别“晚报”抢占南京早报市场》，《青年记者》2006年第11期。

晚报》一报两投的“创新”近两年后，《扬子晚报》新任总编辑刘守华进行改革，回归晚报早出，从实际行动上否定了“一报两投”。

2005年1月1日，不知道是受《扬子晚报》的影响，还是其他什么原因，另一家老牌晚报《新民晚报》也实行过一段时间的一报两投，每天上午先投送B叠（财经、副刊），下午再投送A叠（新闻），与《扬子晚报》不同的是，《新民晚报》的零售则是A、B叠下午同时上摊。但后来也是无疾而终，不了了之。

三、时效永远是报纸的软肋

一报两投失策的原因后来有人分析，说这等于将一部小说分成两半送给读者，且先送后半部。读者不开心，广告商也不会高兴。同时也加大了投递成本，不光发行员觉得很烦，读者一天要拿两次报纸也觉得很讨厌。

但是，除去其他的原因，我认为一报两投的败笔在于它的目的，即对时效性的追求。

报纸的时效性在新媒体竞争条件下属于先天不足，出版周期的限制对于报纸来说，意味着在新闻事件发生后，你只能等到了出报时间才能让读者收到；除非是号外，但号外除了不能常态出版外，也存在出版周期问题，从写稿到编稿的流程，到印刷厂发排，再到发行渠道送到读者手里，这个时间也远远超过大部分新媒体的传播流程。

为了弥补报纸由于出版周期导致的时效性不足，而分开两次投送，我想问的是，难道这样做，报纸的时效就能赶上新媒体了？

时效永远是报纸的软肋。

所以说不要徒劳地弥补自己的短处，报纸的长处并不在于时效性，试图以一报两投来与新媒体比时效，那简直就是龟兔赛跑。请注意，新媒体这只兔子可一点儿都不会偷懒，更不会睡着了等报纸赶上。

试图弥补短处，这是很多报业在与新媒体竞争中屡犯的通病，也是大部分“昏招”的根源。

四、一报两投的转型

鉴于一报两投模式的巨大负面杀伤力，后来很少有报纸再尝试为了弥补时效而进行一报两投。

即使尝试，也是模式、诉求完全不同，比如《长江日报》的工作日、节假日分地投送服务，工作日投递到订阅者单位，双休和节假日投递到订阅者家里。

《羊城晚报》2010年下半年开始尝试分段出版、分区发行，这是另一种一报两投模式，早晨出版的《羊城晚报》面向除广州之外的珠三角地区，下午出版的《羊城晚报》则是面向广州地区。两个区域发行、两个版本都不一样。相应地，根据不同读者对象处理版面内容。比如头版头条不同，广州市发生的重要事情可以做成晚报版的头条，全省性的重要新闻则做成上午版的头条，以增强贴近性。

两个版本互为基础，滚动出版，就是为了形成差异竞争，突出自身优势，以便达到“本地晚报更晚，外地版本更当天、更精彩”的效果。[①]这当中所谓的“更晚”、“更当天”都原本是报纸在所在区域的长处，应充分发挥，而如果试图弥补短处，改为“本地晚报更早，外地版本更广州”，那则是南辕北辙，注定不能成功。

这些都与那种为了弥补时效的一报两投，从目的到效果截然不同。

每个事物都有自己的特点和优势，把自己的长处充分发挥，你就能够应对竞争，而不是徒劳地弥补自己的短处，搞什么取长补短。

报业为应对新媒体的竞争，去追求即时性、海量、互动、动态视频，那简直就是以己之短，击人之长。报纸应该坚守自己的本来优势——选择力、权威性、易携带、可保存、阅读感，并把这些优势做强做大，而不要劳心费力地去模仿学习别人的优势。

我认为，以上的这些优点无论是哪一点，都足以支撑一种媒介拥有竞争优势，又何必去学别人的优点呢？

我们应该思考一句话：好处不能让一家占尽了，也不可能让一家占尽。还有一句话是这么说的：舍得舍得，有舍弃才有得到。在我看来，报纸的那些优点，都应该舍掉一些，某张报纸集中做一点，只要把某一优势做足做透，同样可以在媒介竞争中赢得一席之地。

---

①陈国权、尹伟欣：《来自广州报业竞争内容升级的报告》，《中国记者》2010年第11期。

第二节　3D报纸：图像真不是报纸的长处

2010年起出现了很多的3D报纸，有人说2010年是3D元年。2011年4月13日，《洛阳晚报》推出了国内第一份4D报纸，也就是加了香味的3D报纸，沉寂多时的3D讨论又重新开始。有人说今后3D报纸将代表报业未来走向。

我不相信，报人们可能也都不相信。到现在为止，没有一家曾做过3D的报纸因为3D报纸效果很好而再做一次。

纸就是纸，画面再漂亮，也比不上现在的高清电视、IMAX电影。有时候，我们应正视自己的缺陷，避免它，而不是徒劳地弥补它。

一、《阿凡达》与3D报纸

很多人都把3D报纸的诞生归因于《阿凡达》3D电影的上映。确实，从时间上，《阿凡达》的上映时间是2010年年初，而3月9日在比利时就诞生了世界上第一份3D报纸，4月，中国第一份3D报纸也横空出世。

比利时的3D报纸诞生的原因我不知道，中国第一份3D报纸《十堰晚报》的创刊确实是由于受《阿凡达》的启发。

3月月初的一天，十堰日报社广告总公司专刊部主任陈洁和十堰亚新文化传播公司老总张辉在茶馆喝茶。两人聊起了《阿凡达》和3D技术。“要是把3D技术引进到报纸上，那报纸该有多漂亮。”陈洁无意中说。张辉一听，马上来了兴趣。目前报纸采用的都是2D照片，要把2D照片转换成3D照片，从技术上分析，并不难办到。①

于是3D的《十堰晚报》就诞生了。

事实上，3D技术的诞生早了整整一个多世纪，只不过是《阿凡达》电影的

---

①罗毅：《十堰开启3D报纸元年》，《十堰日报》2010年11月9日。

宣传力度使3D引起如此大的轰动而已。

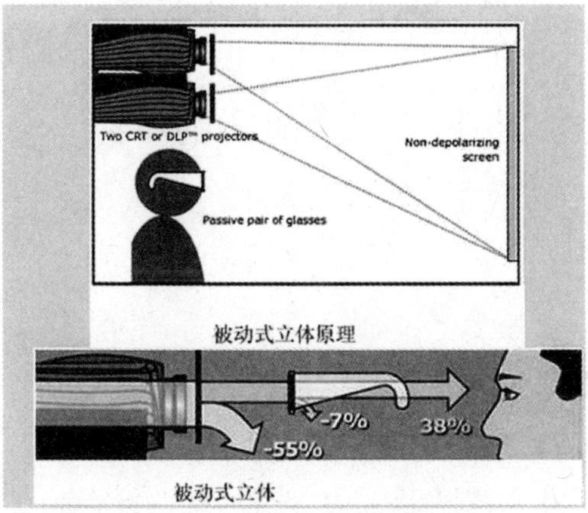

3D报纸的偏振眼镜工作原理。

所谓3D，是针对传统2D——二维平面成像显像技术的升级版，是利用偏光技术原理等特殊的影像处理手段和人眼在影像还原时的视觉错觉而产生的三维成像显像技术。1839年，英国科学家发明了一种立体眼镜后，3D技术开始在图画、电影等影像艺术和娱乐领域应用。1922年，产生了世界上第一部3D电影《爱情的力量》。早期的3D电影打的就是立体效果牌，1952年上映的被认为是史上第一部真正3D长片《非洲历险记》，宣传口号就是“狮子在你腿上，爱人在你怀里”。孩提时著名的科幻小人书《小灵通漫游未来世界》里就幻想过3D电影中向小灵通扑过来的恐龙。多么让人高兴，这么快幻想就成了现实。当然，这是指3D电影。

《阿凡达》的上映使人们对3D技术的关注一下子高涨起来，一时间3D技术成为街头巷尾谈论的热门话题。

二、3D报纸热浪汹涌

2010年3月9日，世界上第一份3D报纸在比利时诞生。在这份名为*La Dernière Heure*的报纸3D版上，图片和广告都经过处理形成三维效果，读者可以透过眼镜看到立体的图片，就像看《阿凡达》3D电影那样。

4月16日，《十堰晚报》推出“全国首份3D报纸”。《十堰晚报》推出3D报纸的时机比较特殊，并非重大节庆或者大事件，也并非广告客户要求，不像之后其他报纸那样，而是一种内在的创新渴望与冲动。

世博会

2010年5月，世人瞩目的上海世博会召开了，世博会上使用最普遍的高科技是3D、4D、5D电影(又加了触觉，有东西在座位下蠕动)，好几万人排着几个小时的队，还有很多人假装成残疾人走特殊通道，就为了看一场3D电影，让人感觉有些好笑。世博会上的3D热催生了大量的3D报纸，5月1日，《齐鲁晚报》推出3D版“梦世博”号外。自称为“中国第一份3D号外”，它像一幅画轴，还有导游功能。目的是使人们“即使不到上海实地游览，也可以通过3D号外对上海世博有一个全面立体的感觉，如临其境，如梦如幻”。 6月11日，《东方早报》推出“世博园•世界杯3D影像志”。

世界杯

“图片里的人都‘活’了，足球好像踢到了眼前，真像电影《哈利•波特》里的魔法报纸！鲁尼、梅西、卡卡等大牌球星动感十足，仿佛凌空一脚就会将足球踢出画面……”有读者这样描绘报纸的3D世界杯。

6月11日世界杯在南非约翰内斯堡开幕。在图像生动方面，报纸根本无法跟电视相比，不能跑、不能跳，报纸上的照片都是木头人。有鉴于此，3D报纸在世界杯期间如雨后春笋般地涌出。

6月8日，《扬子晚报》推出世界杯号外“好望角风暴”3D报纸，也是6月8日，3D版《城市晚报•2010南非世界杯专号》出刊。

7月9日，《长沙晚报》推出了“南非历险记”世界杯3D特刊。7月11日，云南《生活新报》3D世界杯特刊诞生。

房产广告

7月12日，由《潇湘晨报》和《晨报周刊》联合出品的3D“世界波”立体报纸60万份免费发行。3D报纸的广告价值在这份“世界波”里被充分发掘出来，整版都是广告。

早在6月1日，在合肥就出现了所谓“中国第一份3D报纸广告”。在《安徽商报》这份3D报纸广告特刊中，有当地最著名的八家房地产企业的广告。7月8日，《三秦都市报》推出“中国第一份3D房地产周刊”，也有当地八家房地产企业的广告。

风景展示

2010年5月27日，《南方都市报》发行了“原味•广州”3D特辑。青春靓丽的广州时尚美女在3D技术的烘托下，很是养眼。

6月6日，杭州日报报业集团的《都市周报》推出3D纪念特刊，以展示杭州场景为主，展示“一个立体的杭州”。

4D报纸

2011年，还出现了4D报纸，加的那个“D”是嗅觉，加了香味。2011年4月13日，《洛阳晚报》推出了国内第一份4D报纸。洛阳牡丹花会2011年升格为国家级的中国洛阳牡丹文化节。为给盛会助兴，《洛阳晚报》印刷出版了《国色天香——4D牡丹特刊》，不光看牡丹，还可以从报纸上闻牡丹的香味。

《南方都市报》发行“原味·广州”3D特辑。

三、新鲜感：卖疯了的真正原因

几乎所有的3D报纸上市时都是非常热销的。《扬子晚报》的“好望角风暴”卖疯了！面世没多久，淘宝网商家“报纸宝宝”察觉到了这一商机，先后进了100份报纸，这些报纸在不到半天的时间内就被订购一空。而且，“报纸宝宝”坐地起价，一份原本只卖1元的报纸，被她炒到50元一份。

被称为全球首家推出3D报刊的《比利时日报》的特刊《最后一点钟报》也曾在销售初期取得了很好的销量。在推出3D特刊之前，《比利时日报》日均发行量不足10万份，但3D版报纸的发行量增加了15%，达到了11.5万份，同时广告收入也提高了4倍；《十堰晚报》3D报纸的广告收入增加了一倍，第一份3D报纸加印了3万份。

《齐鲁晚报》推出的“梦世博”号外以3D图片的形式对世博园区和特色世博场馆进行展示，报纸还被卷放在一个特制纸盒内。每份售价5元的《梦世博》在首印5万份后又加印了2万份。在淘宝网上，单份“梦世博”的价格也被炒到50元一份。

不可否认的是，几乎所有3D报纸上市当天都取得了不错的发行量，我们是否应该思考一下“卖疯了”的原因。

其实可以很容易看出，高发行量的背后是民众的猎奇心理。一些原本不常看报纸的人会因为想知道“3D报纸究竟是个啥样”而成为高发行量的推手。但可以预见的是，一段时间过后，当3D报纸成为一种常态，人们很可能不再有新鲜感，那些基于猎奇心理而买3D报纸的读者，以后是否还会购买都是个问题。

2010年6月30日福建《海峡都市报》3D报纸上市时一度引发购买狂潮，某王姓先生走访多个报刊亭，购买多达20份报纸。同时，当地收藏家协会会长得知推出第一份3D报纸时，第一反应是“3D报纸值得收藏”。某位70多岁的老大爷，平时比较少看报纸，为了看3D特刊，特意从抽屉里翻出老花眼镜细细端详报纸。

从这里又可以看出，3D报纸的读者除了猎奇心理外，还有收藏需求等非常态的边缘需求，他们并不是3D报纸的目标读者。

所以，谁都不应对3D报纸的高发行量的价值与意义过于高估，那很可能只是暂时现象。

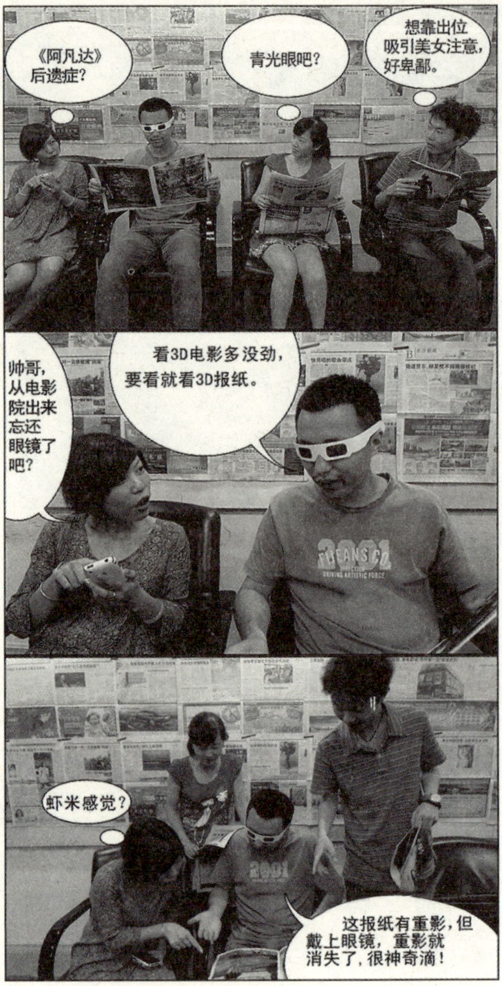

3D报纸对民众来说还是一个新奇的事物。（网络截图）

四、报纸不能跟电视比生动

四川省社科院新闻所所长张立伟对3D报纸的评价让大家都很开心，他说：“3D报纸就是尿裤子，你自己觉得热乎乎的，别人都没觉得。”

从读者角度，报纸的一个重要优势就是方便，容易携带，看完就扔，而如果制作成3D报纸，还要随身携带一副3D眼镜，非常麻烦。而且，3D技术还没有成熟到每个人一戴上眼镜就能够看到立体效果的程度。现在的3D报纸主要采用互补色立体图的3D技术，但如果长时间戴着互补色眼镜，就像戴任何眼镜一样，一是不舒服，《阿凡达》上映后，很多观众都反映，看久了眼睛很不舒服；二是会对眼睛造成伤害，对视力、对身体都不好。

从报纸竞争力角度，图像实在不是报纸的特长，放弃文字和深度，转而追求照片的栩栩如生，想要跟电视比生动，那简直就是以卵击石，典型的取长补短思维。

最近，3D电影频频出现，《阿凡达》前有《冰河世纪3》、《地心游记》，后有《爱丽丝梦游仙境》、《诸神之战》、《深海探奇》、《玩具总动员3》、《怪物史瑞克4》等等，票价一般都要比普通电影高，而且看的人还要排队。今后3D电影肯定将成为电影院的一个重要吸引点。3D电视继高清电视后，也已经成为电视产业的新的支柱。

但是，如果以电视、电影3D热销为理由试图推广到报纸，那就大错特错了。电影除内容外，更重要的是视觉感受，大家到电影院里感受气氛，不然就在家里看电视或买个盗版碟看了了事，根本没有必要花上百块钱到电影院去。现在电影的卖点就是冲击力，3D能给电影带来超凡的冲击力，市场前景广阔。而报纸恰恰相反，看报纸所要获取的是信息，是文字表达的内容，将报纸3D化除了立体照片外，看到的还是文字，并不能带给读者以更多信息。当人们想在短时间内获取大量信息时，文字才是最好的说明方式。3D好是好，但那是人家的东西，拿过来也没什么用处。

看了这么多的3D报纸，没有看到一家报社在做过一次3D报纸后又找机会再做的，这意味什么？市场眼光往往决定所用竞争手段恰当与否。

有人甚至在说，当前3D报纸的创新试验甚至是在为自己的竞争对手——电影、电视、网络等影像见长的媒体做“嫁衣”，3D报纸为电影、电视、网络视频等影像媒体免费地培养了3D受众群，自己却什么好处都没有捞着。

五、3D报纸的抱怨

3D报纸不讨好，却做得很辛苦，很费力。请看他们的抱怨：

1. 耗时长

《比利时日报》的特刊《最后一点钟报》的主编休伯特·勒克莱克透露做这份专版共花费了2个月的时间。《十堰晚报》的3D报纸则花费了半个月。

《长沙晚报》的“南非历险记”3D报纸经过9个昼夜的努力而成。《潇湘晨报》的“世界波”投入近百万元资金、数十位制作人员，花费近一个月时间。

这主要是印刷前对图片的3D技术处理要花费大量时间，一个版的图片需要三四个小时才能完成分色处理，一个特刊经过反复调整，要花费将近一周时间才能做完。这很难满足报纸尤其是日报对时效的要求。而在印刷环节，目前市场上的3D报纸都没有使用特殊的印刷机，而是采用平常的印刷机，这使得3D报纸的部分版面往往在喷墨打印机上打样时效果很好，但在印刷机上印刷时效果不好，有的重影没显示出来，很难形成真正的3D效果。所以，3D报纸印刷时，需要派人守在一旁戴上3D眼镜检验效果，保证印刷机不会主动校正不完全套印，因为只有蓝、红色的不完全套印，才能出现3D效果。

2. 成本高

《最后一点钟报》印刷部经理彼拉德说：“在阅读3D报纸时，读者必须戴上特殊眼镜才能看到立体3D图片，而附赠眼镜的费用每副约需0.14欧元，而一份《最后一点钟报》的零售价不过1.1欧元；同时为了保证3D效果能真正得以实现，报社还需要采用成本高出一倍的新闻纸来印刷。另外，图片都需要经过印前处理，才能有3D效果，而一张照片的处理价格也在0.2欧元左右。靠发行量上涨和广告费增加获得的收入远远无法抵消这些成本的支出。”虽然《最后一点钟报》改成3D版后广告收入增加了4倍，但由于报纸售价未变，加上制作和印刷成本上升，出现入不敷出的窘境。

《扬子晚报》视觉部主任刘翔介绍说，为方便读者携带，满足销售终端的需要，同时也为了不影响在报摊上的展示效果，《扬子晚报》的3D号外“好望角风暴”使用透明塑料袋包装将报纸和红蓝眼镜整体打包，核算下来，每份号外的塑料袋和眼镜成本约为0.6元，而这份报纸的售价才1元钱。“另一项主要成本支出是纸张的费用。”刘翔表示，为保证印刷效果，目前出版的3D报刊均采用铜版纸制作，只是在纸张的克数选择上有所不同。比如“好望角风暴”共8个版，成本约为2元，其中纸张成本为1.2元。一份报纸的成本价就要1.8元，但“好望角风暴”在市场上的零售价仅为1元。

《安徽商报》社长蒋克平说，《安徽商报》从2010年3月便开始酝酿3D报纸的制作，对3D眼镜市场的考察时间也比较早。当时合肥市场上的眼镜为0.46元/副，经过再三挑选，他们最终选择了温州的一家眼镜经销商，价格为0.35

元/副，20万副眼镜总共花费7万元。

六、广告商只相信实际效果

大部分3D报纸的推出，广告客户都发挥了关键作用，那么多的投入大部分都是广告客户最后埋单。2010年6月1日，在《安徽商报》第一份3D报纸广告中，万科、绿城、万达、蓝鼎、华地、华邦、IFC、幸福大街等八家房地产企业一起刊登3D广告。而且，安徽商报3D报纸的诉求非常明确，就是为了刺激楼市广告，做房产广告的增量。据安徽商报社长蒋克平介绍，国家的房产新政出台后，房产广告有所下滑，安徽商报3月便开始筹划3D报纸的相关事宜，但直到6月1日才正式推出。希望在楼市淡季推出3D广告版，刺激楼市广告市场，做房产广告的增量。6月1日，《安徽商报》的3D广告版共获得广告收入32.7万元。

3D报纸的最大支持者是房产商，从现在的案例来看，大部分的3D报纸都是房产商来最后埋单的，他们希望以最佳方式来呈现他们的广告。广告商可能也是图新鲜，似乎都没有想过，读者看新闻的时候都嫌麻烦，稍微有点转页就不愿意看，看广告更是嫌麻烦，现在需要戴一副眼镜再来看广告，偶尔一次新鲜可以，经常这样，他们才没这个工夫呢。如果读者需要视觉效果好的广告，他们情愿到电视上去看，电视上的广告还会动，视觉效果远比报纸好，即使你是3D的。

双倍的广告成本投入，如果没有双倍的产出，广告商一点都不会傻，他们只相信实际效果，广告登出后，有多少人打电话来，他们心里很清楚。房产商与其花钱在3D报纸上，不如自己弄一些3D宣传册，再弄些眼镜，来看样板间的客户每人免费送一副眼镜，客户一定非常愉快。

七、有可能推广的3D报刊

时尚杂志社旗下的《芭莎男士》在2010年5月刊登了一组3D时装大片，另一份子刊《时尚芭莎》在6月推出了一组以泳装为主题的3D大片，非常抢眼，也不是为了广告而3D。在《芭莎男士》上有两组3D图片的拍摄，一组是静物，一组由模特儿出演，没有3D广告图片；《时尚芭莎》推出的3D版分为静物拍摄和模特儿时装展示两个部分，除与品牌合作部分外，也没有广告。

对平时主要采用新闻纸印刷的都市报来说，制作3D版时纸张成本会增加很多。但是，对于两份杂志来说，3D后，成本并没有增加多少。因为这两份杂志本来就是彩色刊物，纸张用的就是铜版纸，3D版的纸张成本与常规运作一致。效果却很好，因为这两份杂志本来就是以图片见长，读者看这种杂志的核心诉求是阅读愉悦，照片越有冲击力，吸引力就越强。所以3D的效果在杂志上较好。

其实，让人印象深刻的是云南《生活新报》的3D世界杯特刊，里面有一张世界知名球迷“乳神”里萨·里克梅尔的3D照，《生活新报》自称“‘谋杀’了不知多少眼球”。看到这个信息，我在认真地思考，请注意，我是认真的：3D技术是不是更适合做成人杂志。

有兴趣的人不妨一试。

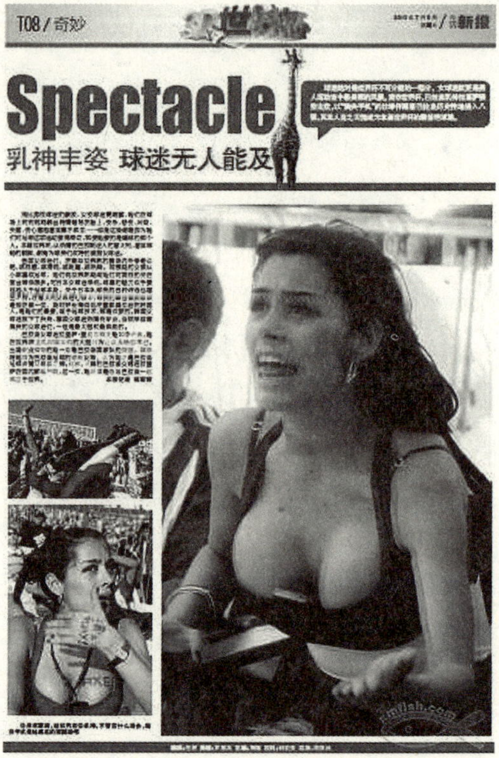
T08 / 奇妙

Spectacle

乳神丰姿 球迷无人能及

《生活新报》的3D世界杯特刊。

延伸阅读1：

3D报纸原理

目前，3D报纸主要有两种技术：一种采用3D拍摄技术拍摄，不仅可节省更多后期处理，还能获得更好的3D效果。另一种是合成，把左右两幅图像作互补色处理，然后印刷到纸张上。这种立体图片技术称作互补色立体技术。

关于合成，具体地说，首先工作人员会先拍摄一对立体图片，当然这两幅图片都是具有RGB三原色的全彩色图片，然后将其中的一幅图片只取其某一种原色（例如绿色），将其红色和蓝色的成分丢掉；而另一幅图则相反，只取红色和蓝色的成分；最后把这两幅只有部分色彩的图片再次合并成一幅图片，印刷到纸张上，就成为互补色立体图。

当读者戴上互补色立体眼镜观看时，如果左右眼镜片的透光颜色与互补色立体图的图像对应的互补色相互一致，就可以看到立体图片了。立体眼镜的镜片应当是一只镜片透绿光，另一只镜片透红光和蓝光。那么，读者佩戴立体眼镜，每只眼睛就只能看见左右图像中的一幅图像。

由于左右眼镜片分别看到的两幅图像是一对立体图像，因此大脑就将这一对图像合成，形成立体的影像。虽然这一对图像的每一幅图的色彩都不是全彩色的，但是，由于两者之间的色彩是互补的，大脑有可以将图像合成为全彩色图像的功能，最终，读者就可以看到一幅全彩色的立体图像。

延伸阅读2：

佩戴3D眼镜注意事项（据《每日新报》）

●如果您有近视、散光、老花眼等视力问题，请您佩戴适当的眼镜后再增加红蓝3D眼镜进行观看，才能体验到立体效果。

●观看3D图片时，需分别注视画面的前景和背景，头部随着移动，能更好地感受到画面的立体空间感。

●眼睛和报纸的距离保持在50cm效果最佳。

●建议戴上红蓝眼镜后先适应一段时间，待眼睛习惯后再看。

●部分读者初戴3D眼镜会有不适感，属正常反应，摘下眼镜即可。阅读3D报纸的时间不宜过长，如有不适，应暂时停止阅读。

延伸阅读3：

电影发展史的启示

鉴于报纸一直在担心是否会消亡，我们来看一看电影的发展史。电视诞生后，大部分人都在担心电影将死，也确实，电影沉寂了那么一段时间。但是随后电影找到了自身的价值所在，独特的观影享受，影院的氛围、视觉效果如3D、IMAX，使电影成为高端产品，满足人们的高端需求。现在还有谁在担心电影会消亡吗？关键是找到自身的价值所在。如果电影像电视学习，刊播一些长篇累牍的连续剧和画质低劣的广告，电影早就不复存在了。

报纸也是如此，应找到自身的独特价值。

第三节 有声报纸：插上翅膀后能飞吗？

有声报纸依托于报业网站，在网络上以声音或视频的形式呈现报纸的内容。

一、给报纸插上声音的翅膀？

2005年、2006年是有声报纸最繁荣的时期。当时，报纸停下了持续多年的上升脚步，广告增长率从持续20多年的高位跌落下来，近两年的报业危机使业界发出一片悲观之声。 报业“寒冬论”、“拐点论”热闹非常，人们把当时的报业危机归结为新兴媒体对广告和受众双重市场的分流。互联网、手机等新兴媒体在分流受众的同时，也分流了大量广告投放预算，瓜分、蚕食着报纸的广告份额。

为应对挑战，众多报纸选择了上网，让网民“免费”在网上看报。但报纸的经营者很快发现，报纸网站与其他网站相比，真正能够让网民“眼睛一亮”的东西不多，直到今天，大部分报纸网站都是赔本赚吆喝。

既能让读者看报纸，也能让读者“听”报纸，是有声报纸的最大动机和诉求。“有声报纸的出现突破了传统报纸视觉媒介的特性，从此报纸不仅可以看，而且可以听，报纸变成了一座新型的广播电台。假如说以往报纸与电台的联动属于融合的初级阶段的话，那么有声报纸的出现则标志着纸质媒介与声音媒介融合的高级形态，由信息源的共享、资源的多重开发到现在的借力于广播的最本质属性——声音，报业与广播的融合程度进一步加深”。[①]要“以《合肥晚报》的新闻报道为内核，以中科大讯飞公司的智能语音技术为翅膀，集报纸、电台和互联网三家之长，完成了新闻传播方式的一次技术革命”。[②]报纸

①罗海鸿：《有声报纸的传播学意义及其发展瓶颈》，《新闻战线》2007年第8期。
②石莉：《合肥晚报新闻“声动”声声入耳》，《媒介方法》2006年第3期。

开始尝试通过与新媒体的融合嫁接，创造出一种新的媒介形态，以此拓展新的受众群体，改造原有赢利模式，增进自身在媒体生态中的生存能力和竞争能力。

有声报纸应这种需要而生。

二、各种各样的有声报纸

最早的有声报纸出现在2005年报业消亡论喧嚣时。2004年，《中国妇女报》首先推出了报纸手机版，有人甚至还预言手机报纸将彻底终结传统报业时代。2005年，浙江日报报业集团启动国内首张省级手机报——《浙江手机报》。2005年9月1日，《华西都市报》推出《华西手机报》，随后，手机报在全国报业领域全面铺开。9月27日，《华西手机报》声讯版正式开通上线，成为中国第一张能听的报纸。

但是它的呈现方式是手机。声讯版开通了声讯互动功能，读者可以对感兴趣的新闻发表评论，也可以参与热点话题的讨论、舆论调查的投票，甚至可以在手机报公共聊天室与其他读者进行及时的在线交流。

2006年3月3日，《合肥晚报》联手中国科技大学讯飞公司，在全国首次推出“有声报纸”，即《合肥晚报》的所有文字内容都以声音的形式出现在了网络上。读者只要登陆合肥晚报网（www.hf365.com），下载“有声报纸”客户端，就能通过电脑的音箱来“听”报了。听者不仅能根据需要选择自己要听的报纸内容，而且还能根据需要来选择男声（普通话、广东话）、女声（普通话、广东话）两种不同的读报声音，甚至还有背景音乐。

《合肥晚报》的“有声报纸”把受众主要定位在视力下降的老人、生活节奏快的都市人、旅居海外的中国人、听力健全而行动不便的残疾人，争取为他们提供“最便捷的听报服务、最丰富的信息资源、最轻松的娱乐服务、最新鲜的新闻内容”。①

2006年12月20日，沈阳日报报业集团的门户网站沈阳网开通的时候，借助天骄网络音视频发布系统而开始了“视听报纸”的尝试，既在原有的数字报纸上增加了视频栏，也开通了专门的视频网站。

---

①周志城：《有声报纸——报纸多媒体化的新尝试》，《新闻记者》2006年第7期。

一年之后，2007年3月8日，江西日报社推出了一个更有趣的有声报纸，他们与江西省电信合作创造了《江西语音报》。江西电信用户可通过固定电话、小灵通拨打1183188，即可免费收听到精选的当日最新新闻资讯。他们声称："《江西语音报》的诞生，是继《江西手机报》后传统媒体与通信技术的又一次完美结合，标志着我省在全国首创了'有声报纸'，继续在新媒体发展中处于领跑地位。"虽然没有找到任何关于《江西语音报》的后续成就资料，但这种需要打电话才能听的报纸很难发展，因为它的收听太麻烦了，即使不考虑话费的高昂，又有谁能忍受拿起话筒耗费5分钟收听一篇500字的新闻。这种"能听的报纸"在当年6月，也在广州出现了，叫做语音(IVR)新闻，中国移动用户只要拨打专号，按语音提示操作就能听到新闻内容。

2007年8月1日，在宁波日报报业集团的中国宁波网还有过"视听报纸"——《Bo播报》。《Bo播报》版面嵌有视频窗口，将视频新闻展现给读者。重要新闻内容还编辑了相关链接文章，甚至可以对新闻内容进行网上搜索，让读者了解新闻背景。如果读者读了某条新闻有感，还可以参与互动讨论。

三、有翅膀的报纸没能飞起来

"有声报纸"大部分都是免费试听。出于新鲜感及可以免费品尝大餐，众多网民下载了"有声报纸"客户端，使"有声报纸"拥有了一个数量可观的听众群。2006年6月13日，短短三个月时间，合肥报业网"有声报纸"客户端的网民达1.2万人，其中3400人进行了个人资料注册。 但是这仅仅是新鲜感带来的短期效应而已。

2011年4月2日，点开合肥报业网，现在叫做合肥在线，找了半天，也没有找到有声报纸的标志，有可能是被移到一个不起眼的角落了，也有可能是取消掉了。看来，加了"翅膀"的有声报纸也没能飞起来。还有其他的一些有声报纸，这几年，都没有听说过有关它们的消息，看来，结果都差不多。

首先，人们上网主要是快速浏览信息，很少有能把一条新闻从头到尾看完的。既然"有声报纸"需要打开电脑并选中文章，除了部分特殊人群，人们何不直接点击浏览而偏要启动语音以相对慢得多的速度来听"读"呢？

其次，虽然报纸希望能让"有声"实现纸质媒体的多媒体化，但不难发现，报纸上的新闻虽可以转换为"声"，但内容、形式等并没有发生实质性的转变。只不过是接受更烦琐，使用更麻烦而已，这样的新媒体如何让读者接受？

再次，“有声报纸”推出的一个重要理由是可以让人在电脑上“一心多用”。但既是听报，必然要使用电脑音箱；而除了单纯写文章外，在电脑上从事其他娱乐大都也需要音箱，那么诸如“边玩游戏边听报”等，便成为理论上成立但现实无法完成的一种设想。

最后是收费模式，《合肥晚报》创造性地提出了有声报纸的收费模式，试听内容仅限于有限的几条新闻，如果要享受全部服务，则需要点击申请广告或从菜单上选择服务申请菜单，订制有声报纸，这又使它的可接受程度大打折扣。

四、有声报纸在专业领域的价值

在一些专业的领域，有声报纸被发掘出了它的独特价值。

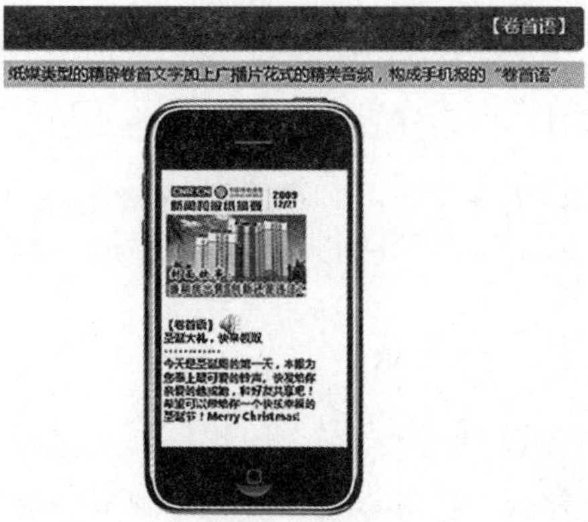

“新闻和报纸摘要”节目的有声报纸。

2010年2月，中央人民广播电台在手机上推出了它的手机报——《有声报—新闻和报纸摘要》，它也能听，但主要功能与普通手机报类似，语音功能只被那些“新闻和报纸摘要”节目的铁杆粉丝使用，非主流。

2010年11月25日，《中国少年英语报》推出了有声读物，为读者免费提供报纸配套音频下载、动画光盘、在线动画欣赏、互动英语游戏、电子刊在线阅读、点读笔点读发声等多种增值服务。每个月可以点读新的内容，拥有会发声的英语“老师”，这对学生和家长非常具有吸引力，能让学生体验报纸与点读笔的结合带来的纯正的英语发音，感受英语学习氛围。

少儿英语有声报纸。

上面说的这两种情况都有它自己独特的市场价值：一是适用于已经具有很高依赖性的品牌栏目，如“新闻和报纸摘要”节目，对于某些人来说，简直如每天要吃的早餐一样，它是必需品，即使再麻烦，也要听；二是适用于某些特殊需求，如英语学习，家长愿意花这个钱，只要能让孩子多考几分，钱再多也愿意。

但是，这是其特殊性，对于大部分报纸来说，插上翅膀后，有声报纸都没能飞起来。

五、不要相信后长出的翅膀

“要让传统意义上的视觉媒介插上声音的翅膀”①，“科大讯飞语音技术为报纸插上声音的翅膀”。“以《合肥晚报》的新闻报道为内核，以中科大讯飞公司的智能语音技术为翅膀，集报纸、电台和互联网三家之长，完成了新闻传播方式的一次‘技术革命’”。“将传统纸质媒体与高新科技成果联姻，诞生全国首份‘有声报纸’，继报纸、电台、电视和‘第四媒体’——网络之后，开启了一个全新的传媒时代，在中国新闻史上写下新篇”。

要给报纸插上会飞的翅膀，那么多的豪言壮语使有声报纸在诞生初期吸引了很多眼球，但实践容不得虚张声势。当初的那些话语在现在看来，是那么地可笑与不堪一击。

千万不要相信那些后长出的翅膀。天生是怎样，就应该是怎样，违背事物的本来规律，硬要给它加上个翅膀，它也飞不起来，即使好不容易飞起来，也飞不高。

卡尔•本茨于1886年发明了汽车，莱特兄弟1903年发明了飞机，能不能给汽车装上翅膀，让它既能跑，又能飞？在仅仅3年后的1906年，第一辆装上翅膀的小汽车就出现了，在之后的这么多年里，甚至到现在，能飞的小汽车得到了媒体的广泛关注。2011年7月6日，美国有一家名叫“脱离地球”的公司生产的“会飞汽车”飞上了天空。但市场价值呢？一直到现在，我们从来就没在天上看过“飞行汽车”，在地上也没有看过。

2011年7月，美国“会飞汽车”被批准上路。

①罗海鸿：《有声报纸的传播学意义及其发展瓶颈》，《新闻战线》2007年第8期。

第三章　忽视报纸独特优势

对自己的不自信，使报纸在失去对新媒体价值判断的同时，也失去了对自身价值的判断。时效性、易互动、生动形象直观、容易让人沉迷，这些新媒体的优势总是让报人们羡慕不已，而过分羡慕的结果便是不顾实际地模仿学习，拿来为我所用，结果却总是让人惨不忍睹。

【本章核心观点】

- 报纸的传统优势在新媒体时代，愈发显得弥足珍贵
- 卫星报纸有方便易得的替代品——网络
- 应做精简，而不是丰富
- 有技术可能不等于有受众需求
- 报纸是最让人轻松的媒介
- 电子纸太让人紧张

报纸生存至今，有其独特的生存意义和价值。海量信息的精心筛选、可以随意丢弃、区域的贴近性等等，这些特点在新媒体时代，愈发显得弥足珍贵。报业应珍视它们，把它们视为与新媒体拉开差距，体现差别的特点与优势，而不是随意地抛弃它们。

第一节　卫星报纸：抛弃报纸区域优势

有这样一种报纸，你如果想看，必须遵循这样的步骤：先购买一张购报卡，然后在全球范围内寻找报纸打印机，如果你能非常幸运地找到散布于全球的1347个这种报纸打印机的其中之一，那么还需要把购报卡插进去，一份报纸扣除5美元，请确认，是美元，不是日元；然后再花上几分钟等待，你就可以拿到一份珍稀而昂贵的报纸了。

到底是什么样的读者才能忍受这种报纸呢？

2011年5月5日，《长沙晚报》卫星报纸高调上星，这是全国第二家上星的报纸，而在2006年9月7日，《天津日报》大张旗鼓地上星，它是第一张上星的报纸。从2006年到2011年，时间相隔了差不多5年，任何一种有生命力的新产品的推广速度都不会是这么慢的。

一、从卫星传版到卫星报纸

在卫星传版之前，以前的报纸一般采用两种方式传输版面：一是航空版，将版面做成报纸纸型，然后空运到外地印刷；二是传真版，制作一份十分清晰的报样，然后送到邮局特设的传真室传真到外地印刷。航空版速度慢，而且受飞机航班、天气等因素影响，影响地方版的出报时效；传真版虽然在时效上有所改善，但是版面精度无法保证，传输的版面与母版相比，质量要差很多，特别是照片的质量，用现在的标准看简直惨不忍睹。这种状况直到卫星传版技术的出现才得以改变。

1978年，美国的《华尔街日报》开始利用卫星进行印刷与传递，《今日美国报》是全国发行的报纸，它自1983年创刊起就采用了卫星传版技术。在20世纪90年代之前，美国大部分报纸都采用了卫星来传送地方版或者进行国际传版，如《基督教科学箴言报》、《纽约时报》、《华盛顿邮报》、《芝加哥论坛报》等。

国内，能找到的最早的例子是1998年，《深圳特区报》采用卫星实现报纸版面的异地传输。2000年11月，《河北日报》采用卫星传版。卫星传版速度快、高保真、简单方便，因此很快就被推广开来，此后，大部分需要异地出版的报纸都采用了卫星传版技术。这是新媒体对报纸采编的巨大贡献。

与卫星传版同样的原理，卫星报纸也是通过卫星传输版面，只不过终端前移，直接面向读者。

卫星报纸系统（KIOSK）。

1999年，荷兰卫星报纸公司推出了一种报纸发行新模式——卫星报纸系统。这个系统的终端是一台机器，叫做卫星报亭，外国名叫KIOSK，它重180公斤，长70厘米，宽82厘米，高143厘米，稍微一点地方都可以放得下。读者触摸屏幕，选择国家和报纸名称，然后插入自己的信用卡或者卫星报亭专用卡，再等待一会儿，所选择报纸的最新一期就会被打印出来。

2002年8月，中国出版对外贸易总公司注意到这个新鲜玩意儿，于是和荷兰卫星报纸公司接触，并多次派人去欧美考察他们的产品，在2005年10月27日，引进了第一台卫星售报机，也同时开始国内卫星报纸的推广业务。最早成为卫星报纸成员的是《中国日报》（英文版）、《上海日报》（英文版）、《中国商业周刊》三种英文报纸。

二、12年，1347台机器

无论是上星的报纸数量、上星报纸的销售量，还是卫星报纸公司的终端数量，都让热衷者大失所望。

卫星报纸在中文报纸中的推广很难开展，直到2006年9月7日，《天津日报》成为第一张上星的中文报纸。《天津日报》称："标志着党报事业的发展进入了一个新阶段，具有很强的现实意义和长远的战略意义。"①

此后很长一段时间，都再也没有中文报纸上星了。一直到2011年5月5日，《长沙晚报》成为湖南省第一张、全国第二张上卫星发行系统的中文报纸。《长沙晚报》称："这标志着本报与《今日美国》、《印度时报》、《卫报》等世界著名大报的卫星报一起，实现全球同步发行。"②实际上，全世界也只有几百份报纸成为卫星报纸的一员。

而且，依靠卫星发行系统，也卖不了多少报纸，《中国日报》和《上海日报》是国内最早上星的报纸，销售数据让人觉得可笑，其中，《中国日报》在2005年下半年的一个季度内共卖出268份，《上海日报》卖出了583份。

对于荷兰卫星报纸公司来说，终端的推广才是最重要的，对于这种平台型的产品，只有终端数量到达一定量级后，才能吸引客户的加入。荷兰卫星报纸公司的代理商SN Europe称："我们已经勾画出5万个潜在销售点，并渴望将卫星报亭送到这些地方去。"③但是，从各种公开资料透露的数据来看，终端的推广速度十分慢。5万个点，简直是不可能完成的任务。

1999年，荷兰卫星报纸公司应创立卫星售报系统而成立，5年后，也就是2004年9月，整个地球上才安装了125台卫星报纸报亭。④

2006年2月，全地球共安装了250台卫星售报机，分布在欧洲（包括荷兰、奥地利、德国、比利时、意大利五个国家）、北美（包括美国和墨西哥）、亚洲（印度、泰国、印度尼西亚、中国香港）、大洋洲（澳大利亚）、非洲的埃及共13个国家和地区的酒店、商场、商业区、高级住宅区、机场和旅游区。⑤

2006年9月7日，《天津日报》卫星报纸上星时，在全球的39个国家和地

①江山：《天津日报报业集团打造数字化新传媒》，《中国工商时报》2007年9月5日。

②庄居湘、胡媛媛：《长沙晚报上星实现全球同步发行》，《长沙晚报》2011年5月6日。

③《新鲜外报天上来——卫星报纸简述》，《印刷经理人》2005年第2期。

④陈丹：《全球新闻天上来 小报亭连上大卫星》，《科技日报》2009年9月13日。

⑤王坤宁：《卫星售报机：铺就"走出去"的"高速路"》，《中国新闻出版报》2006年2月27日。

区的酒店、机场和大型商场设有卫星报纸销售点300多个。[①]

5年后，2011年5月5日，《长沙晚报》卫星报纸上星时，这个数字终于达到了“覆盖全球153个城市的1347个卫星报纸销售终端”。

1999年到2011年，整整12年，才发展了1347个终端，而且还散布在地球的各个角落里。

三、卫星报纸5美元一份

卫星报纸的介绍文章称：“卫星报纸在增加读者群、提高发行量的同时，节省了大额的印刷、发行以及运输的成本。”但是，有没有想过，由于卫星报纸是临时打印的报纸，打印费用却大大增加了。

卫星报纸销售终端。

打印卫星报纸需要刷信用卡或者插入读报卡，一份报纸售价是5美元，请注意，是美元。对于读者来说，5美元一份报纸太贵了，即使按照现在的汇率来计算，也要30多元人民币，有谁会花30多元去买一张报纸？但是，卫星报纸的经营者们也是不得已，是有苦衷的，成本使然。机器成本、卫星成本、场地租用成本、进入酒店的进场费、纸张成本、电力成本、人工成本，哪一个都不是个小数目，5美元甚至都有可能是在亏本大甩卖。

而对于报纸来说，国内报纸要想进入卫星报纸的售报渠道，首先必须与中国出版对外贸易总公司这个代理商和卫星报纸公司共同签订一个三方协议；同时还要缴纳一定的费用，包括一次性入网费1000美元和按月收取的传输费，根

①沈清潜：《中国首份卫星报纸诞生》，《中国知识产权报》2006年11月9日。

据不同的传输量，该费用为100—500美元每个月；此外，通过该卫星渠道的报纸销售所得还要进行三方分成。

卫星报纸在成本上与传统报纸根本没法相比，太耗钱，也卖得太贵，而且质量还不好。现在大部分报纸都是彩版印刷，而卫星报纸是黑白两色印刷，这样打印出来的报纸阅读视觉效果远远逊于彩色报纸，而且打印出的报纸用A3纸印刷，对于对开报纸来说，就只能将报纸的字体大大缩小，阅读起来非常费劲伤神。

四、对一张照片的疑问

《长沙晚报》推出卫星报纸之后，在其新闻稿上有一张配图，两名外国人在聚精会神地阅读《长沙晚报》卫星报纸。这让我感到非常疑惑：两个人一起看报纸的场景很少出现在现实中，而且这外国人为什么要看遥远的《长沙晚报》，他们懂中文吗？他们想从《长沙晚报》上获取什么信息？即使他们真的需要这些信息，现在，网络上不是都有吗？

2011年5月5日，两名外国人正在聚精会神地阅读《长沙晚报》卫星报纸。

对这张照片的疑惑反映了对卫星报纸读者群的定位问题。卫星报纸的读者是哪些人？是对中国有兴趣的外国人吗？即使他们对中国有兴趣，也必须会中文，而且确实兴趣非常高，非读报纸不可。好像不存在这种可能。卫星报纸中那些东西，现在，在网络上都可以轻易地找到。

我国每年也有大量的报纸出口，但大部分都是出口到相关研究机构和学术单位，作为研究资料使用，他们确实是对中国感兴趣的人，也懂中文。但这只是很小的一部分人群，而且他们对报纸的时效也没有多少要求，没有紧迫到必须买到当天的中国报纸。任何新闻的时效性需求都可以通过网络、手机等其他易得的渠道获得满足，并非只有报纸。

推广者认为，卫星报纸的读者范围包括：世界各地近3000万的华侨华人、全球近3000万学中文的“老外”、到国外旅游的中国游客、到国外做生意的中国商人。总结一下，就是适合在外地，不能够上网，同时又具有强烈家乡报纸依赖感的读者，必须同时满足这三个条件；但是要同时满足这三个条件的读者很少很少。其他条件不谈，光不能够上网这个条件在现代的城市，对于这些海外人士简直就是天方夜谭。而只要能够上网，卫星报纸上的所有东西，那网络上不是都有了吗？

在以前，网络没有兴起来的时候，卫星报纸说不定存在发展的可能，可是卫星报纸在那时并没有发展起来。等到了现在，网络便捷、信息泛滥、渠道多元，卫星报纸更没有多少价值，缺少发展的可能性。

五、报纸的区域优势决不能抛弃

卫星报纸的操作者认为：“卫星报纸打破了传统报纸发行的时空樊篱：每天，卫星系统将各国报纸原版信息收集后，再将这些信息发送至遍布全球的终端设备——自动售报机上，这些终端位于各城市的五星级酒店、图书馆、大型商场等人流密集处，读者通过刷信用卡或专用卡的方式支付费用后，两分钟后即可在售报机上获得一张当日的纸质报纸。海外读者阅读当天报纸成为可能，相比之下，通过传统运输渠道对外发行，报纸到达用户手中已经失去时效性。”①

很奇怪，这似乎是现在报业的通病，在面对新媒体的竞争时，非常羡慕新媒体的某些特性，比如时效，并竭力地模仿和试图复制，然后为此却牺牲了自己的本来优势——区域特性。

区域特性是现在报业能够直面新媒体竞争的为数不多的几个优势之一。报道的是本地新闻，市民身边的小事、琐碎事，当然也有关系市民切身利益的大事；当地的读者对报纸认同感很强。卫星报纸发行地的外国人对这些都没有兴趣，即使有，也仅仅是学术研究兴趣或者偶尔的好奇。

另一方面，广告客户在报纸上刊登广告，很大部分也是看重报纸的区域价

①庄居湘、胡媛媛：《长沙晚报上星实现全球同步发行》，《长沙晚报》2011年5月6日。

值，君不见全国性的报纸广告乏善可陈，而集中在某个区域内的广告版爆满。从这个意义上说，卫星报纸在全世界的发行，大部分都是无效发行，带不来一点广告效应。为什么全国性的《人民日报》少有广告，而一个城市的《广州日报》却每年有10多亿元的广告收入呢？为什么面向四川全省的《华西都市报》广告量比不上专注成都的《成都商报》呢？区域价值，是报业广告吸引广告客户的关键所在，报业不应该抛弃它。

为什么新媒体叫嚣报业灭亡，一些报人也认为报业将灭亡的这么多年，报业仍然能保持一定的增长，原因就在于报业对自身一些安身立命的特性的坚守，而不是放弃。相反，新媒体则大部分是跨区域的媒体；而区域特性则是报业为数不多的最后防线，应该坚守它。

延伸阅读：

什么叫卫星报纸

卫星报纸是由荷兰Satllite Newspapers Worldwide公司发明的一种现代报纸媒体发行模式——卫星报纸系统（KIOSKS）。通过卫星系统，将各国的报纸原版信息收集并发送至各专利终端设备上，读者以信用卡或专用卡的方式支付购买报纸的费用。这使分布于世界各地的读者能通过当地的终端，即时打印出想要阅读的当天报纸，实现报纸媒体的全球当天发行和即时阅读。

报社的工作：当报社有新出版的报纸，报社将出版的原版报纸的图文文件（PDF格式）E-mail至卫星报纸公司的邮箱，报社就完成了卫星发行的报社部分的工作。然后通过技术处理，读者在终端上就能买到当天的所选报纸。

信息源

来自各国报纸。各种版本的原版报纸的出版者，以电子版的形式发送至卫星报纸公司。现在卫星信道余量可容纳 20多份报纸。

卫星报纸公司

投资组成了完善的报纸传输、发行和管理体系，并进行终端设备开发、部署和维护。通过收集、整理报纸信息源，上传至卫星（目前是租用5条通信卫星信道）向各个终端发送报纸的电子版信息。报社向卫星提供报纸原版的电子文件；卫星报纸公司经营卫星报纸的发行。目前，已经形成了一种新的报纸发行模式。报社利用卫星报纸系统，可以不出门就将报纸发行到世界各地。

终端设备 KIOSK（自动售报机）

报社可以通过自助终端设备出售报纸。自助终端设备现已部署有400台（仍将逐步增加），投放于欧洲、美国、非洲的各宾馆、机场。读者目前可以随意选择世界上54个国家的131种报纸，读者选好自己所需要的报纸后，通过信用卡或专用卡支付，KIOSK就会自动打印出来。

读者

KIOSK主要安置在外国人居住较多的街区、旅馆和一些旅游中心，外国人可以很容易地阅读到自己国家的报纸。整个卖报过程都是自动的，读者所要做的就是把手指指向自己想要阅读的报纸，然后刷卡付费，两分钟后，一张和传统报纸一模一样的报纸就呈现在读者面前了。

第二节　报纸二维码：忽略了简便

新媒体时代的一个重要特征是信息海量，受众迷失于信息的海洋中找不着北，大量的时间被浪费。在海量信息面前，传媒最应该做的是筛选，具有专业水准的筛选，选出精简的信息，节约受众的时间，而不是让信息更丰富。

报业有时却忽略了这一点，仍然在试图模仿新媒体作丰富信息的尝试，比如报纸二维码。

已经很久没有看到有关报纸二维码的消息了，但在三年前，报纸二维码还是很火的东西，甚至被誉为“报业未来发展的希望”。但很快这种希望被现实击得粉碎。

一、媒介融合的最佳表现者

一维码就是超市商品上的条形码，收银员每次只要拿着扫描器扫它一下，就知道这个商品价格多少，并计入收款单。但是，一维码不能应用于报纸，因为，它对附载的介质要求较高，要亮、要光滑；而这些，报纸都不具备。但是，二维码能适用于报纸粗糙的表面。

二维码是一种新型的条码技术，存储的信息量比一维码多几十倍，并能整合图像、声音、文字等多媒体信息，可靠性高、保密防伪性强，而且易于制作、成本低。最新发展的二维码识别技术，可以通过手机摄像头代替条码扫描仪进行识别，条码也能印刷在普通报纸上。只要用手机对准印在报纸上的二维码拍一下照，就能扫描出条码内容，这样一来，以往移动鼠标，使用IE浏览器，通过有线网络接入互联网的人们，现在根本不需要电脑，只要用手机对准印刷在报纸上的二维码读取条码内容，便能直接链接网站，观看影视、声音、网络媒体的内容了。

有了二维码，报纸就和手机、网络"融合"到了一起，这在很多人看来，报纸就同时拥有了手机、网络的功能，简直无敌了。"读者只要用手机下载特定的二维码识别软件，再用手机摄像头对着报纸上的二维码进行拍摄，就能够在手机屏幕上看到感兴趣的新闻热点影像、体育节目的精彩瞬间、最流行的时尚商品动态介绍等等，还可以听到与报纸内容相关的各种声音"。"头版的时事新闻通过二维码扫描，可以将文字的时政新闻变成声音的新闻，然后通过手机的耳机来听；体育版的赛事报道，比如刘翔破纪录，不仅可以知道消息，而且还可以看到冲线的那一瞬间；文娱版推荐的新歌，可以通过条码扫描来试听，可以观看歌手的MV，可以订购下载到手机或者发送到自己的电脑信箱里……"[①]有人这样憧憬报纸二维码的未来。

二、没有后续的高调行动

更多的媒体开始将二维码投入实践运用，2005年3月，《北京晚报》在国内率先应用了清华紫光推出的二维码技术做新闻报道，这一试验很快引起了业内的关注与兴趣。2006年7月，《精品购物指南》开始在封面和各专版的版眉上一次性印刷彩色二维条码，之后在每期报纸的固定位置刊出彩色二维条码。几乎同时，由于德国世界杯足球赛的契机，一家二维码公司与《新京报》等10

---

①《报业二维码缘何"雷声大雨点小"》，《中国新闻出版报》2009年11月3日。

多家媒体合作，推出“通过手机二维条码，看世界杯精彩视频”的活动，使这一新技术第一次大面积应用于平面媒体。2006年，《每日新报》、《楚天都市报》等也开始使用二维码技术。

2008年8月8日，北京奥运会开幕当天，苏州日报报业集团正式采用二维码技术，在《苏州日报》、《姑苏晚报》和《城市商报》的指定版面上加印二维码标志，让报纸读者通过手机摄像头扫描二维码参加相关活动，或直接进入苏州日报报业集团的手机WAP网站“掌上读报”，阅读报纸指定版面的相关新闻和广告资讯，并开展即时互动。

在手机二维码试验方面，解放日报报业集团、宁波日报报业集团、辽宁日报传媒集团、河北日报报业集团、大连日报社、潇湘晨报社、中国计算机报社等都进行了探索。值得一提的是，2006年解放日报报业集团的4I战略闻名全国，其实应该叫5I战略：i-news彩信版手机报、i-mook网络数据杂志平台“摩客”、i-paper电子报、i-street街道公共新闻视频，还有一个i-cord报纸二维码。刚开始的时候，解放日报报业集团也曾积极报道过，但后来就很少提及了，也少有人知晓。闻名全国的“4I战略”中也没有二维码这一个“I”。不知道是由于他们认为i-cord没什么价值，比不上其他四个，还是其他什么原因。

但大部分的报纸二维码尝试都伴随着高调的推广活动，《辽沈晚报》2008年4月二维码创办后推出了“拍码寻宝”活动，手机用户只要拍摄了二维码，就有机会获得价值50元的中国移动手机话费充值卡或价值2000元的手机。

可是，从2005年到现在，6年时间过去了，尽管有不少报社、报业集团非常高调地开始这一新技术的尝试，但是却很少看到相关“后续报道”，如今，那么多报纸，依然很难找到那个传说中“二维码”的身影，也没听说过身边哪个朋友用报纸二维码看电视的。市场越来越边缘化。2009年宁波日报报业集团的数字技术平台建成，这一平台仍给二维码留了一席之地，但位置已经比较靠后。其副总编辑赵晓亮在接受采访时说：“从目前的情况来看，这个技术在报业中的应用并不是很理想，前景可能并不是很好。全国运用二维码的单位比较多，宁波日报报业集团是一次性在所有的报纸上同时推广这个技术，现在还在用，但是用户并不多。”对于报业而言，二维码似乎只是一种“看起来很美”的技术。

2011年4月7日，一条《全国首份二维码报纸受到热捧》的消息让我又看到了报人们创新的激情与非理性，杭州日报报业集团旗下的《每日商报》推出了二维码。非常奇怪，他们认为，这是全国首份二维码报纸，并受到“热捧”。

三、有技术可能不一定有受众需求

“二维码的再现使报纸变成了一个移动电视，无论读者将它拿到哪里，只要手机一扫描条码，报纸便成了多媒体呈现的移动电视。具体而言，有了二维码，报纸可听又可看”。[①]

“一张报纸，集合了文字、图片、音乐、视频等多种媒体信息，可以同时实现与手机、电视、网络多接口的互通，这一切不再是梦想”。[②]对报纸二维码寄予厚望的人似乎犯了一个逻辑错误：有技术可能性不等于有受众需求。科技的进步让二维码有了与手机、网络共通融合的可能，但却没有仔细考虑有没有融合的需求呢？

读者阅读报纸主要是图省事，拿起来看，挑几条感兴趣的新闻，看完了一扔，有谁这么烦还掏出手机拍张照片，然后上网查，还必须要保证手机上有扫二维码的软件；能坚持在这么麻烦的情况下还有这个需求的读者应该属于没事找事型，或者闲得发慌需要打发时间，这部分人当然只能是少数中的少数。这么麻烦的新媒体，用户不多也在情理之中。

减少信息接受的费力程度，这应是所有媒介形态必须遵循的基本原则。当有多个媒介形态都能提供同样质量的内容产品和服务时，费力程度低的媒介形态更能获得人们的青睐。报纸二维码所提供的图片、音乐、视频等多媒体产品和服务，网络都能提供，而且不用费人们多少力气，报纸二维码的劣势十分明显。

四、内容丰富的后果

按照二维码的宣传语所说，报纸二维码的优势在于：一是弥补报纸内容的生动和现场感的不足，加入视频、声音等元素；二是丰富报纸的内容，很多报纸上不能展现的内容读者可通过二维码获得。这叫做“隐性扩版”[③]，主要功

①《报业二维码缘何“雷声大雨点小”》，《中国新闻出版报》2009年11月3日。
②《河南报业全面上“码”体现二维码新媒体战略》，中国条码网2007年11月15日。
③夕雨：《二维码：“隐性扩版”带来惊喜》，《辽沈晚报》2008年4月28日。

能就是为了弥补报纸某些方面的不足，做加法，丰富报纸的内容。

其实，报纸的内容已经足够丰富了，一般都市报厚厚的几十个版，谁要是每天能够把一份报纸完整地看完，那他只可能是在消磨时间，或者是其他不具普遍意义的状态。

相反，现在，在这样信息泛滥、人们注意力稀缺的时代，提高报纸内容竞争力的手段不应该是丰富，而是精简。不是做加法，而是做减法。报纸的特点和优势在于选择，为读者做出精选，节约读者的时间，让人们在尽可能少的时间里获得需要的信息，而不是尽可能多的信息。这应该是新时期媒介竞争的一个重要着力点。

至少，从竞争战略上，报纸二维码都是与精简策略背道而驰的。

五、报纸二维码的其他用途

报业二维码在吸引读者方面没有什么作为，但是，在报社内部管理方面还是有一定价值的。

2005年6月10日，《金陵晚报》在报纸上印上二维码，把它当作进入超市、POS扫描商店的“入场券”，把报纸送入超市、便利店销售，以让收银员收钱方便些。《金陵晚报》的这一举动，甚至还引来南京另外两家报纸《现代快报》、《南京晨报》的跟进，也印上了二维码。《金陵晚报》据此还写了篇报道称“南京报纸进入条形码时代”，并评价印了二维码后，“报纸很有现代感”。

《重庆商报》则在2008年将二维码当作防止摊贩将报纸变卖废纸的手段。由于报纸越办越厚，卖废报纸的钱超过了报纸售价，于是，很多摊贩就将成捆的报纸直接送进废品收购站。而报纸印上二维码后，就能够从废品收购站的报纸上看出这是分配给哪个摊点的报纸，随后进行相应惩罚，以避免摊贩卖废现象。时任重庆商报发行公司行政经理何磊介绍：“《重庆商报》用了二维码后，报纸的零售销售更加有效，商报就不会流到废品收购站，这样也很好地保证了《重庆商报》零售的有效发行。”

国内已有详细的二维码订阅报刊方案。

在日本，报纸二维码的功能被应用于报纸征订上，日本《朝日新闻》刊出的征订广告都印有二维码，读者可以通过它直接登录到报纸网站，然后在网上订报。如今，《朝日新闻》的大多数订户都是采用这一技术订阅的。这倒是个好用途。国内已有详细的二维码订阅报刊方案：基于手机二维码拍码识别、输号两种模式，使用手机支付功能支付订阅费，利用手机随时随地完成报纸订阅，节约订阅成本。[①]

延伸阅读：

“这就是我的秘诀——专注和简单。简单比复杂更难，你必须努力让你的想法变得清晰明了，让它变得简单。但是，到最后，你会发现它值得你去做。因为一旦你做到了简单，你就能搬动大山。”

——乔布斯

第三节 电子纸：昂贵的报纸“替代品”

报业的自我意识有时让人捉摸不透，想当然地认为人们阅读报纸很大程度上是为了报纸版面的形状，称为“有阅读感”，并以此作为报纸的重要优势，也作为运作新媒体的重要依据，却抛弃自身一些更为重要的东西，如电子纸。

一、被寄予厚望的电子纸

电子纸可以分为两个阶段的形态：一种是现在大家都能见到的电子阅读器的形态，比较厚；另一种据称能够模仿纸的模样卷起来。它们的特点和优势都是采用电泳技术，能使电子产品显示的字幕看起来像报纸一样没有反光。像纸

①张军红：《基于二维码的报刊自助订阅系统》，《福建电脑》2011年第1期。

一样，这是它对于报纸的卖点所在。

电子纸被寄予厚望。

iRex科技有限公司副总裁周国富在2007年5月31日的“数字报业新技术现状与应用前景研讨会”上发表主题演讲，题目叫“电子纸，数字报业腾飞的最佳载体”。[①]周国富是个商人，他在那个研讨会上以此主题演讲属于叫卖性质，夸张一点儿无可厚非。

一些媒体人也对电子纸寄予厚望。“这种新型电子纸将替代传统报纸，人类的数字化生活也许要因此而翻开崭新的一页”。[②]

新闻出版总署甚至在“数字报业实验室计划”中明确提出：鼓励报纸出版单位积极探索多种数字出版形式和经营模式，其核心是以电子纸张作为新型内容显示介质的主要实验方向和突破口。[③]

宁波日报报业集团推出的电子纸。

而且，业界也在积极地实践电子纸实验。2006年4月15日，解放日报报业集团率先在iRex电子纸上展现和发布了全球第一份电子报纸，是其推广的4I战略中的“I-paper”；2010年5月20日，解放日报报业集团在上海世博会的城市未来馆放置了一张电子纸，引来了很多人的关注，很多观众感到震惊。“一场颠覆阅报习惯的革命即将到来”。“‘电子纸’将带来报业的未来”，很多人这样感慨。2006年10月25日，宁波日报报业集团推出iRex电子报纸——《宁波播报》，其内容除了本地新闻外，还涵盖了全国各大城市主流媒体的新闻内

①周国富：《电子纸：数字报业的最佳载体》，人民网2007年6月1日。
②朱品燕：《电子纸：报纸替代品？》，《全球财经观察》2005年3月22日。
③庞春燕：《电子纸：能否领衔数字出版？》，《传媒》2007年第3期。

容；2006年10月27日，烟台日报传媒集团全面开通了旗下四报三刊的iRex电子报刊，成为全球首家全面进入电子纸时代的传媒集团。国内的积极实践，用周国富的话来说就是："以前我们提倡是赶超世界先进水平，今天我们可以大胆地说，在电子纸方面，我们领导世界潮流，走在世界的前面。"①

国外也在实践。先后推出这种电子报纸的有美国《纽约时报》、《洛杉矶时报》，英国《每日电讯》，意大利《共和报》，比利时《比利时时报》，韩国《朝鲜日报》等多家报社。在此基础上，荷兰iRex公司还牵头成立了电子纸新闻联盟。②

二、像纸一样的电子纸

被寄予厚望的电子纸结果却是令人沮丧的。现在，距离电子纸实验者的实验已经过去5年多时间了，但从各种材料看，除了解放日报报业集团、宁波日报报业集团、烟台日报传媒集团这三家实验者外，并没有其他的报社参与这个实验。即使在这三家报业集团内部，现在也很少听到有关电子纸的声音。由于缺乏成熟的赢利模式，这些电子纸报纸大都局限于试验性推广阶段，大多采用赠送的形式，提供给数量有限的高端用户予以体验使用。

解放日报报业集团在首批把电子纸产品免费赠送给5名读者体验后，又增加了300名体验者，烟台日报传媒集团订购了2000台电子纸产品，宁波日报报业集团订购了1000台。③但之后都杳无音讯。

电子纸被寄予不同一般的希望的原因在于其像纸一样的特性，与其他电子产品有所不同，电子纸采用的电泳技术能使其所显示的字幕不反光，阅读要轻松一些。"读起来就像报纸一样"。

电子纸之所以被称为"纸"，就是由于它是作为纸张的替代品而被研发出来的，目前的电子纸具备了一些传统纸张的特性：1.环境光下阅读，室内外均有较好的易读性，但黑暗的地方无法阅读；2.亮度和分辨率较高，180度视角；3.反射式（液晶屏为投射式），视觉较舒适，可调节字体大小，保护视力；4.图文刷新后不耗电，节能；5.重量约300多克，便携，适合移动阅读。

---

①周国富：《电子纸：数字报业的最佳载体》，人民网2007年6月1日。
②汤景泰：《电子纸：颠覆纸媒的终结者？》，《新闻实践》2009年第9期。
③《解放日报报业集团首次实验推出电子报》，《新闻晨报》2006年4月17日。

介绍者称："电子纸融合了数字新媒体的特性。报业对电子纸的尝试和探索，并不仅仅是为了把内容放在一个新的数字平台上，而是要通过这种新型介质，满足受众对新型内容和消费体验的需求，满足广告主对精准传播的需求，从而重构报业的商业模式，寻找报业在数字内容时代的生存之道。"①

电子纸的初级阶段就是电子阅读器的形式。

这些年来，报业在运作新媒体时主要是两个思路：一是把新媒体的技术无条件地"拿来"，为我所用，如前面所列举的3D报纸、有声报纸、卫星报纸；二是试图把报纸的优势转移到新媒体中去，如电子纸。用新的载体试图容纳传统报纸的介质特点，这便是电子纸的指导思想。这两个思路都被实践证明是错误的。

三、阅读感的实质是随性？

报业一直很想探究，为什么在网络媒体繁荣、信息无限丰富的情况下，报业仍然有着市场价值和较为丰富的读者资源。阅读感是报业总结的一个重要优势。电子纸希望继承报纸的这种阅读感，原版原样、不伤眼睛、有油墨香味等等，而电子纸也正在朝着弯曲、可折叠和超薄的方向发展。

"对于有些老读者来说，读报不仅是接收信息，同时也是手触纸张、感受油墨芬芳的独特体验。在网络时代里，这些特点仍然是报纸的魅力所在"。②"已退休好几年，每天在家都要看报，一天不看就会浑身不自在，因为，他闻惯了那淡淡的油墨香"。③

在各类媒体上诸如此类的表述不胜枚举。其核心观点就是报纸的纸型和油墨香是报业应对新媒体竞争的一个重要优势。

①庞春燕：《电子纸：能否领衔数字出版？》，《传媒》2007年第3期。
②陈保平：《新媒体环境下的报纸优势策略》，《传媒》2007年1月。
③邓德洪：《欣喜若狂，又闻油墨香》，《洛阳日报》2011年1月1日。

有人有喜欢油墨味道的癖好不足奇怪，林子大了，什么鸟都有，奇怪的是这种非常边缘的心理竟然被一些报人们奉为报纸的优势之一。这对挽救报业的努力是非常有害的，它淡化了最应该被重视的报纸优势——随性。

与其他媒介相比，报纸是最让人轻松的，阅读它，你没有任何的负担感。我认为，报纸是最随性的媒介。这是新媒体时代报纸的最大优势，很多人往往忽略它。

四、随性是报纸的核心竞争力

想看就看，不想看就放一边，以后再看，报纸有便于保存、收藏的优势。而网络则不稳定、易删除，电视画面转瞬即逝。报纸可从容地读，它既不催你，也不逼你，闲时拿起，忙时放下。既可对之匆匆一瞥，翻一翻，也可将它细细品味；既可以消磨时间，连标题符号都看过，也可以只看标题，知道个大概就了事；既可以欣赏广告美丽的画面，也可以不放过对己有用的广告的每一个细节。用一个词来表达，就是自由。

想扔就扔，不想扔就送给收废品的老大爷。价格便宜，这是报纸的最大优势。与其他所有的媒介相比，报纸都是更容易获得的，有人称之为易得性。报纸不光是价格便宜，而且渠道布点极广，每个人上班、下班或买菜的路上就能在路边报摊买到，如果订阅，直接到自家信箱去取就是。

听广播需要买个收音机，现在人们一般喜欢在汽车里听广播，这甚至需要一辆几十万元的汽车；电视机需要几千元，数字电视每月还需要收视费用；网络需要电脑，也是几千元，每个月还需要上网费用；iPad也比较贵，下载的产品很多还需要另外交钱。

2007年10月26日，普利司通公司的雇员在日本横滨展示彩色电子纸。（新华社）

一种媒介价格昂贵的结果不仅仅是要多花钱，而是更不方便。因为需要照看它，如果不是特别有钱的人，不能随意地毁坏，也不能随意地丢弃。谁会看完iPad上的东西就把机器随手扔进旁边的垃圾桶呢？但是报纸可以，它随性，想扔就扔。

随性，这是所有媒介都不具备的优势，也是真正的核心竞争力。

从这个意义上说，电子纸的生产商们真的不应该再把电子纸朝着“像纸”的方向发展，没有反光、可以弯曲、可折叠、超薄，耗费大量的人力物力，研究出来的越昂贵的东西，读者就越不敢使用。

五、电子纸一点儿都不随性

电子纸却反其道而驰，它拥有一些人一直视为撒手锏的阅读感“利器”，但却一点儿都不能随性。

2006年10月25日，宁波日报报业集团推出iRex电子报纸——《宁波播报》。它与电子阅读器不同的是，它完全像一张纸，由半导体有机材料制成，仅有几毫米厚度，可以弯曲，据说也可以折叠，形状跟报纸类似。

其阅读方式也跟报纸类似，它不会反光。这一点与电子屏幕完全不同，电子纸不需要背光，利用自然光反射就可以阅读，但在黑暗中认不出字迹。它利用电泳显示技术原理，在电场的作用下，黑白两种不同的颗粒不停运动，当白色的颗粒上升到上表面时，所有的环境光照射到上表面而被完全反射，这样就形成了白色的状态，也就是纸的状态。当交换电极后，两种颜色的颗粒会交换位置，这样白色的颗粒就沉到下面，黑色的颗粒浮到上面，光被黑色的颗粒全部吸收，结果就形成黑色，也就形成了黑白显示。电子纸完全是纸的翻版，绝对拥有报纸的阅读感。

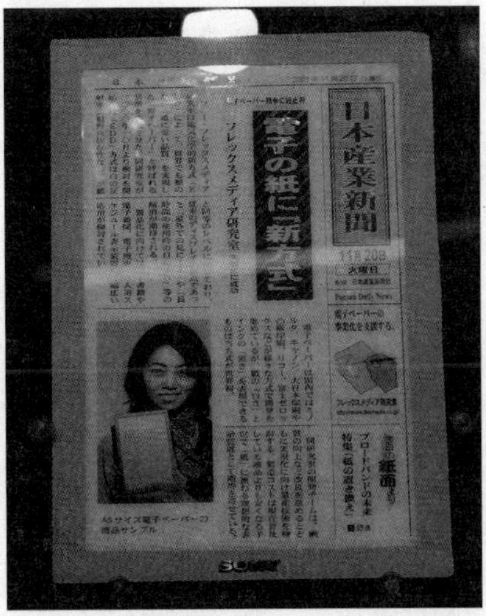

2002年10月28日，“索尼科技周”上展示的电子纸e-Paper。（新华社）

但是，它却不具有报纸随性的特征，因为电子纸非常昂贵。2007年刚诞生时的电子纸全国零售价为9500元。但是业界认为，如果价格能够降到1500—2500元之间，将会有一个比较理想的应用前景。2011年1月31日，广州市东豪电子科技有限公司在网络上发布的电子纸产品iRex iLiad/DR1000S的价格为8800元。

我认为，即使它的价格能够降到1000元，也依然没有多少市场空间。

因为它不能够让读者随性。订一年的报纸才多少钱，订十年的报纸又多少钱，几千块买一张“纸”带在身上，却不能挡雨，不能垫脏凳子，不能当扇子，不能包饭盒，更不能随便地扔进一个垃圾桶。这样一个让人小心翼翼又紧张兮兮的东西，要它有什么用？

随性，可能是报纸将来得以存在的终极武器。

延伸阅读：

传媒集团转型的“6度”

南方报业传媒集团社长杨兴锋曾用6个度来概括传媒集团转型的诉求，主要观点是办好传统媒体，也做好新媒体：“比如说新兴媒体，我认为它有3个度：第一是速度，就是非常快；第二是宽度，它的容量非常大；第三是互动度，我们可以跟网友时时交流。对于传统媒体来说也有3个度：我认为第一是信度，就是它多年积累下来的公信力；第二是深度，它可以将一个信息、一个新闻的来龙去脉，它的意义、作用和影响，描述得非常深刻；第三就是高度，即我们看一个新闻，它的立足点、着眼点。我们现在向全媒体转型，对传统媒体来说，我们要求它发挥它的深度、高度、信度的优势，同时又提出向全媒体转型，就是说要将新兴媒体的那三个度也要一网打尽，我们将6个度一网打尽，这就是我们向全媒体转型成功的标志。”

第四章　传统媒体思维的困境

创办新的媒介形态试图拯救报业，但是报业习惯用传统媒体的思维习惯来思考新的媒体形态的运营模式。成功是偶然，不成功是必然。

所谓新媒体，当然是指与传统媒体有所区别，其区别不仅仅在于载体与媒介形式的不同，而且关键是与受众的接触方式、作用于受众心理的手段、受众的信息消费习惯，都是新的；在这些新的方式和习惯面前，若还用传统媒体那一套则碰壁在所难免。面对新媒体，传统媒体更应该变革的是赢利模式，最重要的是思维方式的变革。新媒体需要有新思维。

【本章核心观点】

- 新媒体需要新思维
- 报业对iPad的期望过高
- iPad可能成为报业未来的掘墓人
- 区域特性是报业为数不多的最后防线，应该坚守它
- 把报业放在全范围竞争角度，我们真应该重新审视“新闻”的价值
- 媒体不应仅仅传播新闻
- 新媒体的竞争对手范围不受限制
- “未来的内容提供商”不切实际

报业运作新媒体出现很多问题的关键是运营模式的问题，核心是思维模式的问题。报业往往让传统媒体的人来运作这些新兴媒介种类；有时，即使高薪请来的是新媒体培养出来的人才，却不敢放手让他们自己去创新。最终所创办的各种新媒体都是新瓶装旧酒，仅仅是形态上变了，运营模式、经营理念、发展思路等，却依然是传统媒体的。

第一节 iPad不能成为报业未来的救星

iPad是2010年、2011年全国各家报社最火的东西，大家纷纷和它合作，在iPad上建立下载客户端。隔三差五的，就有一家报纸在自己的版面上宣布，“在iPad上，本报也有客户端了，从此以后，本报步上了数字化的道路”。或者，“标志着本报实现了全媒体运作”。

北青Pad。

最让一些报人们坚信iPad能成为未来报业救星的是一则关于默多克推出的iPad报纸《日报》的消息。

于是，就有了一个新论调，认为iPad终端能成为未来报业的救星。有一大堆文章也在论证这个观点。历史总是惊人地相似，20世纪90年代中期，在网络刚刚繁荣起来的时候，也有很多人提出“网络会成为报业未来的救星”，也有一大批文章在论证这个问题，并探讨网络怎么来救报纸。北京青年报社甚至在2011年还联合厂商造出了“北青Pad”，试图向渠道生产商转型。对新生事物充满着期待，可能是古往今来报人们的共同特点。

但我认为，iPad对于报业的意义和价值可能并没有一些人想象的那样巨大。它承担不起拯救报业的重任，甚至有成为报业另一个掘墓人的可能性。

一、iPad跟报纸扯上了关系

从2004年到现在，苹果公司推出了一系列“i”打头的产品。2004年10月面市的iPod Photo是首款具有彩屏的iPod产品，iPod对音乐播放器有颠覆性的冲击。这也标志着iPod产品具备了显示彩色图片、版面或页面的功能，有做报纸的潜质。2005年10月，《纽约时报》发表文章认为：报业应该放弃博客，而开辟iPod版报纸。2005年iPod Shuffle推出后，给美国新闻业带来的震动主要在广播电视领域。受众可以将媒体新闻的音频下载到iPod Shuffle播放器，随时收听。

2007年iPod Touch面市，这是具有上网功能的播放器。一些英美报业人士认为，人们可以通过iPod Touch与互联网对接，直接从网上阅读报纸新闻、图片、评论等内容。上网功能和纸媒的结合只能说为报纸内容的传播提供了一种新渠道，但无论是纸媒还是iPod都没有开发更有利于双方合作的功能或应用软件。此外，iPod产品总体发展趋势还是轻、薄、迷你，因此它并不利于纸媒的内容和形式展示。

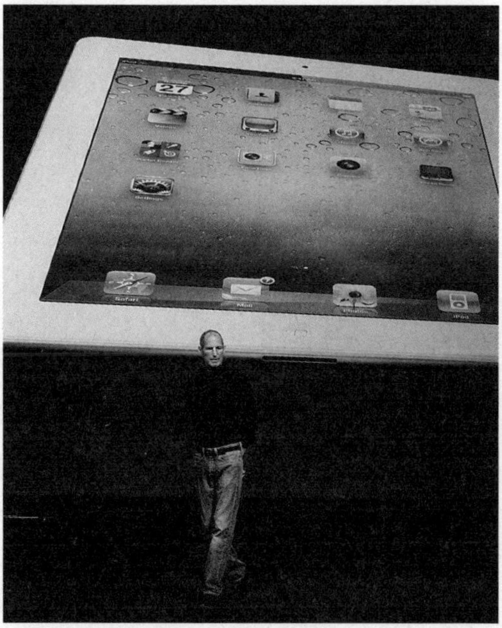
苹果公司推出系列“i”打头的产品。

iPhone是增加了手机功能的iPod Touch。第一代iPhone于2007年1月面市，随后，iPhone 3G于2008年6月面市；iPhone 3GS于2009年1月面市。iPhone强于互联网和通信功能的开发，屏幕比较小，也不是一款适宜于刊载报纸内容的电子产品。

2010年1月27日，iPad面市，推出不足半年，英美大牌纸媒趋之若鹜，纷纷开发相应的应用程序，国内报纸也是如此。iPad与报纸终于扯上了关系。

相对于传统电脑，在与报纸结合方面，iPad有以下优势：首先，它比较大，不像手机那样麻烦，iPad翻看非常方便，且能随时联网；其次，iPad可即开即用，不像电脑开机要经过漫长等待；最后，报纸还能通过iTune支付，实现在新媒体上收费的梦想，其他不讲，光这一点就足以让很多报纸欣喜若狂了。iPad对于报业的重要性还在于，它可能让报纸意识到原创信息不会再被搜索引擎或门户网站肆意使用。这对于在知识产权保护意识不甚强的地方，如国内，很有吸引力。美国新闻集团董事长默多克还认为，报业形态将来可能越来越多地由传统纸媒向平板电脑等装置过渡，因为后者可以节省纸张、印刷和运输等成本，从经济角度看更有优势。

二、可怕的全范围竞争

2010年1月27日苹果公司发布了iPad平板电脑后，首先是英美纸媒，默多克新闻集团旗下的《华尔街日报》、《泰晤士报》等报纸都开发了iPad付费应用程序，《纽约时报》、《今日美国》也紧随其后。在国内，最早尝鲜的是南方报业传媒集团，2010年5月7日，《南方都市报》iPad阅读软件上线，成为首家进入iPad的中文媒体。此后，《南方周末》、《广州日报》、《东方早报》等也迅速推出专供iPad的客户端。到2011年1月，已经有37家报纸、23家杂志、9家电视台电台、4家通讯社开发了客户端。

但形势不容乐观。这些报纸iPad应用销量的一般规律就是，在刚开始推出时，下载量很大，但是马上第二期下载量就迅速下滑。有专家分析，这是因为刚开始是同行、业内自己图新鲜，踊跃下载，新鲜感过后下载量就不能持续了。

还有一个奇怪的现象，一些报社老总在介绍他们的iPad终端产品时，习惯于用在中文新闻类产品中下载量排名多少来介绍他们取得的成就，而从来没有一家报社老总会说，在整个iPad客户端下载中的排名是多少。比如，新闻集团全球高级副总裁高群耀先生就在介绍他们的《The Daily》时说："《The Daily》目前还处于早期阶段，但是它的用户正在持续增长，是苹果iTunes应用系统中被下载最多的iPad新闻应用之一。"[①]值得注意的是，还仅仅是"之一"，不是

---

①高群耀：《传媒变革时代的来临及新闻集团的应对之道》，《中国记者》2011年7月。

“最多”。

有意无意的回避向我们揭示了两个问题：一是一些报纸的iPad终端在整个iPad终端下载排名中很靠后；二是iPad终端上的竞争要比报纸间的竞争大得多。

现在几乎稍微大一点儿的报社都已经在iPad上建立了自己的客户端，同质竞争又从纸质媒体很快转移到iPad上，那么多媒体都在积极响应，热切进入。那么多客户端，其竞争的激烈程度远比同城报纸的强。iPad平台是个无疆界的传媒世界，由此，成千上万的传统纸媒和iPad产品间的残酷争夺可想而知。

更可怕的是，报纸iPad客户端不单单是跟报纸竞争，而且还必须直面iPad的全范围竞争。iPad并不简单地等同于媒体终端，而是一个非常多元化的娱乐平台。报纸的iPad终端必须面对几大竞争对手：游戏客户端、微博、QQ等社会化媒体终端，这些东西远比新闻类终端有意思多了，也更具吸引力。

截至2011年3月10日，苹果应用商店中，书籍类应用软件最多，达57184个，占总数的15.86%，在2011年年底，应用软件数量已经突破50万。在这样可怕的全方位竞争形势下，报纸的iPad终端吸引力被摊薄是情理之中的事情。所以，真的不要对iPad抱太大希望。

三、报纸时效缺陷在iPad上被放大

时效快，能互动，这是报纸与iPad合作的基本诉求。但是，报纸iPad终端却将报纸时效缺陷放大，完全没有预想中的那种弥补缺陷的效果。

报纸之所以在网络新媒体的冲击下左支右绌，很大一个原因就是报纸的时效性与互动性远远不能跟上新传媒时代的要求。但现在的iPad报纸同样面临更新频次的问题。这包括两方面原因：

报纸方面。iPad界面的精致绚丽，决定了身处其中的报纸类应用必须精心选材、制作，不可能做到经常更新。比如，《Vogue服饰与美容》iPad版本于2010年11月8日发布，获得广泛好评。这本杂志以《Vogue服饰与美容五周年璀璨特刊》为蓝本，呈现了五年来的精华图片，浓缩了近60位国际顶级摄影大师、80余名超模与近30位明星共同为读者奉献的原创作品精选。发布至今，《Vogue服饰与美容》iPad版本成为苹果APP Store中最受欢迎的中文杂志以及中国区杂志类下载排名第一。但是，这本杂志在2011年全年只推出了四期，也就是更新四次。像默多克那份被寄予厚望的《The Daily》这样计划一天更新三次，已经是同类产品的佼佼者了。

《华西都市报》iPad客户端。

苹果公司方面。媒体类iPad应用的更新同时还受制于苹果公司的审核流程。这意味着，即便媒体自身频频更新，但在APP Store里的发布却不一定能够同步。比如，《第一财经周刊》在推出iPad版本时，就考虑过与纸质版同步上市。但是，苹果公司对每期杂志都要再把关，通常需要几天时间，才允许杂志更新在程序里。报纸如何避免这种时效滞后的问题呢？也许，有望内置的《The Daily》可以凭借内部优势解决这个问题。但绝大多数的报纸iPad版是不可能内置的。

四、主动权完全在iPad手里

iPad对报业的最大吸引力，在于它能让报纸实现梦寐以求的在新媒体上收费的梦想。但是，这个梦想实现起来却很困难。

2011年2月15日，苹果宣布了新的内容类（报纸、杂志、视频、音乐等）应用软件收费方案——从方案宣布之日起，对所有经由苹果iTunes商店发生的内容交易，苹果将收取交易额的30%提成，还要加上40%的报纸广告收益。方案顿时让报业陷入一片愤怒中。报业显然不愿意接纳这样的方式，他们希望向苹果支付一次性固定费用，而不愿意看到自己辛辛苦苦赚来的订阅费及广告费源源不断流入别人的腰包。

但是，报纸们也没有办法。苹果坐拥iPad平台，拥有垄断话语权。目前，苹果公司虽然没有生产任何媒体内容，但已有几十亿美元收入来自于媒体内容销售，在其总收入中占比大约30%。

另外，让报纸非常不满的是，在向苹果支付内容销售所得的30%后，报业仍然无法掌握数字时代最重要的资源——用户数据。苹果表示，它对用户信息拥有所有权，但可以将部分信息“出租”给报纸使用。虽然苹果会在征得新订户同意后，愿意将用户姓名、E-mail地址和邮政编码透露给报纸，但对其他关键用户信息，如信用卡信息和个人偏好等均不会透露。这造成的结果是，报纸销售了内容，却对读者一无所知，更无法针对他们做内容营销，也无法提供定制的内容。

报业非常郁闷，因为没有一点儿主动权。

五、历史总是惊人地相似

这让人非常地担心，看来，iPad一定会成为第二个新闻门户网站。

历史总是那么惊人地相似，在讨论iPad话题时，查到了一份1998年的文章——《因特网：21世纪报纸的杀手还是救星？》，文章最后得出结论："展望21世纪，我们有理由相信，因特网决不会是报纸的杀手，而是报纸再生的救星。"诸如《网络：报业发展的世纪增长点》这样标题的文章频频在那段时间出现。网络繁荣之初的那些讨论场景再现在十几年后的今天。

当时，各家报纸争抢着把自己的内容送给门户网站，免费的，甚至是倒贴的情况都有。就像现在把内容送给iPad一样，门户网站也是个内容平台。报纸在送完内容后，就会跟别人吹嘘，今天"我的新闻在新浪新闻里排行第一、第二或第三"。也像今天报社在iPad上建立客户端一样，等到把新闻门户网站给养肥了，又会对新闻门户网站无偿占用他们的新闻内容而愤愤不平。

其实这些都是他们自己抢着送给新闻门户网站的。后来觉得不行了，一些都市报的老总就在南京开了会，专门讨论怎么抵制新闻门户网站的问题，在那次会议上，诞生了著名的联合抵制新闻门户的《南京宣言》，后来这个宣言由于种种原因也无疾而终。新闻门户网站现在依然用很低的报酬拿走了报纸辛辛苦苦采集来的新闻。

真的很担心iPad会成为报业竞相喂饱的第二个"新闻门户网站"，报业好像是在培养自己又一个掘墓人。

如果不认真对待，这次可能不会像上次遇到新闻门户网站那般幸运存活下来。

延伸阅读：

报业反对网站无偿转载的三次"宣言"

1999年4月15日，人民日报社牵头，包括新华社、中央电视台、北京日报社、解放日报社等传统媒体主办的23家网络代表齐聚北京，签订《中国新闻界网络媒体公约》："凡不属于此公约的其他网站，如须引用公约单位的信息，应经过授权，并支付相应的费用。"

2005年11月1日，中国都市报研究会总编辑年会在南京召开，发表《南京宣言》："全国报界应当联合起来，积极运用法律武器，加强知识产权保护，维护自身合法权益，改变新闻产品被商业网站无偿或廉价使用的现状。"

2006年1月12日，由解放日报报业集团首倡，全国39家报业集团聚集广州，发出了《发起全国报业内容联盟的倡议书》："共同制定向网络媒体提供新闻内容的定价规范，提高网络转载的门槛，捍卫自己的知识产权。"

第二节　新媒体时代，重新审视新闻的价值

新媒体的崛起，对传统媒体的最大影响，在于它改变了受众对传媒产品和服务的评价标准，也改变了受众的需求。

做报纸的人在运作、思考新媒体时，总是有这样的习惯，认为新闻是最有价值的东西，人们接触媒体就是为了获得新闻。在这个观点的支配下，报人们繁荣了报业新闻网站，在iPad上创建了大量的新闻客户端，并积极努力地朝着"未来的内容提供商"目标迈进。

其实，把报业放在传媒的全范围竞争角度，我们真应该重新审视"新闻"的价值。

一、人们对媒体的需求是多元的

媒体从业者大部分是从各大学新闻系毕业的，一直以来，各媒体也是以传播新闻为第一己任、核心要务。时间一久，大家就想当然地认为，只要新闻做好了，就一切万事大吉了。如果在传统媒体运营模式下，这个观点是完全正确的，新闻确实为王；但是，在新媒体竞争条件下，这却是当今传媒业者最大的观念误区。

其实，人们与媒体接触的需求是多元的，看新闻绝对不是唯一目的，更多的是：娱乐、社交、表达、通信、群体认同……新闻，甚至沦为最不经意的需求。这一点，在新媒体上表现得更淋漓尽致。

即使是看新闻，人们的心理也是多元的，实用的需求仅仅是很小的一部分，比如知道德国出产的黄瓜有大肠杆菌，就不买黄瓜，导致黄瓜滞销；而更多的是为了满足轻松的愉悦阅读。试想，遥远的利比亚发生的战争与我这个小民又有什么关系呢？人们关注卡扎菲仅仅是一种好奇罢了。这就是为什么社会新闻板块一直阅读率最高的原因，除了获得有用的信息，消遣、放松心情也是一大因素。不然，《少女假装谈恋爱诈骗大学生43万》与我又有什么关系呢？

现代传媒必须适应新媒体受众这种多元的接触需求。

二、媒体不仅仅传播新闻

媒体为了满足人们的不同需求，都在发展不同于新闻的新的赢利模式。新时期，新的媒体竞争环境下，媒体需要重新定义。媒体不一定是传播新闻的，新媒体可能跟新闻一点儿关系都没有。QQ是新媒体，它的主要功能是即时通信，弹出新闻页面只是它的辅助功能；百度是新媒体，它的主要功能是集纳，只是个信息搜索的平台；微博是新媒体，它主要满足的是人们表达的需求；购物网站是新媒体，它只提供购物平台，跟新闻一点儿关系都没有；社交网站是新媒体，它满足人们社交的希望，也跟新闻没有一点儿关系；婚恋网站也是新媒体，它就是个网络媒婆，跟新闻没有关系。

现在，即使是传统的以新闻发家的新闻门户网站新浪、搜狐、网易，也在努力发展别的东西，新浪力推微博，很多网站都在下大力气推广微博，甚至还请来明星助阵，阵势很大，电视上、公交车上、户外LED上……都有这些网站的微博推广广告。搜狐发展视频，网易主攻信箱。新闻被这些新闻门户网站逐渐边缘化的现象愈演愈烈。

报业向新媒体进军，就应该适应这种趋势，不一定以新闻为主打，跳出“新闻”的束缚，创新新的赢利模式和赢利途径。

三、新闻的竞争对手众多

当报纸还是纸的时候，在当地，竞争对手只有几家；当报纸成为新媒体时，竞争对手就数不清了。

从传媒竞争的角度考虑，对“新闻”的竞争就是现在人们经常提及的“红海”，竞争对手众多，非常激烈，想要立足非常困难。

报纸新闻网站这么多年都没有起色的原因就是主打新闻，高估了新闻的价值，没有跳出新闻模式的束缚，遭遇“红海”竞争。全国几乎每家报业集团都有新闻网站，甚至每个媒体都有新闻网站，加上新闻门户网站，在这无任何疆界的互联网平台上，那么多定位类似、内容雷同、功能一致的新闻网站，试图从中出类拔萃是多么困难的一件事情。

报纸发行有地域限定，超出了这个地域范围，发行通常是无效的，一个城市的市民一般不会看别的城市的都市报，这就导致许多城市占据竞争优势的报纸都是本地报纸；而网络是没有地域限定的，在网络上，网民能看到任何上线的网站，包括全国的、地方的。报纸新闻的竞争范围是本地，但报纸新闻网站的竞争范围可以说是全国的。

报纸在iPad上开发的新闻终端也是如此。报纸如果按照惯例依然做新闻终端，它们就必须面临两种激烈的竞争：一是新闻终端的竞争，这种竞争远比同城间的报纸大战来得激烈，那么多的媒体，远不止报社，都创建了新闻客户端，要想脱颖而出是非常困难的。二是必须直面iPad的全环境竞争，与每个用户越来越被分散的时间竞争。iPad并不简单等同于媒体终端，更是一个极度多元化的娱乐平台。报纸iPad新闻终端必须面对几大竞争对手：游戏客户端、微博、QQ等社会化媒体终端，这些东西远比新闻类终端有意思多了，也更具吸引力。

《南方都市报》在iPad上发布的“广州亚运指南”客户端。

报业新媒体需要开发“蓝海”资源，脱离新闻或许是个好选择。2010年广州亚运前夕，《南方都市报》在iPad上发布了“广州亚运指南”客户端，它结合移动互联网地理位置服务，在为手机用户提供全面的亚运赛程、参观、赛事资讯的同时，还提供亚运场馆周边旅游、交通、餐饮、住宿信息及地图导航服务。在iPad上收费1.99美元，具备中文、英文、韩文、日文四种语言选择，结合动态位置自动调用GPS进行路线导航功能，提供查询电话并可直接拨打。这个客户端在苹果商店上架不到一周就跃升为体育收费类销售榜第一位，成为《南方都市报》第一个实现收费的产品。[①]

四、内容不做大哥好多年

对新闻的高估导致报人们更愿意相信内容为王。

渠道为王还是内容为王，这是争论了很多年的老问题。这两种观点对于报业做新媒体来说，是非常重要的，具体落实到新媒体的实践中，就是截然不同的两种做法，坚持渠道为王的就会努力去发展报业的新渠道，就会去创办各种各样五花八门的新媒体；比如成都传媒集团就创办了数量众多的新媒体种类，并利用资本运作的方式向各种新媒体进军。而坚信内容为王的总是喜欢“通讯社模式”，习惯通过“媒介融合”来实现新闻内容的共享和多媒体使用，它们最希望做的就是“未来的内容提供商”。这两种思路代表的是报业在新媒体竞争时代的两种选择。

其实，渠道为王和内容为王，这个问题没有多少讨论的必要，在实践中更强势，更拥有垄断地位的合作方往往能成“王”。什么叫“王”，王者只有一个，用在传媒竞争上，就是拥有核心或者垄断优势，人家得求你，你就是王。

在这点上，市场机制充分发挥作用。一个已确定的市场空间中，如果内容方拥有垄断地位，那么它肯定就是“王”；而如果渠道竞争者很少，拥有强势地位，那么它就是“王”，能说一不二。市场供求关系非常明确地解释出内容和渠道之间的关系。而且，这种供求关系应是相对的，会随强势一方加入者的增加而改变，现在是“王”，将来不一定是。

从现在的形势来看，内容早已不可能称王了，内容为王那是很久很久以前，报业内容还具有垄断优势的时候。手机报是目前报业做新媒体中能实现赢利的为数不多的形态之一，但，控制权完全掌握在渠道运营商那方。这让报业非常郁闷。目前运营商与报社合作办手机报的分成比例一般为，移动运营商分50%，其余归CP（内容供应商、媒体）和SP（服务提供商），最后，报社的分

---

①易海燕：《南方都市报的移动终端实验》，《传媒》2011年第7期。

成一般就仅仅是1/4。《南方都市报》的手机报每月收费8元。渠道运营商分成4元，另外还设置了代理公司，分成2元，《南方都市报》只剩下2元，一年只赚200多万元。内容太没有话语权了。

很多业界人喜欢抱怨知识产权保护不力导致内容不能为王，其实内容不能为王的关键因素是新闻竞争的日趋激烈，范围越来越大。

五、质疑“未来内容提供商”？

“死的是纸，活的是报”，河南日报报业集团社长朱夏炎的这句话被广为流传，经常引用的原因是很多报人与之产生共鸣，人们认为纸的消亡不可避免，但是报纸作为内容产业有其存在价值。纷纷提出：要做“未来的内容提供商”。而且，越来越多的报业集团，甚至是一些地市报组建的小报业集团正在成为越来越大、功能越来越多的庞然大物——全媒体集团，拥有各种各样的新媒体形态，网站、手机报、微博、LED显示屏、iPad客户端、电子阅读器、城市通等数不胜数的渠道。为了应付自身这么多的渠道，报业集团也不由自主地成为了内容供应商，原来的报纸采编部门必须向集团内其他媒介形态供稿；但它们总是被庞大冲昏了头脑，以为这种内部的内容供应商可以延展至其他媒体，成为可以向其他媒体卖稿的“内容供应商”。

冷静下来，只要思考一点，就能豁然开朗。如果全国的报纸都来做“内容提供商”，那么，内容的竞争不是更激烈了吗？想象一下，如果所有的报业集团都是内容提供商，那会是多么热闹的一个场面。竞争激烈的结果就是互相杀价，互相杀价的结果就是只有很少的实力强大的内容提供商能存活下来。

换一个角度，如果大家都来做内容提供商，那这些内容怎么落地呢？除了自家的几个媒体，哪个媒体愿意持续购买你的内容产品。除非是当地有突发事件，而宣传部门又不允许跨地采访的情况。

而且，从做内容提供商角度来说，目前报业的内容生产产量严重不足，一般一个报业集团如果拥有500名记者，已经很了不得了。但是500名记者能产生多少新闻呢？一人一条，也就500条。500条新闻距离内容提供商的角色实在是太远了。而一旦没有规模效应，内容提供商根本无从谈起。新华社是真正意义的内容提供商，它在全国各地拥有5000名以上的记者。为满足世界传播新秩序的竞争需要，它还在大规模地扩张。一般的报业集团试图达到这个规模，依靠原始积累则很难很难。

现在有一个统计，整个互联网上的内容贡献活动，相当于约有3200万全职人员在写作、编辑，试想这是一种什么量级的生产力在改变内容产业？内容逐渐变成海量从而分散了人的注意力。[①]在这种情况下，即使你有再多的内容生产力，一旦放到海量的互联网中，也是沧海一粟，不会具有多少竞争力。

专业的内容提供商或许是个不错的选择。一些都市报的“特稿”就提供给很多其他的报纸，也需要其他报纸花钱购买，但那是非常态的，也没有形成规模。实事求是地说，报业集团并不具备做专业领域内容的团队和人才，更缺乏相应基础。

①高群耀：《传媒变革时代的来临及新闻集团的应对之道》，《中国记者》2011年第7期。

第五章　谁能成为全媒体？

“全媒体”成为一个热词，特别是在报业，频繁见诸各种报道、报社的发展规划、报业负责人的讲话、学者的论著和演讲中，许多新成立的媒体机构也以“全媒体”冠名。一时间，“全媒体”之风刮遍全国，成为一股热潮，成为一种时髦。

冷静审视一下之后就可发现，这股“全媒体”潮流带有很大盲目性，很多人其实对“全媒体”到底意味着什么并不了解，对“全媒体”之路是否可行也未加论证，往往是被这股热浪所裹挟，或者是被新概念所迷惑，甚至是出于从众心理而盲目跟风。

实际上，这股疯狂的“全媒体”热，是中国传媒界面对新媒体的挑战与拯救报业的机遇诱惑陷入的一个集体迷思。它完全无视不同媒体机构的差异，无视不同媒体形态的特殊性，无视传媒竞争的细分与集中原则。

【本章核心观点】

- 全媒体概念不清晰
- 贪大求全并不好
- 不可能大家都成为全媒体集团
- 只有规模巨大、资源丰富的传媒集团才有可能成为全媒体集团。如新华社、南方报业等大型传媒集团。
- “一个平台、多个出口”不可行
- 全媒体记者忽视了记者精力和才能的有限性

报业全媒体包含三层意思：一是报业集团必须拥有多种媒介形态，越全越好，当然，如果不全也没关系，反正大家都这么叫，也没有人会跟你较真，全媒体集团强调的是媒介种类；二是一个产品，多个出口，也就是全媒体平台，强调的是内容共享；三是记者应是全能型记者，他什么都会，强调的是人才能力。

第一节　“全媒体”到底是什么

由于涉及概念性的东西，我想我必须用比较学术化的语言来进行表述。

什么是“全媒体”，对于这个基本概念，业界和学界都存在各种各样的理解和认识。

一些人偏重于从传播形态的角度来解释“全媒体”概念。例如，有人提出，“可以把全媒体理解为：综合运用各种表现形式，如文、图、声、光、电，来全方位、立体地展示传播内容，同时通过文字、声像、网络、通信等传播手段来传输的一种新的传播形态”。①还有人认为，“全媒体”是在具备文字、图形、图像、动画、声音和视频等各种媒体表现手段基础之上进行不同媒介形态（纸媒、电视媒体、广播媒体、网络媒体、手机媒体等）之间的融合，产生质变后形成的一种新的传播形态。②这种解释比较抽象，多种表现手段怎么“融合”，“融合”成一个什么样的媒介形态，产生的“新的传播形态”是什么样的，相信解释者自己都说不清楚。

也有人把“全媒体”理解成对事件的一种报道方式。有学者认为：“全媒体是一种业务运作的整体模式和策略，即运用所有媒体手段和平台来构建大的报道体系。总体上看，全媒体不再是单落点、单形态、单平台的，而是在多平台上进行多落点、多形态的传播。报纸、广播、电视与网络是这个报道体系的

①张莉、于雷：《“全”的战斗力——关于全媒体的一点思考》，《青年记者》2010年第23期。
②罗鑫：《什么是“全媒体”》，《中国记者》2010年第3期。

共同组成部分。”[①]许多媒体在进行重大突发事件报道和重大战役性报道时，都会同时派出文字记者、摄影记者乃至电视记者，同时采集文字、图片及视频新闻，这种采编业务操作通常被称为“全媒体”报道。

众多业界人士认为“全媒体”是一种经营模式。例如，蔡立、范以锦认为：“全媒体意为从单一媒体向多媒体延伸，形成各种媒体形态的全面覆盖，意味着传媒单位在将规模做大的同时，有意识将产业做强。”[②]夏晓晖认为：“全媒体是建立在平面媒体基础上的衍生物，跨媒体、跨地域、多元化的媒体发展模式，是报业战略发展的必然趋势。”[③]

有人侧重从技术层面来解释“全媒体”，将之视为一种技术系统或信息处理技术平台。有人则认为，所谓“全媒体”，主要指利用现代新兴传媒技术实现的全方位、全天候以及全部媒体形态的新闻报道手段。[④]

还有的人显然意识到“全媒体”含义之复杂，便试图给出一个看上去无所不包、实则模糊不清的定义。例如，有的人认为，全媒体应该是传统媒体和新媒体的聚合体，是利用网络和其他传播渠道进行资源整合和媒体再造的产物，其特点是发布内容、发布手段、表现方式、受众覆盖“全”。[⑤]有的学者认为，从狭义上定义全媒体，只能是指所有媒介载体形式的总和；但是从广义上看，则是指信息传播手段的交汇及媒介之间属性及功能的混杂。

从以上列举的关于“全媒体”的概念解释或定义中可以看出，无论是业界还是学界，目前对“全媒体”的认识和理解往往只偏重某一个层面或领域，因此难以对“全媒体”的内涵和外延做出一个准确清晰的界定，于是，就造成了“全媒体”概念混乱不堪的局面。

实际上，现在业界和学界所说的“全媒体”，是一个既涉及载体形式，又包括内容形式，还包括技术平台的集大成者。如此一个“大而全”的东西，显然无法给出一个确切的内涵和外延都很清晰的定义。这从另一个角度说明，

---

①彭兰：《媒介融合方向下的四个关键变革》，《新闻记者》2009年第7期。

②蔡立、范以锦：《范围经济视角下的全媒体运营及思考》，《中国报业》2010年第6期。

③张向东、齐志勇、胡冬华：《关于全媒体时代的发展构想——2010年中国城市报业传媒高峰论坛综述》，《新闻研究导刊》2010年第2期。

④汤代禄：《全媒体采编技术平台趋势与实践》，《中国传媒科技》2010年第6期。

⑤王伟、赵庆博：《论全媒体打造与传统媒体数字化转型》，《新闻导刊》2009年第4期。

“全媒体”的概念并不科学。

从现在全国报业运作的情况来看，全媒体应该有三层含义：第一是全媒体集团，指一个报业集团拥有尽可能多的媒介形态；第二是全媒体平台，指报业集团进行流程再造，组成一个内容共享平台，实现一个平台、多个出口的采编流程；三是全媒体记者，指一名记者拥有多种功能，既能写稿，也能拍照，还能拍摄、出镜，什么都会。这样，全媒体的概念虽然说得复杂些，但至少比较清楚明白，总比让读者一字一句地生抠字眼轻松。

第二节　贪大求全的全媒体集团

“传统传媒集团必须转变观念，顺利完成向全媒体集团的转型，才能在未来的竞争中不处于劣势。”这句话非常常见，我经常想问一问，应对新形势下的竞争，为什么一定要转型为全媒体集团？难道就不可以采用其他方式吗？全媒体集团是必行之路吗？

一、从报业集团到传媒集团

1996年1月15日，第一家报业集团广州日报报业集团成立。一直到现在，《广州日报》依然是全国广告额最大的报纸。此后，全国各地如雨后春笋般纷纷成立了报业集团。截至2010年11月，全国已形成49家报业集团。还有很多由当地政府或者当地出版局批准的报业集团，这种报业集团的数量就不好统计了。廊坊是北京郊区一个市，市内有报纸《廊坊日报》，2011年5月5日，《廊坊日报》举办创刊55周年庆典活动，其在《中国新闻出版报》的对外新闻稿的标题是《〈廊坊日报〉创刊55年已具报业集团雏形》，报道称：“廊坊日报社已经拥有《廊坊日报》、《廊坊都市报》、《都市周末》、《廊坊传媒网》、《廊坊手机报》、《新闻视野》等六大媒体，新闻宣传报道的能力得到大幅提升，各媒体已形成‘优势互补、错位发展、齐头并进’的态势，呈现廊坊日报报业集团雏形。”[1]这是大部分报业集团成立理由的一个缩影，只要旗下拥有多种媒体，就可以堂而皇之地成为报业集团。

同样，也是在这个理由下，旗下只要拥有报纸之外的媒介，报业集团又可以改名为传媒集团。比较著名的有南方报业传媒集团、京报传媒集团、成都传媒集团、合肥报业传媒集团、东莞报业传媒集团、烟台日报传媒集团。就在本书截稿前的2011年10月22日，新华日报报业集团更名为新华报业传媒集团。其实，如果按照那个标准，似乎所有的报业集团都可以称为传媒集团，试想，现在哪家集团旗下没有手机报，哪家没有网站？

二、从传媒集团到全媒体集团

全媒体集团是更高级别的称呼。

2006年1月，解放日报报业集团推出了著名的4I战略：手机报(i-news)、网络数码杂志(i-mook)、电子报(i-paper)、公共新闻视屏(i-street)。但是，虽然4I战略在2006年是那么火爆，当时也没有提及全媒体这个时髦的概念。解放日报报业集团社长尹明华当时说："当新媒体的框架基本搭建完之后，必须要考虑新媒体，以及新媒体和传统媒体之间新的内容流程构造。"[2]其时仅仅把它当作丰富集团新媒体架构的一个方式。

2007年，宁波日报报业集团开发了集内容生产、业务处理、决策管理和客服服务以及网络支撑五个平台合而为一的多媒体数字化运营平台，形成了多媒体新闻体系。

最早喊出"全媒体"、喊得也最响的是烟台日报传媒集团。烟台日报传媒集团是个地市报，在烟台只有这么一家集团，旗下拥有《烟台日报》、《烟台晚报》、《今晨6点》、《华夏酒报》、《阅读文摘》、《新闻人物》和水母网站七个媒体。在全国的地市报行列中，综合实力比较强大。

2006年，新闻出版总署启动"数字报业实验室计划"，2007年，国家新闻出版总署启动了全媒体数字采编发布系统工程建设，确定了南方报业传媒集团、中国安全生产报、烟台日报传媒集团等，进行数字复合出版的研发和试点。顺应全媒体产品方阵的布局，2007年10月29日，烟台日报传媒集团成立

---

①《〈廊坊日报〉创刊55年已具报业集团雏形》，《中国新闻出版报》 2011年5月10日。

②尹明华：《解放日报报业集团探索用轻资产实现非线性增长》，《中国记者》2007年第1期。

“1029项目组”，启动“全媒体数字采编发布系统”的研发，通过优化原有的产品生产流程，推动集团从报纸生产商向内容供应商转型。2008年3月，组建了全媒体新闻中心。2008年8月26日，北京奥运会闭幕之际，烟台日报传媒集团创建的“全媒体数字采编发布系统”通过了国家新闻出版总署的专家验收，被认为是“纸媒转型过程中的标志性事件”。其喊出的口号是“纸媒转型与全媒体流程再造”，在全国引起轰动，无数的报社前往参观学习。

三、需要那么多的全媒体集团吗?

当代史上，但凡是学习，结果往往是全国群起模仿，一时间，全国涌现出了很多的“全媒体集团”。一直持续到现在，向“全媒体”集团进军，成为近两年中国媒体最热闹的举动。从上到下，从大到小，几乎所有媒体都在高喊“全媒体”的口号。

模仿者们抓住了“全媒体集团”最简便易学的特点。这也是现在社会上参观学习的一般规律，只挑最简单、最容易被看见的特点学习。那就是要拥有多种媒介形态，越全越好，越全越能表示全媒体集团名副其实。

于是，几乎所有的传媒集团，只要拥有超过一个以上的媒介种类，就开始在各种场合、各种文字中自称是“全媒体集团”。传媒集团都以拥有尽可能多的媒介种类为荣，每出现一种新的媒介形态或媒体业态，都要不遗余力去抢滩，以为这是向真正的“全媒体集团”又迈了一步。一个最典型的例子是，最近一家晚报在头版用整版篇幅宣布

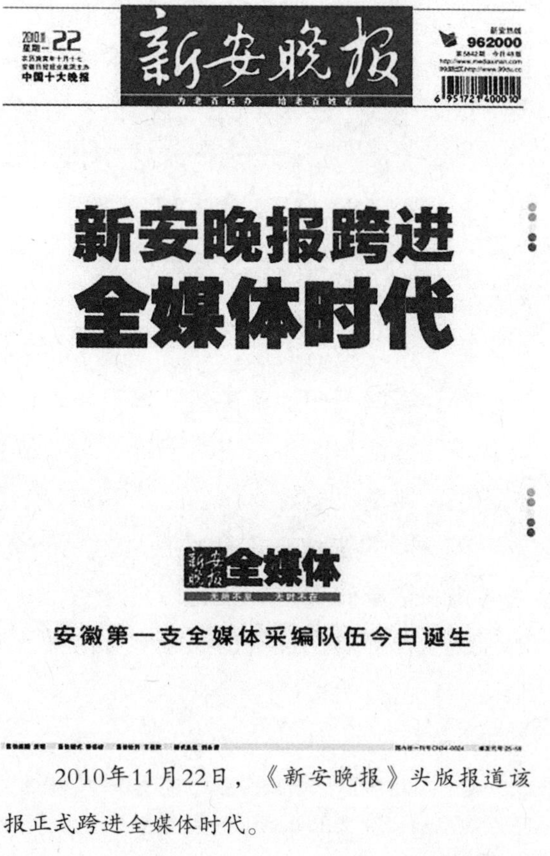
新安晚报
中国十大晚报
962000
新安晚报跨进全媒体时代
全媒体
安徽第一支全媒体采编队伍今日诞生

2010年11月22日，《新安晚报》头版报道该报正式跨进全媒体时代。

该报正式跨进全媒体时代，而实现这个“历史性跨越”的标志就是该报“130多名编辑记者全部装备了最先进的iPhone4手机”。[①]

许多媒体集团都以全媒体为发展目标，有的不顾自身实力和客观条件到处“跑马圈地”，极力向各种媒介形态拓展。不但中央媒体如此，省级媒体如此，就连地市级媒体也如此。在2008年11月召开的中国地市报研究会成立庆典上，有的地市报负责人提出，要尽快实现战略转型，实现全媒体经营是地市报发展的关键。[②]更有甚者，有的县级报纸也以打造“中国先进的区域全媒体”为目标。例如，一家县级报纸负责人表示，该报准备及时、大量、有效地建立新媒体，抢滩市场。除了已有的报纸和网络，对其他形态如杂志、广播、电视、音像、出版、电信等，也适时占领和布点，特别是对新型媒体如卫星通信、移动阅读器、户外大型视频等，更要适时建立，认为只有最广泛地建立、占有各种媒体资源和通道，才有可能实现全媒体。

报纸、杂志、报网一体、新闻网站、手机报、多媒体数字报、iPad版面、公交移动视屏……打起全媒体大旗的报业集团几乎形成了完全一样的阵容。在这个世界上，不，在中国，需要这么多的全媒体集团吗？答案肯定是否定的，一旦一种东西大家都拥有的时候，要么就很不值钱，要么就是太值钱了，但大家争得死去活来。这两种情况，相信“全媒体集团”们都是不愿意看到的。

当然，全媒体集团也是可以有的。在这个世界上，不光仅仅只有专卖店，也应该有一些百货公司、超市。但是，我认为，全媒体集团只适用于极少数资金雄厚、市场覆盖面广，业务、技术和人才资源比较丰富的大型传媒集团，譬如美国的新闻集团、德国的贝塔斯曼集团以及国内的新华社、上海文广集团、南方报业传媒集团等。而对于绝大多数媒体或媒体集团，特别是一些地县级报社来说，实现“全媒体化”是不现实、不可行的，也是完全没有必要的。

拓展新的媒体形态和业务领域，各个媒体应该从自身条件出发，根据所处的传媒市场的实际，找到与自身条件、实力及资源相适应的发展之路，做大做强最能发挥自己优势的业务领域，而不宜面面俱到，平均用力，更忌贪大求

①宫礼、吴国辉：《新安晚报跨进全媒体时代》，《新安晚报》2010年11月22日。

②《地市报研究会20年庆典：实现全媒体经营是地市报发展的关键》，《新闻传播》2008年第12期。

全，盲目扩张。也就是说，要扬长避短，而不要“扬长补短”。要有所为，有所不为，只有这样才能在激烈竞争的市场中站稳脚跟，才能实现可持续发展。

四、缺少赢利模式怎么办？

传媒集团每创办一种新的媒体，涉足一种新的传播业态，都需要大量投入。就以最普遍的网站为例，互联网被认为是个烧钱的行业，网站除了买带宽、支付人员工资，还要花大量资金进行研发、营销等。一个网站如果没有几亿元的资金，市场都推广不下去。因此，介入新媒体需要有雄厚的资金实力。2009年，成都传媒集团制订了“新媒体业务五年发展规划”，并形成《关于大力发展新媒体的决议》，要求用3年到5年的时间，使集团成为中国知名的新媒体内容及服务提供商、集成商和管理商。为确保实现这一目标，要求今后5年内用于新媒体的投入，平均每年不低于集团营业收入的3%，以其2009年26.1亿元的总营业收入计算，这笔钱每年将至少达到7800万元。[①]

巨大的投入需求，极少的实际产出，导致很多传媒集团对新媒体都不敢投入太多，属于“玩票”性质。由于无力持续大规模投入，很多传媒集团的新媒体业务都像是小老树——年头不少，就是一直长不大，处于勉强维持甚至有名无实的状态。

全媒体集团的核心竞争力在哪里？全媒体集团发展的大部分新媒体的商业模式并不清晰，赢利前景渺茫。在这种情况下，传媒集团的大量投入少有产出。比如北京青年报社下的北青网在创办十年后，直到2009年才实现赢利，在此之前，就全靠传统报纸收入来养活。

可以这样说，全媒体集团的核心理念就是贪大求全，试图囊括所有的媒介种类，而随着媒介种类的增加，成本也直线上升。

赚钱的戏该怎么唱？石家庄日报社的全媒体战略也提出了这样的疑问。2007年4月，石家庄日报社党委提出了旨在调整报社媒体结构，发展新兴媒体，实现报社由单一平面媒体向多媒体、集团化迈进的战略转型计划。但是，随着石家庄新闻网、《燕赵手机报》、LED户外视屏传媒、出租车移动视屏传媒、便携式电子报、96399信息服务以及网上购物、物流配送等业务全面展

①孟飞鸿：《成都传媒集团扬帆新媒体蓝海》，《成都商报》2009年6月9日。

开，各种媒体的市场也得到深度开发，他们却开始在抱怨，“目前全媒体还没有明显的赢利点可以为石家庄日报社提供实实在在的收成”。[①]

这样的结果可能是传媒集团在传统主营业务上赚得的利润被大把地投入到新媒体的不断尝试中，每个媒介形态都要投入大量资源进行运作，必然减少主营媒介形态的投入和精力，导致主营业务竞争力下降，必将影响传媒集团整体竞争能力和赢利前景。很多报人都反映，报纸做了那么多的媒介形态，现在报社的主要营收来源依然是报纸的收入。耗费了那么多的资金和精力做的新媒体的营收数额甚至连报纸的零头都不到。

但是，报纸给新媒体的东西却是报社最核心的东西——内容。比如每家全媒体集团的网站，集团把最能赚钱的报纸内容送到网络上，而且是免费送的。但网络却是少产出，甚至是不产出的地方。依靠报纸的内容，半个版的报纸广告可以卖到50万元一次的天价。在网络上，这么值钱的内容可能就是一钱不值。把报业最赚钱、最有价值的东西放在不产出的地方，不是太傻了吗？不收费的内容稀释了收费内容的价值和意义。这样的全媒体形态越多，报纸主业的价值就越少。报业尝试做了很多新媒体，很多都反倒会伤到报纸的核心竞争力。

五、应该跟新媒体不一样

要成为全媒体集团，就要不断地创办新的媒体。新媒体优势很多，时效快、信息量大、能互动、体验感强，报业在眼红之余，就想创办同样的新媒体，只要集团下也拥有很多这样的强悍媒体，就跟它们一样了，报业集团也就能打败新媒体，或者也能在与新媒体的竞争中赢得一席之地。

这种试图要在形态上跟新媒体一样的思路在实践中被碰得头破血流。新媒体之所以新，不仅仅是因为其形态的新，更重要的是其体制、机制、赢利模式等方面的“新”，但报业集团的架构、体制、机制还是传统的，光是形态上一样，显然于事无补。

就以新闻网站为例，全媒体集团下的新闻网站在形态上跟门户网站一样之后，并没有拥有对抗门户新闻网站的能力。以2010年11月15日上海静安区胶

---

①牛春颖：《石家庄日报：从纸媒到全传媒的“重要一跳”》，《中国新闻出版报》2009年4月21日。

州路大火为例，在火灾发生后，新民网记者迅速出现在火灾现场，抢先发布了很多现场报道。但是事实上多数人最先看到的不是在新民网上的报道，而是腾讯网等门户网站转载的新民网发布的报道。腾讯网在第一时间打开了网络直播窗口，在窗口里直播新民网、新华网记者的现场报道和广大网友的博客、微博报道。报业集团又在为别人做嫁衣裳。

其实，应对新媒体的竞争，更应该做的是，发挥报业的独特优势，那些新兴媒体不可能拥有的独特优势，将传统报业的长处充分发挥出来。获得传播能力的巨大提升，在新的传播格局中，拥有不可替代的价值。

任何媒体都是这样，由于自身条件和资源的限制，只在某一领域或某些方面具有优势，而在其他领域要么完全生疏，要么完全不具备发展前景。如果想“越界”进入这些陌生的领域，碰壁是不可避免的。例如，一家县级报纸为了要走“全媒体”之路而创办一家电视台，这显然很难成功，因为这家报纸不但要面临巨额资金投入以及从事电视业务的专业水平等问题，更重要的是会面临一个县的电视市场空间问题。

未来的传播格局，本来就应是这样多元的。每一种媒介都会有其独特价值，关键是要发现并恰当运用。要做“和它们不一样”的媒介，报业才有发展的前景和空间。

延伸阅读：

武汉大学原校长刘道玉致清华：什么是一流大学？（节选）

一流大学应当具有鲜明的特色，绝不能贪大求全。美国麻省理工学院的特色十分鲜明，她是世界“理工科之王”，她拥有世界独一无二的“媒体实验室”，这是一个被称为“创造的摇篮”的研究机构，专注于发明创造，而非科技产品化的开发。正因为他们注重原创性的研究，所以才发明了世界第一个“旋风电脑”、幽灵隐形轰炸机、第一个拥有人类感情的机器人等成就。同时，他们先后诞生了76个诺贝尔奖的获得者，这可能是我国举全国高校之力也无法企及的荣誉。美国其他大学也都各具特色，如普林斯顿大学的数学和理论物理、哈佛大学的行政管理、耶鲁大学的法律、芝加哥大学的经济学派、加州大学柏克莱分校的高能物理劳伦斯学派等。

可是，我国大学都追求“大而全”，互相攀比，失去了个性和特色。过去，人们都知道清华大学的建筑系和水利系是赫赫有名的，可是现在不知道什么是清华的特色了。据介绍，清华大学的重点学科有49个，拥有全国第一的学科就有38个之多，重点多了就没有重点，这是人所共知的道理。美国普林斯顿大学没有被认为最吃香的医学院、法学院和商学院，尽管有人建议要办这些学院，可是校长雪莉·帝尔曼却说："正因为我们不需什么都做，我们才能够集中所有精力和资源来干两件事，一是非常严格的本科生教育，二是非常学术化的研究生教育。我们把这两件事做到了极致。我们认为，小就是美！"1997年该校数学家安德鲁·怀尔斯足不出户，用7年时间证明了困扰世界数学界358年的费马大定理，从而创造了世界学术界的奇迹！这才是世界一流大学的本色，我们应当反思"大而全"的办学模式，不走出"大而全"的误区，我们最终可能建设不出真正达到美国研究型那样一流水平的大学。

第三节　全媒体平台：一根萝卜要做十道菜

全媒体平台被称为"中央厨房"，坚持的原则是：一次采集、一个平台、多个出口；奉行的理念是"波纹理论"。化为大家都能听懂的话就是一根萝卜在全媒体平台上要做出多种菜肴。

一、全媒体平台的诉求

配合全媒体集团的发展目标，报业集团还需要进行流程重组，实现信息的采集、制作、发布、销售的全媒体化，也就是要建立全媒体平台。

2007年6月，《广州日报》滚动新闻部成立，成为《广州日报》印刷版和《广州日报》新媒体（包括互联网、手机和视频在内）的跨媒体平台，负责报纸、手机和网站三个部门的联动发稿。滚动新闻部隶属于广州日报报业集团新媒体事业部，共有9人，主要职责是与报纸采编部门进行日常沟通，有新闻发生时可在集团新媒体平台上滚动报道。滚动新闻部的员工平时大部分工作就是向报社的采编记者要稿子，催促他们将刚刚写好并未见报的稿件发到滚动新闻部记者的手中，这些新闻经过简单的编辑，就成为手机和网站上即时滚动的新闻。滚动新闻部应该是最早的全媒体平台的雏形。①

2009年11月28日，第四届“王选新闻科学技术进步奖”在武汉发榜。（新华社）

2008年年初，国家新闻出版总署全面启动了“全媒体数字采编发布系统工程”，确定了几个报业集团为报纸全媒体出版领域应用示范单位，进行数字复合出版的研发和试点。在国家项目的推动下，烟台日报传媒集团与上海阿耳法公司合作开发了“全媒体数字采编发布系统”。它包括待编稿库、历史资料库和成品库三个数据库，统一用户管理、内容管理、线索管理、选题管理、任务管理和数据库管理。在这一全媒体数字平台中，记者采集的同一个内容包含文字、图片、音频和视频等素材，进入全媒体数据库。这个系统在2009年还被评为第四届“王选新闻科学技术奖”一等奖。②

继烟台日报传媒集团之后，全国现在已经有很多报业集团开发了这种“全媒体复合出版平台”，解放日报报业集团、浙江日报报业集团、宁波日报报业集团、北京日报报业集团、南方报业传媒集团等等。

从现在报业集团拥有多种媒介的现状来看，“全媒体数字采编发布系统”还是有一定价值的，它至少能够容纳多种媒介表现手段，并能将它们集纳起来。

实施者称全媒体平台的最大好处是实现了传媒集团内部的资源整合。全媒体技术平台建立后，各子媒体可实现统一用户管理、统一新闻线索管理、统一选题管理、统一资源库管理、统一客户资源管理、统一技术支撑管理。其中最经常被人提到的是内容生产平台，在这一平台上，记者采集的同一个内容包含文字、图片、音频和视频等素材，进入全媒体数据库，传媒集团内部的各种子媒体，包括报纸、杂志、网站、手机报等，根据需要对这些素材进行二次加

---

①程征：《〈广州日报〉滚动新闻部的运作机制》，《中国记者》2009年第8期。

②王选是激光照排技术的发明人，激光照排技术是报业印刷技术的一次革命，在激光照排之前，报纸是铅字照排的。“王选新闻科学技术奖”在新闻技术领域的档次与规格很高。

2007年11月，由中国报业协会电子技术工作委员会主办的“报业全媒体复合出版技术研讨会”在海南三亚举行。

工，重新“排列组合”，生产出各种形态的终端新闻产品。最后，按照传播速度的快慢，通过多种媒介逐级发布、传播。通过内容的集约化制作，实现新闻信息的多级开发，以节约成本。这种模式被称为“一个产品，多个出口”、“一次采集，多渠道发布”。

二、“波纹理论”的中国化

运作“全媒体平台”的报人们不止一次地提到“波纹理论”。

这个理论来自道琼斯公司：在一个新闻事件发生后，首发的道琼斯通讯社，提供第一次报道服务。然后跟进的是《华尔街日报》新闻网站，接下来是道琼斯和GE合资的CNBC电视台(道琼斯的新闻记者同时担任CNBC的节目主持人，记者放下手上的笔就可以播出刚采写的报道)，第四个参与的是道琼斯广播电台，然后才是《华尔街日报》出场，展开更详细的报道。下一个接力棒就交到*Smart Money*等系列刊物手中，进行深度报道。最后，进入道琼斯和路透社合资的Factiva商业资讯数据库里，供收费用户检索。①

一个事件的发生犹如投石入潭，这些媒介像水波纹一样一圈一圈地荡漾开去，环环紧扣，充分发挥不同媒介的特色，形成一个完整的报道体系。这是全媒体平台的主要理论依据。

原来的新闻生产方式是单纯制作版面，在波纹理论下，现在要将这些内容编辑延伸成为多种传播形态的新闻产品，变“一次利用”为“多次发布”、“多次利用”。原来的新闻运作方式是按日发布，现在正转向滚动发稿，记者编辑开始向“多栖”功能转变。

---

①滕岳、赵先超：《再造流程 推动报业战略转型——烟台日报传媒集团的全媒体实践与探索》，《新闻与写作》2009年第7期。

“一个产品，多个出口”、“一次采集，多渠道发布”，现实中，凡是能节约成本的东西总是那样吸引人的眼球。

三、节约了多少成本？

从理论上分析，美国学者布雷德利通过测算得出：同一个新闻选题，报纸、广播、电视记者的前期采访成本比例大约是1∶1.8∶3.5，如果同一个集团不同媒体实现互动和整合，发挥协同效应，把同样的信息包装成适合不同媒体的产品，一物多用，就可以相对节省成本，产生较大的经济效益。这就是报业集团全媒体平台的理论基础。

但是，理性者必须考虑三个问题：一是采用全媒体平台到底能节约多少成本；二是能不能实现这样的节约；三是节约成本后产品质量是否会受影响，也就是这种节约是以什么为代价的。

节约最明显的效应是人力成本，但人力成本在报业运作成本构成部分中仅占很少的一块，即使减少也空间有限；而且，由于流程重组后，记者与编辑不再是以前那种扁平化的协调沟通模式，在节约人力成本的同时，沟通成本也在增加。

再加上有些报业集团体制与机制上的难题，以及利益分享方面缺乏创新，都在一定程度上抵消了那部分节约的人力资源成本。更为严重的是，这种节约之后，新闻产品的质量大受影响，新闻同质化几乎无法避免。

四、新闻同质化怎么避免？

现在报业集团一般都拥有多张定位类似的都市报，多种形态的媒介形式。从形态上考虑同质化的问题，对于同城相同介质的媒体，同质化又有什么关系呢？除了专业人士，很少有人会同时阅读几份报纸。但是，不同介质就不同了。人们每天看报纸之余往往还会使用其他媒介，如手机报、网络、电视、广播；新媒体竞争时代，不同介质媒体间的同质化问题才是当前传媒集团最需要解决的问题。

可是，全媒体平台使这个问题变得严重起来。素材是同样的，万变难离其宗。现在有不少传媒集团在使用“全媒体”技术平台后已经出现子媒体同质化越来越严重的情况了。例如，山东大众日报报业集团2008年奥运会期间在奥体中心设立媒体直播间，成立中心报道组，在集团内部设立平台。前方记者将稿件传到平台上，由各子报根据需要进行编辑加工，结果发现同质化现象相当严重，往往出现几张报纸稿件相似的情况。[①]而如果报纸与网络、手机报、电子纸、广播的内容都一样，更是让人反感。

全媒体平台强调共享机制，突出的是共性而淡化个性，强调共享而不是独占。一种胡萝卜要做成十几种菜肴，出现同质化完全是必然，几乎无药可救。

五、对竞争力的消解

传媒集团的各子媒体，即使亲如兄弟，但是由于存在共同的利益诉求：受众和广告客户，也仍然存在竞争关系。绝大多数传媒集团都非常重视这种竞争关系，因为它既可为传媒集团带来生机和活力，又可控。特别是在同城还有其他竞争集团的情况下，这种生机和活力是保持竞争地位、维持竞争优势所必需的。

但是在全媒体平台下，新闻内容被共享到一起，再共享到集团下的子媒体，只相当于一个媒体参与同城竞争，内在的竞争力就会面临被消解的困境。

比如大众日报报业集团，如果实现媒介融合，把济南的《大众日报》、《齐鲁晚报》、《生活日报》三个本是竞争关系的竞争对手合在一起，它们之间就不会形成竞争，从而影响稿件质量的提高和报纸质量水平，以及整个集团竞争力的发挥。而如果没有竞争，集团就没有活力。这种情况，如果发生在没有其他竞争对手的条件下，是可行的，比如温州、烟台等只有一个报业集团的城市。但是如果发生在像济南这样有两个报业集团的城市，将会导致集团竞争力的消解，影响竞争水平。

即使是在温州、烟台这样只有一个报业集团的城市，集团内的报纸不仅要与集团内的报纸竞争，而且还要与集团外的报纸及广播、电视、网络等其他媒介竞争。只有形成各自的竞争主体参与竞争，集团内的报纸才能够被激活，被激励，实现共同提高。在全媒体平台下，媒体记者很可能就没有压力和危机感，进而没有冲劲。这是非常可怕的事情。

六、一根萝卜能做十几种菜吗？

虽然全媒体平台有着明显的技术引领作用，对于推进媒体生产与管理的信

①陈国权：《现阶段媒介融合易产生的负效应》，《中国记者》2009年第6期。

息化、数字化、科学化水平方面功不可没，但称之为“全媒体”平台则有夸大乃至忽悠的嫌疑，因为到现在为止，还没有一个技术平台是可以同时适用于报纸、杂志、电台或电视台等所有媒体的，最多不过是可以同时处理文字、图片和音视频等不同形态的信息。应用最普遍的还是报业集团，更多的是将它作为信息的加工和储存系统。

也许叫什么名称并不重要，但这些全媒体平台从新闻专业角度甚至都很难实现。

按照平台设计者和建设者的话，理想的全媒体平台就是个中央厨房，全媒体平台可以用同一种原材料加工生产出各种形态的产品，满足多种媒体需求。也就是说，一个记者采集到的信息，经过技术平台加工后，可以供报纸、杂志、网站、手机报、电子杂志等各种媒体使用。还要进行“层级开发”，也就是对一个新闻主题进行多层次、多侧面的分析与整合，这相当于炒菜，放不同的佐料，形成不同的新闻产品，满足不同媒介形态的需求，从而使一次信息采集以最低成本产生最大效益。

从实际情况看，这样的模式未免过于理想化，很难真正实施。试想一下，只有一种材料胡萝卜，要做成不同的十几种菜肴，口味还得不一样，难度可想而知。不同形态的媒体对内容的要求都是不一样的，电视要求形象，报纸要求深度，广播要求感染力，网站要求快捷丰富，手机报要求简洁……光靠一份素材怎能满足这些千差万别的需求呢？

延伸阅读：

阿尔法公司对“全媒体平台”的介绍

“为传统报业应对新媒体挑战、寻求传统报业媒体与新媒体融合发展，开辟了一条新的途径，为两者同步生产提供了一个全新的统一平台。系统简化了传统报业内容与新媒体内容的转换流程，实现了‘柔性制造’，即：对来自多渠道的资讯原料，在统一‘流水线’上，进行一次加工，同时生产多种产品，真正满足了新媒体各种业务的开发和生产需求。”

第四节 忙不过来的全媒体记者

肩上扛着摄像机、胸前挂着照相机、口袋里装着手机、背包里是无线上网本、手上拿着录音笔……他们既是记者、编辑，也可以是播音员、主持人；既可以为报纸工作，也可以是电视台、网站、电台的记者……多么神奇的一个职业，他们什么都会，无所不通、无所不能，简直就是万能记者，记者中的战斗机。

自从全媒体记者的概念从国外引入中国起，就一直非常吸引人们的眼球。但是，富有想象力的概念背后，却是很多“全媒体记者”的心力交瘁和实际效果的乏善可陈。

一、全媒体记者的繁荣

全媒体记者的概念是从国外引进的。西方报业为适应报业转型的需要，纷纷成立多媒体中心，开始全媒体报业的实验性探索。美国《那不勒斯每日新闻报》成立多媒体中心，要求记者同时采集视频新闻、广播新闻和摄影新闻。《华盛顿邮报》对记者进行技术轮训，内容是培养记者的电视新闻采集与制作技术，每周指定5名记者专门采集视频新闻，目标是培养100名专职视频新闻记者。《坦帕论坛报》对60名文字记者和摄影记者进行了摄像技术培训，其目标是所有记者都成为视频新闻的高手。《迈阿密先驱报》的摄影记者中有4名专职从事视频采访，每周的任务是制作18－25件视频新闻。[①]

国内最早的全媒体记者需要回溯至2001年，《沈阳日报》是第一家开始尝试全媒体的报业，但不甚出名，更出名的是《广州日报》的滚动新闻部，一是因为《广州日报》的名气大，二是滚动新闻部确实比较新鲜。2007年6月，《广州日报》滚动新闻部成立，负责报纸、手机和网站三个部门的联动发稿。

---

①部书锴：《全媒体记者：后报业时代的记者先锋》，《青年记者》2011年第4期。

滚动新闻部隶属于广州日报报业集团新媒体事业部，共有9人，主要职责是与报纸采编部门进行日常沟通，有新闻发生时可在集团新媒体平台上滚动报道。滚动新闻部员工工作的主要内容就是向报社的采编记者要稿子，催促他们将刚刚写好并未见报的稿件发到滚动新闻部记者的手中，这些新闻经过简单的编辑，就能成为大洋网上即时滚动的最新新闻。他们还不是真正意义的全媒体记者。[①]

新闻远程发稿系统开通仪式。

2008年，杭州日报和杭州网双方联合推出滚动新闻。此后，杭州日报组建跨媒体的滚动新闻中心，滚动新闻中心记者都同时具备三栖甚至四栖的综合能力，即文字、摄影、视频、主持等等。

较好地诠释了全媒体记者概念的是烟台日报传媒集团，时间是2008年7月。2006年8月新闻出版总署报刊司启动了“数字报业实验室计划”，计划得到很多报纸的响应和参与。烟台日报传媒集团等18家报业集团和报社以及3家相关产业单位成为中国数字报业实验室首批成员，烟台日报传媒集团成为常务理事单位。

烟台日报传媒集团虽然是个地市级报纸，但是在“数字报业实验室计划”下，它迅速发展新媒体形态，旗下拥有《烟台日报》、《烟台晚报》和《今晨6点》三张日报；主打全国市场的《华夏酒报》、《37°女人》、《新闻人物》等，还有以互联网为传输手段的新媒体，如水母网、光速资讯网、电子纸移动报（《e媒界》）、《烟台手机报》、黄海数字出版社等。日报、周刊、网站、电子纸、手机报、出版社，除了电视广播外，其他几乎所有的形态都囊括。在这样的集团架构下，烟台日报传媒集团组建了全媒体新闻中心。记者就向全媒体新闻中心提供原材料产品，不再局限于向哪家媒体供稿，而是向集团下所有的媒体供稿。一般一个新闻事件两到三名记者出去，既摄像，又拍照，

①程征：《〈广州日报〉滚动新闻部的运作机制》，《中国记者》2009年第8期。

还录音，还要用笔记录，他们成了真正的全媒体记者。烟台日报传媒集团的全媒体记者由于特征比较明显，诠释得也比较到位，在全国比较典型，有很多同仁去参观学习。

自烟台日报传媒集团之后，很多报社都开始建立全媒体记者队伍。

二、iPhone与全媒体记者

国内的一些大学新闻系正在为毕业生的去向而烦恼，他们迅速从这些举措中敏锐地感受到了全媒体记者的人才需求，纷纷开始培养“全媒体记者”。汕头大学长江新闻与传播学院与美国的密苏里大学Convergence学院合作，于2007年3月19日成立了我国高校首家融合媒体实验室。此实验室引进了30台苹果电脑，利用数码平台兼容图文、音频、视频等不同手段进行传播，目的就是培养未来的全媒体记者。重庆大学文学与新闻传媒学院也提出要“培养全媒体时代的全能记者”。[①]为培养“全媒体型”人才，适应报社发展，扬州大学传媒学院于2009年6月还与扬州日报社联合举办报社员工首期视频培训学习班。

iPhone手机。

全媒体记者的高潮来自于iPhone。

最猛的消息来自于《南方都市报》：

“2009年12月下旬，网上流传一个消息：南方都市报给采编员工每人发了一台iPhone……怎么看都像假新闻，但经多位南都员工在自己博客、微博里炫耀——比如这条‘刚才吃饭，一桌坐着8个人，人手一台iPhone晃啊晃……’——消息最终被证实，南方都市报发了1000台iPhone，所有编辑、记者人手一台。”[②]

《南方都市报》在以往经验的基础上希望建立全媒体数据库。同一个内容包含文字、图片、音频和视

---

①《推进文新学院建设 培养全媒体时代的全能记者——记杨尚鸿副院长关于我院全媒体实验中心建设及人才培养方向的讲座》，重庆大学网2009年6月8日。

②张东锋：《南都搞点新意思 手机阅读器来了》，《南方都市报》2010年1月6日。

频等素材，进入全媒体数据库，经过二次加工和二次编辑，然后由各媒体各取所需选取，再通过深加工生产出各种形态的终端新闻产品，通过不同的传播渠道发布，以实现一次采集、动态整合、多个渠道、多次发布的数字化传播。据南都报系行政副总监刘庆撰文表示，发iPhone的目的就在于：“希望在对一种新设备的认知和熟悉的过程中，让培训的可操作性加大，自觉自愿中接受培训从而完成单一平面媒体记者向多媒体记者的转变。”①

在《南方都市报》之后，报社发iPhone就不仅成为一种潮流、时尚，甚至还成为报社福利、记者联谊会显摆的工具，其最终目的都是指向全媒体记者，希望记者手里拿着iPhone后能成为全能的全媒体记者。2011年全国“两会”上，据调查，有近七成的记者都在使用iPhone手机进行采访。②按照给他们配发iPhone的报社的思路，他们都已经成为了全媒体记者。

三、气喘吁吁的全媒体记者

但是对于全媒体记者而言，为报社节约的那点塞牙缝钱，记者却付出了极大的代价，用心力交瘁形容丝毫不为过。

首先，全媒体记者必须会摆弄将要用到的所有媒介工具，写字的笔，所有记者都知道怎么用，傻瓜相机也行，录音笔一般也行，摄像机就有点困难了；还要熟练运用一系列必须用到的技术：写稿、发稿、传图片、传视频；还要掌握所有媒介的发稿要求，采访的时候还得想着，这个给手机报，这个给报纸，这个给网站，这个给视频……

其实，从全媒体记者的工作状态来看，技术的熟练相对容易，思维的转型则要困难得多。文字报道要求掌握翔实材料基础上的客观公正和深度，适合展示逻辑性强的复杂内容；视频报道则画面先行，叙事要求直接生动，故事化、口语化；而摄影报道更是有其独特的拍摄发片规则和要求，又与视频拍摄原则异曲同工。但仅仅了解这些报道的各自特点仍与思维的建立相去甚远。要转型为全媒体记者，则要学会用画面语言叙事，不仅要掌握视频拍摄和剪辑的技术，而且更要掌握一些电视新闻的传播规律和叙事技巧。有些时候，习惯了，

---

①叶明华：《传统媒体记者的全媒体生存》，《青年记者》2011年第6期。

②窦仲：《多家媒体为参会记者配备iPhone　普及率近七成》，《新文化报》2011年3月3日。

就很难转换过来。长期以来，文字记者习惯了用文字去表达现场或者叙事说理这种思维方式。

很多全媒体记者反映，更大的困难来自采访现场。一是对采访素材的要求提高，需要各种各样的材料，新闻现场又瞬息万变，留给全媒体记者的时间非常有限，搞得精神紧张，神经兮兮；二是与采访对象的沟通存在问题。文字记者拿纸笔时，采访对象往往容易打开话匣子些。他刚刚说得痛快淋漓，你猛地拿出个摄像机，对方往往一怔："电视新闻才拍录像，你们报社还要拍啊？"不少采访对象发出过这样的疑问。在日常报道中，记者经常要作一番解释，精彩的画面却稍纵即逝，无法重现。

全媒体记者的心力交瘁还表现在体力的透支上。装备的重量就让体质较弱的记者承受不起。照相机、摄像机、录音笔随身携带，十几斤的重量背着跑路，一天下来，不累趴下的人那可能是运动员。一个事件采访归来，还要写各种各样的稿子，通过各种各样的渠道，发送到各种各样的媒介，满足各种各样的口味。体力透支那是必然。

四、全民传播时代更需要专业记者

全媒体记者采集的新闻信息在质量上必然会受到影响。各种报道形式有各自的特点和专业要求，"文字报道要求掌握翔实材料，展示内容的深度和逻辑性；摄影报道要求抓取瞬间，展示事件的冲突性和现场感；视频报道则画面先行，叙事直接、生动、故事化、口语化；网络报道要求快速、及时、海量、多媒体；手机报道要体现出移动性、个性化，要求简洁"。全媒体记者不可能在所有领域都具备足够的专业性。

从客观上说，全媒体记者往往是单兵作战，所携带的采访工具必须轻便，通常都不是专业的，比如摄像机就被简化成"掌中宝"，而照相机也被简化成一般的数码相机，这样采访出来的视频和图片仅仅只能满足基本的要求，而不可能具有多高的专业水准。

从主观上说，一名记者的精力总是有限的，要求他能精通所有类型的信息的采访制作，肯定不现实。现代社会，分工越来越细，也正因为分工越来越细，所以效率和质量才越来越高。这就是为什么现在全民摄影时代仍然需要专业摄影记者的重要原因，因为专业摄影记者拥有专业的眼光、专业的判断和专业的技能。

曾经有过一段时间，摄影界盛行的讨论是，在人人都能拍照，一般的手机摄像头都有300万像素的时代，摄影记者是否还有存在的必要？一些大事发生后，摄影记者刚回到办公室，读者自己拍的照片就已经传到报社编辑部了。在这样的情况下，摄影记者的价值体现在哪里？讨论的结果当然是有存在必要的，而且非常必要。

因为，面对挑战，唯有做得更职业、更专业，才有摄影记者新的生存空间！[①]从傻瓜机诞生的那刻起，摄影记者就开始被质疑存在的价值，但这么多年时间过去了，他们仍然是报社不可或缺的一个工种，摄影部或者叫视觉中心依然是各个报社的一个重要部门。因为，越是在“全民记者”时代，越是需要专业的思维、专业的判断。

摄影界如此，全媒体记者也不例外，其他所有的行业都是如此。越是全民传播，就越需要专业的记者。

大家都很全，大家都是什么都会，最后还是专业的记者获胜，市场细分原则同样也适用于记者职业的竞争。

五、适用全媒体记者的场景

全媒体记者所暴露出来的一些问题已经让一些报社警觉。在大部分的报社，也并没有出现所有的记者都是全媒体记者的情况，更多时候，全媒体记者都仅仅被应用于某些特殊场合，特殊情况下。全媒体记者虽然有着与生俱来的缺陷，但不可否认，在某些特殊场合的特殊条件下，仍然是能适用的。

1. 没有摄影记者或者视频记者到场

《杭州日报》的“全媒体记者”张蔚蔚在一篇文章中这样描述她的工作状态：

“一个周六下午3点，我接到一个线人电话，杭州发生重大自来水事故：千吨沙山压爆城北主进水管，城北大面积停水。时值周末，出事地点在城郊结合部，这时叫摄影记者赶来，时间来不及，现场新闻肯定没了。我像往常一样，操起摄录机坐了1个多小时车赶往出事地点。我抢到了第一手的照片和视

---

①郑汉：《都市类报纸摄影记者的压力与挑战——从都市快报摄影报道说起》，《中国记者》2006年第7期。

频。拍了半小时后，现场就是另一种场景了。接着，我开始文字内容的采访。当晚回来，我先写供报纸刊发的文字稿，然后剪辑视频，当天就把视频和照片上传到杭州日报网，这时已是晚上10点。”①

在时间比较紧迫的情况下，叫摄影记者已经来不及了，只能是文字记者自己带着摄录机上了。正常的情况也应该是如此，记者必须有这种关键时候能顶上去的能力储备。所谓“一专多能”讲的就是这个道理，不仅在某方面出类拔萃，而且在很多方面也都会；但是“能”并不代表必须做，不能要求记者在任何时候都能这样做，这是忽视了人的能力的有限性，同时也在扼杀人的专业能力。全媒体记者不应该是常态。

2. 重大事件，需要整合采访力量

烟台日报传媒集团著名的YMG特别工场就是一个临时性的虚拟组织，遇到重大选题或重大新闻事件，烟台日报传媒集团临时抽调骨干人员，团队作战，事毕人散。而他们在很多地方都宣传过的，在山东“4·28”列车相撞事故报道、奥运圣火登顶珠峰和汶川地震等报道中采用全媒体记者的发稿模式，也都是特殊情况下的特殊选择。

还有一些重大战略部署或重要采访活动，不太合适每家子媒体都去采访，也成立报业集团的联合采访组进行采访，共享内容产品。2010年12月，宜万铁路通车，《重庆晨报》记者分别赶赴万州、恩施两地，展开全媒体全覆盖报道。通过重庆晨网、《重庆晨报》新浪官方微博，先后发出了30余条消息，并与网民进行了互动，文字、地图、图片、音频、视频及时滚动播报。

3. 重大事件，采访名额有限

重大活动中，记者报道名额往往有限。比如2008年奥运会，采访受限，能进场采访的记者较少，大众日报报业集团就通过大众网搭建一个共享平台，实现稿件共享，记者向共享平台提供全媒体的内容，包括稿件、视频、照片等。

每年的全国“两会”，是全媒体记者最为适用，也最能发挥出优越性的场合。电台的记者忙拍照，报社的记者扛上摄像机，所有的记者不光承担着本媒体的任务，也都肩负起为自家集团网站供稿的重任。四川日报报业集团全媒

---

①张蔚蔚：《“新闻1+1+1”：纸媒的魅力创新——一个全媒体记者转型的实践与思考》，《新闻实践》2010年第7期。

体中心成立于2011年1月11日，2011年全国“两会”期间，全媒体中心派出记者，运用旗下四川在线、《天府早报》、《华西手机报》，通过文字、图片、音频、视频等多种方式，报道全国“两会”。几乎所有传媒集团的记者都在一定程度上成了“全媒体记者”，承担着各种任务。

2010年11月7日，在杭州运河文化广场上举行的记者节活动现场，杭州日报的全媒体记者正在进行网络直播。（新华社）

当然，这是客观条件使然，一个集团只有为数不多的几个采访名额，而旗下却又有许多子报、子刊、子网，名额分配不过来，采用全媒体记者的形式发稿，就能平衡这个矛盾，也能满足各子媒的内容需求。

从现在所有的介绍全媒体记者的材料来看，所举的案例也基本上都是这种重大活动或者突发事件等非常态的采访状态。

当然，这是可以实现的，也是完全可行的。但是，硬要把这种特例作为普遍规律来推广，则是不恰当的，对传媒的发展也是不利的。

写到这里时，我突然想起经常被引用的一句话：“西方纸媒记者数年前就拿起了DV和相机，而这种转型，我们却仅仅正在进行时。”①

说这句话的人似乎从来没有考虑，西方的记者只是偶尔拿起了DV和相机，并不是一直拿着那两样东西。因为它们对于到处奔跑的记者来说，真是有点沉。

全媒体记者绝对不可能，也不应该是一种常态。

①张蔚蔚：《“新闻1+1+1”：纸媒的魅力创新——一个全媒体记者转型的实践与思考》，《新闻实践》2010年第7期。

延伸阅读：

拥有全媒体记者的部分报业集团

哈尔滨日报报业集团、宁波日报报业集团建立24小时全天候的“全媒体记者”、“视频全媒体记者”队伍。浙江嘉兴日报及其子报南湖晚报，成立统一的视觉新闻中心；文汇新民联合报业集团建立集团层面的视觉中心，向集团内各媒体提供图片。

安徽日报报业集团旗下的网站中安在线，在首页导航条专门设置“全媒体频道”。

湖南日报报业集团旗下的网站湖南在线，以“全媒体播报平台”的方式发布滚动新闻。

四川日报报业集团旗下的网站四川在线，将“全媒体滚动播报”、“全媒体•视频”放置在首页首屏的显著位置。

第六章　分化是传媒发展的趋势

“媒介融合拯救报业”。报业运作的那些似乎永远都找不到赢利模式的新媒体，很大部分皆是媒介融合理念的产物。

21世纪初，媒介融合的概念经一些学者的介绍，不远万里，来到中国，风靡一时。一时间，搞新闻的人写文章要是没有“媒介融合”这个词，都不好意思发表；平时媒体老总们凑一起开个会，发言的人如果不谈“媒介融合”，自己都觉得OUT了；一家报社如果不整个“全媒体”融合一下，都不叫事业发展……以上说的虽然听起来有些夸张，但确实比较形象地描绘出近几年媒体大兴土木搞融合的怪象。

媒介融合能拯救报业吗？本章将揭示报业新媒体困局的深层原因。

【本章核心观点】

- 今后传媒发展的趋势不是融合，而应该是分化
- 传媒实实在在地在分化
- 融合只是少数现象
- 传媒竞争要求将长处充分发挥，而不是弥补短处
- 媒介融合只是在很少的情况下，加上比较严格的技术条件，才有实现的可能

今后传媒发展的趋势不是融合，而应该是分化。

在传媒融合的观点下，今后的传媒形态将是组合设备。比如，报纸和网络合为一体，个人电脑和电视合为一体，广播和手机合为一体，才会出现上一章讲到的那么多千奇百怪的“新媒体”。在传媒融合的观点下，未来传媒形态将越来越少，比如报纸这样的传统媒体形态会因为被其他新媒体融合而逐渐消失，甚至国外还有人推算出了报纸消失的准确时间是2045年的某天。在传媒融合的观点下，美国在线和时代华纳2001年实现了世纪并购，但又在十年后，也就是2009年12月9日分道扬镳。在传媒融合的观点下，一些传媒集团投入巨资，耗费大量精力和资源进行传媒融合尝试，但总没见效果……问题出在哪里?

我的回答，就是本章开头那句话：在传媒分化的观点下，未来传媒形态将进一步分化成更细的、独具特色和优势的传媒，变得更加五花八门，千姿百态。

第一节 融合还是分化?

一、自然规律就是分化

传媒融合违背了最基本的自然规律，是很难成功的。任何事物，无论是生物体，还是技术或产品，都是走向分化，而不是融合。谈到这里，非常有必要重读达尔文的《物种起源》。达尔文很好地解释了分化，他在书中把地球上存在的数以亿计的物种归功于分化的作用，他用“生命的大树”的比喻来描述物种起源：“同一纲内生物间的亲缘关系，可以用一株大树来表示……绿色生芽的树枝，代表现存的物种；过去年代所生的枝条，代表那些长期的、先后继承的灭绝物种。在每一个生产期内，发育的枝条竭力向各个方向延伸，去遮盖周围的枝条并使它们枯萎，这将像任何时期的生存斗争中，一些物种和物种群征服其他物种的情况一样。”[①]这里，我们可以看见比较清晰的进化影像：新枝条由老枝条分支出来，新物种由原物种分化而来。

二、传媒分化的历史趋势

生物如此，传媒发展也与之惊人地相似。报纸刚刚出现的时候，在中国只有邸报，在西方则是政党报纸。但看一下现在的报纸品类，就知道分化的趋势有多么明显。目前国内报纸按照内容来划分，有党报、都市报、行业报、企业报、内部报纸；按照形态分，有对开大报、四开小报，还有最近几年才分化出来的，现在比较流行的所谓瘦报；按照载体划分，有纸质报、网络电子报，还有手机报。

电视也是如此。电视刚开始被发明出来时只有一种，到如今，电视发展得五花八门。按照渠道分，有闭路电视、卫星电视；按照信号分，有模拟电视和数字电视；按照清晰程度分，有普通电视和高清电视；按照屏幕大小分，有标准屏幕电视和宽屏电视。电视也没有和其他媒体融合在一起，而是根据消费者的需求发生了分化。如果按照电视节目来列举的话，将电视分为频道，那么电视的分化种类，一篇文章也列举不完。

电脑源自一个共同的祖先，就是那个美国军方造的据说占了好几个足球场面积的，由几百万个真空管组成的计算器。但是，如今电脑已发展成个人电脑、中型电脑、笔记本电脑、平板电脑和掌上电脑。电脑没有和其他技术融合为一体，而是根据顾客需要发生了分化。

被称为新兴媒体的网络，也在诞生不久的今天出现了巨大的分化。现在网络的分化主要体现在赢利模式上，刚开始出现的门户网站的赢利模式如新浪、搜狐等，和传统媒体一般，依靠新闻来获得点击量，再以点击量赢取广告；现在网络赢利模式已经分化出很多品类，被我们熟知的就有谷歌、百度的搜索竞价排名赢利模式，淘宝网网络购物赢利模式，网游赢利模式等，还有更多的现在未发展成型的千奇百怪的赢利模式。可以肯定，这种分化还将继续；也可以肯定，其中某些分化会由于不适应环境而枯萎掉，有些则会长成大的网络分化枝干。优胜劣汰的自然法则在传媒发展趋势上同样会起作用。

①达尔文：《物种起源》，陕西人民出版社2009年版。

我们可以将传媒比成生物，而受众需求的发展变化、社会环境的发展变化就是自然环境的演化。不适应受众需求变化和社会环境变化的传媒自然就会被淘汰掉。而在这样的规律下，分化则是必然的趋势和规律。技术、受众口味、社会环境的变迁，创造了促使传媒品类分化的条件。

三、少数的融合现象

当然，也不排除在传媒发展历程中的融合现象。但是，这只能是小部分，或者是暂时性的，分化的自然规律不可改变。融合在一定程度上满足了便利性的条件，在小部分市场还占据一定的空间，但不应是主流。

可以照相的手机在市场上的表现不错，这里有个很重要的原因，就是便利性因素。手机一般随身携带，偶遇有趣的事件、需要记录的事情或突发重要事件时，如果没有带照相机，就可以用手机拍下来。而且，照相手机能让你拍照后立刻通过邮件发送出去。当然我们也能用独立的数码相机和笔记本电脑或台式电脑完成同样的事情，但是没有照相手机那么便捷。你必须把两个设备连接起来，然后打开软件。便利性是一个强大的激励因素，它确保了某些融合形态的成功和存在。照相手机拍出的照片质量和独立的数码相机一样好吗？不，但这不是最重要的，因为照相手机更便捷。但是，照相手机不可能替代数码相机。每个有摄影需求的家庭除了拥有照相手机之外，大部分都会添置一台数码相机。照相手机只是在数码相机没有带的情况下才会被使用。这种融合事物将最终占据各自市场的很小一部分。比如第二章谈到的有声报纸中，中央人民广播电台的“有声报—新闻和报纸摘要”，它也只适用于那些“新闻和报纸摘要”节目的铁杆粉丝使用。而非主流。《中国少年英语报》的有声报纸也只适用于英语学习者。它们都是边缘性的产品，不具普遍适用价值。

第二节　自身优势须做大做强

一、自然界青睐极端

导致分化的一个最主要的原因是，生物在生存竞争时需要把自身的独特优势发挥到极致，才能够勉强应对竞争，用达尔文的话说就是“自然界青睐极端”。猎豹是世界上跑得最快的动物，为了将这个独特优势发挥到极致，也就是最快，它在体型上做出了巨大牺牲，并进化出了长长的尾巴，以保证快速奔跑时候的方向。可以说，它整个身体的全部构造都是为了保证跑得最快这个独特优势。但是如果按照融合论支持者的观点，让猎豹融合有像狮子一样的庞大体型，以不被狮子追杀，融合有非洲鬣狗那样健壮的体格，以不至于猎物被鬣狗抢去，那么猎豹就跑不动了，它可能抓不到任何猎物，只能挨饿。不倒翁虽然永远不会摔倒，但它由此而不能前进一步。

世界上跑得最快的动物——猎豹。（新华社）

生存竞争让猎豹的祖先必须分化成跑得最快的动物，即使会因此被狮子追杀、被鬣狗欺负。拥有“鹰的眼睛、豹的速度、狮的力量、猴的敏捷”的动物，只能是孩子看的动画片里的“希瑞”或“希曼”。

二、融合媒体弱化了自身优势

传媒融合需要融合的媒体在其他方面做出妥协，这样就弱化了各自的独特性和优势。遗憾的是，很多传媒都是这么干的。20世纪末，中国WTO谈判完成后，出于对境外传媒大鳄的畏惧及不了解，一些区域性的传媒集团开始自己给自己鼓气——“做大做强”口号叫得震天响。到了今天我们再回过头去看这些口号，再看看这些传媒集团“做大做强”的结果，你会发现，口号依然是口号。我们看到的是各传媒集团的摊子铺得越来越大，报业集团搞视频、做网站、出杂志、建工厂、搞房地产、开物流公司，甚至还有矿泉水厂，美其名曰“多元化经营”、“范围经济”，但没有做强。

做大就一定能做强吗？搞多元化经营，传媒集团搞房地产、开矿泉水厂就能做强传媒集团吗？很多时候，摊子铺大的原因在于人们心中本能的扩张欲望，而忽视了少而精的道理。一家中等城市的地市报甚至也拥有报纸、杂志、电子报、手机报、网站、出版社、数据库等为数众多的传媒形态，成为“全媒体”。

现在的传媒集团业务非常需要修剪。

在园艺领域，我们经常可以听到“修剪”这个词，因为修剪后树木或花卉会长得更好更强壮。但似乎现在的传媒集团的议事日程里，热门词只有扩张。大些大些再大些，多些多些再多些。

靠外延的延伸，像摊大饼一样，搞很大的摊子，结果可能是什么都没落下，因为关键是要把优势做大做强。1948年在美国加利福尼亚州的圣贝纳迪诺，迪克和马克·麦克唐纳开办了一家主要提供汉堡包的咖啡店。菜单上只有9个项目：汉堡包、吉士汉堡、炸薯条、咖啡和其他5种饮料。如果你不喜欢汉堡包，你就显然不会去麦当劳。但是如果你喜欢汉堡包，你就一定会去那里。麦当劳公司后来把汉堡包的优势继续做大做强，成了全球最大的快餐连锁店。

必须做大自己的独特优势，比如戴尔电脑的特色是独特的销售渠道——直销电脑，这种销售方式也是从原来的普通销售方式分化出来的，戴尔把它发展成为其独特方式，从而成为直销个人电脑的第一个品牌。在过去10年里，戴尔公司的销售收入达到2123亿美元，税后利润达到132亿美元，销售净利润率为6.2%。对于传媒来说，免费报就应该将渠道优势突出到极致，新浪就应将门户新闻网站的特点突出，现在则应该致力微博的赢利模式，行业报就应将行业优势突出，淘宝应继续加大网购模式的研究和投入。致力于一点，不及其余，才能成为某一方面的领先者。

三、将长处充分发挥

为什么一定要考虑借鉴其他媒体的长处呢？发挥自己的长处，并将它充分表现出来就足够了。放着自己的长处不管，老是想着把别人的长处学来，这不犯傻吗？

想问报纸老总一个问题：报纸真的一无所长吗？我可以肯定，没有人会回答“是”。报纸优点无数。

那为什么还要学习别人的长处呢？把自己的长处做出色做到位不就可以了吗？

每个事物都有自己的特点和优势，把自己的长处充分发挥，你就能够应对竞争。而不是徒劳地弥补自己的短处，搞什么取长补短。

更为关键的是传统媒体的人做新媒体也是这个思维，他们认为，要把报纸的核心竞争力：公信力、权威性，还有深度报道能力、专业调查能力、评论观点能力，在网络平台上同步实现。

幸好网络媒体没有这样想，不然也就没有新浪、淘宝了。也真奇怪，为什么它们没有这么想呢？

只有分化才能将独特性发挥到极致，从而满足不同细分市场不断发展的需求。分化的结果就是将优势做大做强，这也是分化的过程和表现方式。

要专注于自己的长处，而不是见异思迁。苹果公司已逝的乔布斯是如此注重专注的价值，让我们在悼念他的同时回顾他的经典话语：“这就是我的秘诀——专注和简单。简单比复杂更难，你必须努力让你的想法变得清晰明了，让它变得简单。但是，到最后，你会发现它值得你去做。因为一旦你做到了简单，你就能搬动大山。”

2011年10月5日，苹果公司创始人之一、前首席执行官史蒂夫•乔布斯逝世。10月24日，《史蒂夫•乔布斯传》全球同步发行。

四、应强调协同而不是融合

军队的三个传统分支是步兵、炮兵和骑兵，随着时间流逝，如今，分化推动兵种越来越多，性能也会越来越独特。军队中最强调的是多兵种协同，即使是打“魔兽”或者“星际”游戏，也都强调多兵种协同，单靠一个兵种在战场上肯定一败涂地。在某些方面功能特别强劲的兵种，就有其他方面的功能被牺牲掉。假如谁突发奇想，要把所有兵种融合成一个“万能”兵种，那么这个“万能兵种”肯定会在战场上不堪一击。它可能是什么都会，但什么都不精，在敌人的打击下将会溃不成军。在这种情况下，军队就会非常明智地在各兵种的通信协调上投入资源，以更好地协调联合行动。这就是资源的整合共享模式，而不是融合，不是费尽心机地要把它们融合在一起。强调的是协调和沟通，针对的是资源浪费，突出的是优势和特色，得到的是效率和节约，提高的是竞争能力和水平。

看看传媒融合是怎么做的？报纸融合网络的互动功能，能让读者看报纸后还能在网上发表意见。融合电视、广播、网络等媒体的时效优势，每天滚动出报，一天出两次或三次。报纸不再是静止的，还有视频可以看。发明了电子报，其实就是把报纸的PDF版搬到网上，让读者也可以在网上看报纸。还有前面章节分析到的报纸二维码，一段新闻的标题下面有条形码，读者看报后如果觉得不过瘾就用手机把条形码拍下来，然后通过彩信发给指定的号码，就会收到一条这个标题下的详细信息内容。电子纸就是把报纸版面放到一个售价几千元的电子阅读器里，你可以随身携带这个阅读器，然后在这个耗资几千元的阅读器里看报纸，还跟报纸一样，不伤眼睛。有人就问了，那为什么不直接看报纸，看完就扔，或者保护环境送给收废品的老大爷。报纸追求即时性、互动、动态视频，那简直就是以己之短，击人之长。报纸为什么不坚守自己的本来优势——权威性、易携带、可保存、阅读感，把这些优势做强做大，而去模仿学习别人的优势呢？所以，它们才会成为败笔。

好处不能让一家占尽了，也不可能让一家占尽。

五、发挥报纸的优势

报业为应对新媒体的竞争，而去追求即时性、海量、互动、动态视频，那简直就是以己之短，击人之长。报纸应该坚守自己的本来优势——选择力、权威性、易携带、可保存、阅读感，并把这些优势做强做大，而不要劳心费力地去模仿学习别人的优势。

我认为，以上的这些优点无论是哪一点，都足以支撑一种媒介形态，又何必去学别人的优点呢？

舍得舍得，有舍弃才有得到。在我看来，报纸的那些优点，都应该舍掉一些，某张报纸集中做一点，只要把某一优势做足做透，同样可以在媒介竞争中赢得一席之地。

比如选择力。

报纸核心竞争力的关键是选择的能力，报纸的最大价值不是丰富，而是简约，简约能够以少胜多。报纸报道不需要深度，不需要时效，只要浅阅读，报纸的核心价值在于帮你选择，即使这样选择不一定完全对味，但至少应该有些精简。对报纸来说，它存在的价值就是提供信息的深度整合或解释分析以及帮你选择的能力。新媒体所制造的信息泛滥，更是强化了报纸选择能力的优势和力量。我们应该充分认识这种优势，并将它充分发挥，而不是去学习新媒体的海量能力。

比如随意性。

报纸的一个很大优势就是方便携带，并可以随意丢弃，当然也要注意环保。看过之后，不用了就找个垃圾桶一扔，或者送给收废品的老人家。你家电脑能看了后就扔吗？电视机能看了后就扔吗？手机呢？这就是报纸的独特优势，是长处。要充分地发挥它，比如，买点质量好的油墨，不要让读者看完报纸后着急找地方洗手，这样就足够了。这个优势就会越来越明显，只有与众不同的特点才会使报纸拥有核心竞争力。

所以，报纸网站不要希望把网络和报纸的优势都借鉴过来，网络是及时、海量，报纸是权威、深度，综合利用两家的优势，这不可能。既然是在网络上呈现的，那就是网络媒体，就把它办成网络媒体，而不是综合两家优势的融合媒体。同样报纸网站不是报纸，而是网站。你就按照网站的操作模式、操作思路去好好地办它，不要试图把报纸的什么优势嫁接到网站上。

手机报也是如此，它不应该办成是融合手机媒体便携、及时、高到达率和报纸特点的融合媒体，而应该就是手机媒体。所有的内容都应该按照手机媒体的特点编辑，严格意义上说，要把彩信办成“手机报”，那肯定不能成功，手机报不是报，关键词是手机，不是报纸。

六、人的发展也要将长处充分发挥

人的发展也是如此，有些人干一些事比较擅长，干另一些事又非常笨拙。

而一个人的成就，只能建筑在特长上，不可能建筑在弱点上，哪怕是已经改正的弱点。比如刘邦，他领导能力特别强，所以他就当了皇帝。他不会费力地去学习韩信的谋略，不会去模仿萧何的管理能力，也不会去向樊哙学习武术，他不需要成为一名什么都会的“通才”，只要把他的领导能力充分发挥，他就能当上皇帝。

人不可能“事事争创一流”，那是“自虐”，更是“自误”！它忽视了人的有限性，也忽视了人的卓越性，任何人都只“可能”在某个狭小方面达到一流。只有找到适合自己的狭小方面，也就是自己的长处，才有可能集中火力突破一点。

任何事物，只要参与竞争，要在竞争中赢得一席之地，就必须将长处充分发挥。

第三节　传媒分化势所必然

一、进化与分化

达尔文的进化论主要有两个方面内容，一方面是进化，从祖先到当前状态的逐渐演变，叫做前进进化；另一方面是分化，或者说从祖先分裂出去创造新的分支，也叫做分支进化。在生物学中，前进进化（渐变）和分支进化（分化）在很大程度上是彼此独立的过程。前进进化让草莓大如李子，但不会长成李子，分化能做到这一点。达尔文这样描述：“因此，在任何物种后代的变异过程中，在一切物种都努力增加个体数量的斗争中，后代的性状越分歧，它们就能获得更好的生存机会……”

传媒的发展也是如此，这个规律导致传媒形态在将来变得更丰富多彩。传媒的分化可以分为很多种，既有传媒形态的分化，也有传播渠道的分化，还有赢利模式的分化。内容的分化早已有了，比如从党报中分出来的都市报，就属于内容的分化结果。而应读者需求而生的行业报、企业报、内部报刊等等，本身就是细化的产物，不可能也没必要和党报“融合”。传播渠道的分化也正在进行，比如直投报纸、邮发报纸、自办发行报纸；赢利模式的分化，以广告加发行赢利，如一般的都市报；完全以广告赢利的报纸，如地铁报，从普通报纸中分化出来，属于赢利模式的分化。现在地铁报的前景还看不太清楚，但它毕竟抓住了地铁通勤的那部分人群，还是有其独特的优势。如果能把这种优势充分发挥出来，地铁报也能成为一个重要分支，并继续分化；还有完全以发行赢利的报纸，如日本的一些报纸；形态的分化即将进行，比如电子报、网络报、手机报，虽然有些形态现在看来是那么不容易成功，比如把报纸的PDF版直接搬上网络，但毕竟是分化的一种尝试。

二、分化就是不断地试错

分化本来就是一个不断试错的过程，适应了则生存、发展，不适应就消亡，或者由它的某个分支继续发展。看看恐龙，其实并未灭绝，它进化的一个分支——鸟类至今仍然在地球上繁衍生息。

传媒的分化也是这样，报纸形态可能在若干年后变得不适应读者需求和社会大环境，但它的某一个进化分支会由于适应了读者需求和社会大环境而变得特别繁荣昌盛，比如免费报。更大的可能是有很多个分支。其他传媒形态也是如此，传媒的种类形态只会由于分化变得越来越多。发挥独特优势，针对某一领域的市场细分法则从自然选择中总结而来，也适用于所有的传媒。

我们以历史的眼光回溯过去，传媒实实在在地是在分化。谁也无法否认现在的传媒形态比以往多得多，每个传媒种类都有它独特的特点和优势，否则它无法生存至今。那么又有什么理由让人们相信未来会和过去不同呢？如果分化是传媒发展至今的规律，那么，我们可以得出结论：分化仍然是未来传媒的趋势。

“传媒融合说”扩张了人们的想象力，激起了对新鲜事物的好奇与热情，但是分化毕竟是自然规律。

第四节 媒介融合的适用途径

在质疑媒介融合价值，探讨媒介融合意义时，全盘地肯定或否定媒介融合都有失偏颇。要分析媒介融合值不值得？能不能实现？首要的问题是要对媒介融合的内涵与外延正确理解，有明确分类，然后在此基础上进行分析，就会发现，媒介融合这个词在不同人的笔下、嘴里，含义都不同，外延非常大。大家在一起讨论半天，最后才发现，讨论的不是一个东西。根据各种文献资料以及人们的实践情况来看，媒介融合这个词，至少有五种不同的理解：媒介形态融合、媒介所有权合并、媒体战术合作、媒体组织结构融合、新闻采访技能融合。

一、媒介形态融合

这是流传最广，也是使用频率最高的对媒介融合的理解。科技的进步使各种媒介的功能融合到了一起。

电视将具备更多计算机的特点从而与网络相连，既可以接收和储存数字化内容，也可以让观众与荧屏上广告之类的内容互动。比如现在的互动电视，安装上机顶盒就可以像VCD一样看碟片、点歌，部分节目还能回放。手机是最能体现这种融合技术的产品，现在大部分手机都有摄像头、录音、看电视节目、收音机，还可以上网收发电子邮件等功能，简直就是个“万能机”。这些年来，产生了很多如上面所说的让人惊奇的融合产品。这些奇思妙想让人感受到人类无限的想象力。

但是从实际效果来看，这种媒介形态的融合却没有取得多少实际效果，手机上那么多的功能，有些功能甚至从来都不会被使用。而报纸融合其他媒介的各种形态，更是大部分都以失败告终。比如前一章所说的那些千奇百怪的新媒体种类，3D报纸、报纸二维码、一报两投、有声报纸等等。

二、媒介所有权合并

也就是两家媒体合并在一起，成为一个更大的媒体。有人认为这是一个快速“做大做强”的好方式，比如，很多传媒集团的组建采用的就是这种合并的方式。但实际上，很多报纸在合并成报业集团后并没有实现真正的整合，更不用说融合。规模是越合并越大，但1+1大于2的效果并没有发挥出来，做大并没有做强。

最为典型的就是美国在线与时代华纳的世纪合并。2000年合并时，美国在线是美国第一大因特网入网服务商，用户多达2600万，而时代华纳是全球第一大媒体公司，其有线电视系统可以为近2100万用户提供服务，拥有美国有线电视新闻网、华纳兄弟电影公司、《时代》与《财富》杂志等资产。当时预期两家公司合并后，将成为一家集电视、电影、杂志和因特网为一体的超级媒体公司。伦敦《金融时报》评论说：“人们期待已久的各种节目制作及其传播方式的融合正在变成现实。”专家们说：“这一成功合并将使美国诞生一家当今世界上规模最大的媒体企业，有望在很大程度上改变美国人购物、看电影、看电视和欣赏音乐的方式。”但没有想到的是，在2009年年底，时隔9年，这两家公司却分道扬镳。这是美国并购金额最大的一宗案例，谁曾想到，如今却成了许多大学MBA的反面教材。

个中原因除了互联网泡沫的破灭和国际金融危机的大背景外，更主要的原因在于经营模式的融合困境、管理体制的融合困境以及不同的企业文化问题。而这些，都是媒介所有权合并者必须面对的问题，解决不好，合并必定产生负效应。

在国内，这种所有权合并的情况主要体现在近几年各传媒集团的组建上。在行政权力的主导下，国内媒体以“做大做强”为主要诉求，纷纷合并成传媒集团，直到现在，这些所有权合并后的传媒集团也少见融合得特别好的，几乎所有由行政命令统合起来的传媒集团都或多或少地存在着“明合实散”的共有病症。对于1+1大于2的效果，大部分都仅仅存在于理想中或纸面上。

2006年11月，成都日报报业集团与成都广播电视台合并，成立了成都传媒集团，规模非常庞大，旗下子媒体的种类名单令人眼花缭乱。但从公开的讲话和研究文章来看，合并后效果并不理想，遇到了各种合并后的难题。杨状振、汤天甜在《北方传媒研究》上发表的文章《连横对策与蓝海战略：成都传媒集团改革观察》中评价道："集团各产业间赢利能力差距悬殊的问题却也同时愈趋明显，强强联合、优势互补、产业共生的良性发展局面，并没有像原来预想的那样如期到来。"成都传媒集团副总编辑黄志祥2007年12月4日在"2008全国报业创新与发展峰会"上表示："现在这个试验田（成都传媒集团）还有一些问题，但是我们不惧怕，这是融合过程中我们应该遇到的，这本身是一场改革，在融合的过程中出现了问题，也只有通过深度的融合去解决。"

事实上，融合出了问题，依靠再"深度"的融合也解决不了。不怕走错路，最怕的就是在错误的道路上越走越快，越走越远。

三、媒体组织结构融合

组织结构融合被媒介融合的拥护者奉为最关键的节点。比如，美国《奥兰多前哨报》(*Orlando Sentinel*)与时代华纳有线电视合作开设一个24小时本地新闻频道时，组建了一支多媒体编辑队伍。这群编辑大多数都具有广播背景，他们在两个新闻编辑部之间进行协调，与文字记者沟通，将报纸内容变换成电视新闻，变成一个多媒体的编辑部。

比较有名的还有美国佛罗里达州坦帕市的媒体综合集团（Media General）。它将旗下的《坦帕论坛报》（*Tampa Tribune*）、电视台（WFLA-TV）和互联网〔坦帕湾网站（Tampa Bay Online）〕全部集中在同一个建筑物中、同一屋檐下、同一新闻室中，各种媒体的采访人员互相配合、协调，合作采访新闻，甚至由同一名记者同时采访报章和电视新闻以及电子版的实时新闻，同样的信息通过不同的形式，包装成适合不同媒体的产品。

国内的烟台日报传媒集团虽然仅仅是个地市级报纸，但其正努力向"全媒体"迈进，集团内已经形成了比较完整的媒体群，包括三张日报：《烟台日报》、《烟台晚报》和《今晨6点》；主打全国市场的《华夏酒报》、《37°女人》、《新闻人物》等；还有以互联网为传输手段的新媒体，如水母网、光速资讯网、电子纸移动报（《e媒界》）、《烟台手机报》、黄海数字出版社等。他们认为，如果这么多媒体都按照传统的组织架构、运营模式来进行运作，势必形成重复投入、人力浪费。因此，烟台日报传媒集团变革产品生产流程，组建了全媒体新闻中心，中心相当于集团内部的通讯社，提供"初级新闻产品"，纸质报、手机报、电子纸移动报、网站、公共视频等媒体编辑部各取所需进行“深加工”，然后重新“排列组合”，生产出各种形态的终端新闻产品。最后，按照传播速度的快慢，通过多种媒介逐级发布、传播，满足不同受众的多元信息需求。通过内容的集约化制作，完成新闻信息的多级开发，一次开发，多次生成，通过多次售卖获取增值收益。

但是，组织结构的融合，却产生了磨合风险。传媒集团的流程和组织构造在融合中被改变，这是个战略层面的大动作。各个“独立的王国”合并成一个大机构，子媒体负责人的权力被大大削弱，整个传媒集团的利益格局发生巨变，受到抵制。在变革中，媒体领导者所具有的威信和决心、集团各子媒体负责人的服从意识和执行力、主办者的态度，都是这种变革的决定性因素，一旦某一个因素不具备，都将会对整个传媒集团的发展产生重大影响。国外的那些组织结构融合的先行者，比如上文提到的美国《奥兰多前哨报》(*Orlando Sentinel*)与时代华纳有线电视组建的多媒体编辑队伍、美国佛罗里达州坦帕市的媒体综合集团的集中办公，存在着很多磨合上的问题，不仅影响工作效率，而且也没有扩大集团的竞争力，反而是削弱了集团的竞争力。

四、新闻采访技能融合

采访技能的融合包括两个层次，一是记者在新闻采访报道中借用其他媒体的方式，比如，报纸记者用QQ采访、用手机发送新闻图片、用邮件收发稿件……这都属于浅层次的融合，这种融合丰富了采访路径，使采访变得更方便快捷。这种融合效果非常明显，也是体现媒介融合价值的地方。

另外一个更高的层次就是著名的“全媒体记者”模式，一位记者他什么都能干，能写报道、拍照片、录音、摄像，在对一个新闻事件采访后，能同时向报纸、广播、电视、网络、手机等多个媒体供稿，简直无所不能。

现在诸如宁波日报报业集团、广州日报报业集团、烟台日报传媒集团等报业集团都在推行“全媒体记者”模式以及与其伴生的内容共享机制。记者一般都配备了较为齐全的采访工具：每人一台笔记本电脑、上网卡、照相机、摄像机、录音机、智能手机，运用文字、图片、视频、手机报和电子报刊等形式进行全方位、多视角的全媒体式报道，可以同时满足报刊、手机报、网站、电子报、电视台视频节目、电台音频节目的需求。但是，这种全的背后却是以牺牲专为代价的。

一是采访工具的不专业。我亲身经历过这种“全媒体采访过程”，由于一个人需要背负太多的采访工具，所以这些工具都被简化。比如摄像机就被简化成“掌中宝”的形式，而照相机也被简化成普通家用机。如此采访出来的视频、音频产品也仅仅只能满足基本的要求，并不能指望它们质量会有多高。

二是记者采访技能、方式方法不专业。一名记者，精力总是有限的，要求他能精通所有类型的信息的采访写作，肯定不现实。要求技能的全面，也许只有以牺牲技能的精通程度为代价，是以降低各种报道形式的专业水准为代价的。现代社会，分工越来越细，也正因为分工越来越细，所以效率才越来越高。新闻报道过程也概莫能外，无论技术如何发展，新闻理念如何变迁，它依然是一个分工与合作的过程，这种分工合作甚至可能会比传统媒体时代更细、更专。这就是为什么现在全民摄影时代仍然需要专业摄影记者的重要原因，因为专业摄影记者拥有专业的眼光、专业的判断和专业的技能。

五、媒体战术合作

各种媒介形态的功能不一样，作用于受众的效果不一样，受众对它的接受期待也不一样。这就是媒体进行战术性联合的理论依据。一些人认为，在对某些重要事件进行报道时，采用联合的方式，取长补短，能取得1+1大于2的效果。而且战术性联合并不是媒体所有权合并，没有那么麻烦，有事的时候一起来，没事的时候作鸟兽散。这种战术性的联合不仅发生在同一个传媒集团的不同子媒体间，也频频在不同集团的不同媒体中盛行。

业界一般称它们为“媒体联盟”，联盟的目的主要是为了加强联盟各媒体在相关领域的合作，以提高竞争能力和水平，比如：联合采访、稿件共享、广告共同定价、共同应对其他媒体形式等。每当有重大事件发生时，这种战术性联合就频频发生。

战术性联合有几个比较显著的优势：对新闻事件的差异化表达，以个性产品满足多元需求，多种媒介形态对事件的集中报道能形成新闻宣传的合力等等；但是，这种战术性联合缺少有效合理的运行机制和利益分配方案，只依靠联盟成员的自觉自律和人际关系，绝大部分只是在成立时热闹一阵子，后来一般随事件的结束慢慢曲终人散。

来自实践的经验是，媒体联盟各成员的松散情况、媒体联盟的运作机制和特点决定了也只有在面临重大战役性报道时，媒体战术性合作才能体现自身价值和意义。比如，2008年北京奥运会、2010年上海世博会，都催生了很多媒体联盟：“全国奥运媒体联盟”、“奥运报道战略合作伙伴”、“奥运会报道联盟”、“奥运会媒体报道联盟”、“新媒体世博报道联盟”、“全国网络媒体世博报道联盟”、“世博报道媒体联盟”、“世博报道联盟”……这些媒体联盟在稿件共享、共同采访、共同策划活动等方面都发挥了实质性的作用，宣传了奥运和世博，也提升了各媒体的影响力和竞争水平，在一定程度上实现了媒介融合的价值。

在媒体融合的实践中，形态的融合、所有权的合并、组织结构的融合步履维艰，败局连连；战术性联合倒是硕果累累。在采访技能融合方面，采访技能使用比较频繁，效果也很好，但是全媒体记者违背现代生产专业分工原则，也没能取得预期效果。

因此，媒介融合只是在很少的情况下，加上比较严格的技术条件，才有实现的可能。我质疑媒介融合也绝不是全盘地否定它。比如，之前提到的有声报纸，在某些情况下，也是有成功希望的；但是，千万不要指望它能成为报业未来的希望。

第七章　用新媒体提升报纸影响力

经常有老报人想起很多年前艰难的出报过程、铅字排版印刷传版的种种困难和麻烦，末了加上一句："看你们现在多么方便。"

跟以前相比，新闻工作者确实方便多了。报业的新媒体战略是从报纸采编变革开始的。记者们可以到网络的论坛、微博中寻找新闻线索，依靠电子信箱和QQ、MSN等即时通信工具发送采访请求、核对相关信息，用iPhone发送快讯稿件，拍摄照片；编辑利用网络丰富版面资料，核对事实、数字。也正是有了网络，一天100多版才成为可能，厚报时代来临，报业经济才有得以腾飞的条件。

新媒体为报业带来竞争压力的同时，也为报业的各种创新提供了条件和可能。比如，新媒体技术为报纸影响力的提高提供了简单便捷的路径。报纸不用耗费多少成本就能使影响力极大提升。

【本章核心观点】

- 新媒体为报纸采编带来变革
- QQ报料是新闻热线的技术创新
- 腾讯应向报业免费赠送QQ报料平台
- 报料平台不能仅仅只作为报料
- 微博能提高报纸影响力，但不能完全依靠微博
- 权威性、公信力是报纸微博的绝对优势
- 整合、筛选、提炼是报纸应对微博的利器

新媒体没有出现之前，报纸提高影响力的手段只有两种：一是多印报纸，然后到处送，送上飞机、送上火车；二是多搞活动，读者节、车展、房展、家具展，送米、送油、送大豆。而且，这些手段还得经常做，不然时间一长，人们就都忘了，非常劳民伤财。

但是，新媒体的出现，使报纸影响力的提升变得有些轻而易举，与以前相比，成本降低到很少很少。

第一节　QQ报料平台：不仅仅只报料

实践出真理，腾讯公司的QQ报料平台本来仅仅被设计为接收新闻线索，但是，在实践中，人们发现了它的其他一些妙用。

一、新闻热线—呼叫中心—QQ报料平台

从20世纪90年代开始，都市报的激烈竞争引发了对新闻线索的争抢，新闻报料就一直是都市报新闻线索获取的重要方式。刚开始一般用的是电话报料方式，在报纸上刊登热线电话，有市民发现新闻线索打电话来，内容见报后，市民能获得一定报酬和奖励。经常还有一些下岗职工以此为生，每月也能赚个千儿八百的。但是，热线电话并不能常态化，功能比较单一，只能接受新闻线索报料，不能为读者提供服务。

某家报社的新闻呼叫中心。

这样的情况持续到21世纪初，“报业呼叫中心”开始出现。天津的《今晚报》于

2000年年底开通了全国第一家报业呼叫中心，随后《羊城晚报》也建起了呼叫中心。在北京，《北京晨报》客户服务中心问世。在华东，《扬子晚报》、《新民晚报》、《青岛日报》等报纸的呼叫中心相继投入使用。呼叫中心与新闻热线相比，在互动、反馈、服务方面则更进了一步。呼叫中心都有特服电话号码。比如《今晚报》是96860、《北京晨报》是96101、《扬子晚报》是96096，简短易记。它24小时不间断服务，由座席人员及计算机记录所有信息数据并及时反馈读者的提问、咨询等，非常专业化。而且功能比较多，从新闻报料、投诉受理、公众调查到发行征订、广告咨询，呼叫中心就像一个报业综合信息流处理站。拓展延伸服务，借报社影响力，呼叫中心为商家、消费者搭桥，还进行机票、鲜花预订等服务。《海峡都市报》甚至将呼叫中心发展成一个产业，2011年实现了300万元的利润。现在正在创新呼叫中心的赢利模式，快速扩张。同时，与浙江的《衢州日报》、贵州的《贵州都市报》进行合作，运作当地报社的呼叫中心。[①]其实，呼叫中心在电信、金融等商业领域早就应用了很长一段时间，报业只是个晚到者。呼叫中心的建立表达的是报业重视与客户的交流和服务客户的诉求。

2009年，在腾讯公司的助推下，报纸开始采用QQ报料平台的方式来获取新闻线索。QQ报料平台就相当于一个设置在互联网上的呼叫中心，也是收集线索、交流、沟通、服务。QQ报料平台的功能与呼叫中心差不多，但是与以前的呼叫中心唯一的不同是拥有固定的常态化的报料人群，读者一旦加入这个QQ群，就能够一直挂在上面，联系方便，随时都可以发言，用户的黏性很大。很多报社的QQ报料平台都拥有几十万的Q友，腾讯设计这个平台的时候是按照25万的容量来设计的。光是报料的潜在人数就拥有一份中等规模报纸的影响力，而且是点对点的有效传播。

羊城晚报报业集团从2009年8月起开始启用QQ报料平台，并获得了很不错的效果。羊城晚报报业集团的QQ报料平台放在金羊网下运作，所获得的信息供旗下《羊城晚报》、《新快报》等共享。自羊城晚报报业集团推出QQ报料平台以来，既为报纸提供了一条新的报料渠道，也扩大了金羊网的报料来源，拉动了金羊网的点击量。据介绍，QQ报料平台开通当天，用户数就达2000人，后面

---

①陈国权：《都市报的新机遇——来自福建报业市场的观察》，《中国记者》2011年第11期。

几乎以平均每天1000人的速度增长。截至目前已有超过20多万的好友量，相当于再造了一份报纸。

QQ报料平台在羊城晚报报业集团的成效被报社与腾讯广为宣传，在2009年10月北京举行的世界媒体峰会上，羊城晚报报业集团社长黄斌发表了题为“羊城晚报报业集团的数字化战略”的演讲，黄斌在演讲中对于QQ报料平台寄予很高的期望：“这个平台具有即时交流、报料、服务等系统性功能，这种传统媒体与网络的深度合作，将可能形成新的媒体业态——权威发布与民间发布相结合，媒体介入与受众参与相结合，咨询服务与社区交往相结合。在这样一种新业态中，传统媒体的功能将大大拓展。”①

同时，腾讯公司也对QQ报料平台在羊城晚报报业集团的成效非常自豪，在腾讯网上的腾讯企业QQ的业务介绍里，最显眼的案例介绍就是《羊城晚报》。

在这种双重宣传的强大阵势下，QQ报料平台在各个报社很快被推广开来。放眼望去，大部分的报社都设立了这个QQ报料平台。大部分呼叫中心的员工都转到了QQ报料平台上，原有的那套设备也都弃之不用了。

延伸阅读：

开通QQ报料平台的媒体及企业QQ号码

北京：《京华时报》800086010、《新京报》800080180
　　　《北京晚报》800008118
上海：《新闻晨报》800000601、《东方早报》800962288
山东：《济南时报》800088005
广州：《羊城晚报》87776887、《南方都市报》800020106
　　　《新快报》800082020
深圳：《深圳商报》800088022、《深圳晚报》800088008
成都：《成都商报》86612222
辽宁：《辽沈晚报》800096006
西安：《华商晨报》800096128
郑州：《河南商报》800051886
武汉：《楚天都市报》83131111

①黄斌：《羊城晚报报业集团的数字化战略》，世界媒体峰会演讲稿2009年10月10日。

二、腾讯的诉求

大家都在说，腾讯是最牛的新媒体，想干什么就干什么，还都能干成。刚开始它只是做即时通信的企业，也就是我们这一代人，可能还有下一代人使用的QQ。当用户数以亿计时，腾讯就有了牛的本钱，指哪打哪。做QQ游戏，超过了盛大；又搞新闻网站，把新浪、搜狐、网易逼得纷纷改弦更张，新浪改主攻微博了，搜狐做游戏、网易做邮箱；腾讯还做电子商务、在线音乐、搜索引擎……大部分都超过先行者，做成功了。这一切，皆源自于巨大的QQ用户群。有几亿黏性很大的QQ用户，做什么都可以。

腾讯也非常珍视这些QQ用户，曾经推出过申请QQ号码收费的业务，但后来很快就被证明是一大失策，他们意识到，丢失用户的结果是什么都干不成，很快取消了申请号码收费。

企业QQ是腾讯很早就推出的一个业务。以前也有一些媒体在使用企业QQ，但是仅仅把它当成员工内部交流的一个平台，没有想到把它当成媒体与读者交流的工具。

这关键在于近年来，腾讯对媒体的关注与重视。他们认为，“在广告业务方面过于依赖职业经理人”、“在内容和媒体合作方面找不到办法突破竞争对手的压力”。[①]出于这种目的，腾讯正试图通过一套新的战略思路来拓展自己在媒体方向上的业务，还设置有专门的媒体合作部，处理与各媒体的合作事宜。将企业QQ转变为媒体报料平台是这一战略的一个重要组成部分。

另一方面，腾讯在面对MSN等即时通信的竞争下，也迫切需要增加QQ用户的黏性，以使其不会转移到其他即时通信软件中去。QQ报料平台能借助媒体的力量助一臂之力。

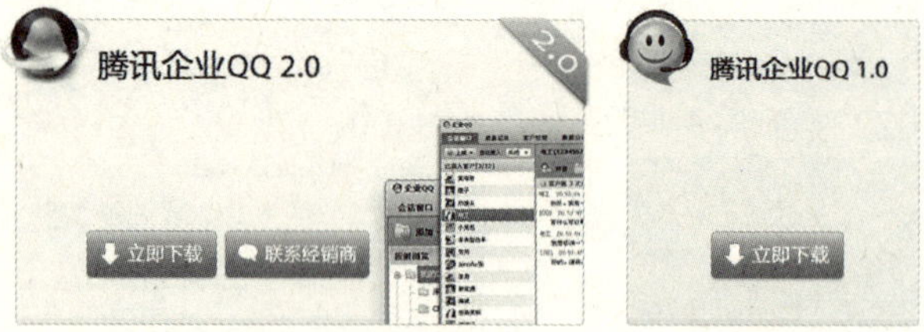

腾讯企业QQ下载界面。

所以，从这个意义上讲，腾讯公司对QQ报料平台收费的方式是不公正的，而且收费还比较高。一个工号（一个企业Q号可以同时容纳许多人同时工作，那么，一个人，按照腾

①彭梧：《腾讯再推新传媒策略 多家纸媒开通“QQ报料”》，《新京报》2010年4月29日。

讯的说法就是一个工号）一年1000元，然后群发信息还需要另外交费，以万条为单位，200元一万条。[①]

在双方都得利，甚至腾讯得利还更多的情况下，真应该将QQ报料平台免费赠送给媒体。腾讯即时通信产品部总经理殷宇曾这样表示："未来媒体QQ将作为一个公益产品提供给有需要的媒体，同时还会通过各种方式为媒体和观众、读者更好地通过QQ进行沟通提供便利。"[②]但不知道这个承诺什么时候能兑现。

三、最早的报料平台是电视首创

把企业QQ当成QQ报料平台来使用，这不是报业想出的主意，而是电视和腾讯的创新。有时，报纸总是很后知后觉。

2009年年初，CCTV-2改版。希望更好地与观众互动，体现"大众、实用"的频道特色，成了必须要攻克的一个课题。《消费主张》节目组想到了互联网。但是，要实现与网友互动，需要有一个沟通平台；而在所有网络沟通工具中QQ最合适，而且功能也最强大：除了文本沟通、多方沟通外，还可以通过视频连线把幸运观众"请"上电视，而无论身处何方。在与腾讯公司沟通的过程中，央视发现了"企业QQ"产品最适合做这个工作。媒体可以多点和海量用户互动，而完全不用受限于好友数上限、只适合一对一沟通这些问题；而观众则使用已有的客户端产品，不需要改变观众既有的QQ沟通习惯就能和电视栏目进行互动交流。

腾讯的企业QQ其实就是一个基于互联网的呼叫中心。所不同的是，QQ提供的这个呼叫中心不仅能与海量用户互动，同时支持视频连线，还可以向观众下发信息，征集节目线索，这大大延伸了节目策划的视野。

于是，双方一拍即合，《消费主张》获得了一个很不错的QQ号码12315。借助于央视著名的"3·15"晚会，这个号码的知名度很大。当时，节目播出后短短10天里，就有30万观众加12315为好友，远远超出栏目组的预期，甚至都超过腾讯公司为企业QQ设置的25万的限制。央视认为，QQ报料平台能"以观

---

①根据腾讯企业QQ推广公告。

②《"媒体QQ"助传统媒体升级》，《信息时报》2009年11月11日。

众的视角去做新闻、去生产节目，让观众成为节目生产者”。

后来，继《消费主张》之后，央视财经频道多个栏目都先后公开了QQ号码，其中《今日观察》所使用的号码“123456789”，又被网友加了个“史上最牛QQ号”。《今日观察》通过这个QQ号码向观众征集“网友观察员”，“网友观察员”可阐述国内外时事热点、经济事件，表达独树一帜的看法。“网友观察员”有22万。《今日观察》栏目认为：“从开播至今，网友的参与和建议成为每天节目中的重要内容，他们的思想观点，每天都给许多领域带来别样的思考角度。甚至有很多观众观看《今日观察》节目，更习惯去听取网友的意见。”

四、综合性的服务平台

报业与腾讯结盟后，在实际运用中，报业逐渐将QQ报料平台的功能发挥出来。QQ报料平台变成一个综合性的服务平台，报料仅仅是其很小的一块功能，它能做的事情太多了。报料平台这个称呼已经名不副实。

1. 咨询服务联系读者

报纸不能直接回应读者的希望、想法，但QQ报料平台却能够做到。

《华商晨报》的企业QQ平台除了新闻报料和发表观点之外，还主要提供读者咨询、报纸订购、商品配送和便民服务等方面的服务。

《兰州晨报》的QQ报料平台自开通后，就有很多读者咨询暖气不热、智能水表安装需什么程序，建议建设过街天桥等问题，希望在报纸关注下得到解决。

更多时候，QQ报料平台还承担着联系读者、沟通关系的功能。

2009年到2010年10月，广州亚运各项准备工作进入冲刺阶段，广州市民经受了不少阵痛，市民有很多话要说，大量投诉、建议涌进《羊城晚报》的QQ报料平台。据统计，民生投诉、市井百态占了QQ报料的一半以上，突发事件报料只占很小比例。在内容方面，这也是QQ报料不同于以往热线报料的重要特点。车祸、火灾等突发事件并不是QQ报料的热点问题，与市民切身利益密切相关的领域，“有话想说”的读者很多。

2. 主动推送扩大影响

腾讯的QQ弹送窗口非常霸气，一有突发事件，最快得到消息的往往是上QQ的人，因为QQ会把突发事件的信息弹送到桌面上，据说“5·12”地震的最早消息，很多人就是从QQ弹送窗口获得的，刘翔在2008年奥运退赛的消息，我也是从QQ弹送窗口最早获知的。

报纸的独家新闻可以通过QQ报料平台推广，毕竟报纸读者和网络读者是两个不同的群体，如果同一条新闻能够同时覆盖这两个群体，无疑会为报纸争取更多读者。同时也扩大了第二天报纸的影响力，相当于为当天报纸作导读，激发部分网友的买报欲望。

2010年5月24日，沈阳举行出租车价格调整听证会，《华商晨报》视频独家全程现场直播，并在直播前通过企业QQ平台向网友进行了预告，扩大了报道的宣传效果。

3. 抢发新闻提高时效

一方面，由于报纸受出版周期限制，记者不管抓到多么重大的新闻也不可能即时刊发；另一方面，网络可以24小时发稿，但独家稿件极少。QQ报料的群发功能为两者提供了“解急”办法。重大新闻尝试在见报之前通过QQ发布、推送给读者，为原来比电子媒体、新媒体“慢三拍”的报纸新闻抢得先机。

2010年夏天，《羊城晚报》记者抢到广东高考作文题、广东高考录取分数线后，通过QQ报料第一时间群发，金羊网值班编辑在编辑后台看到，稿件的点击飞升，很快就上了当天新闻点击排行榜榜首。

4. 开展新闻调查，收集信息

记者在报道时会进行新闻调查，寻求数据支持，以便跟踪报道。QQ报料平台有几十万的用户，给这个群体发送调查内容，而且用动态的弹出方式发送，可谓“精准”投送，只要有百分之一、千分之一的Q友参与调查，所得数据也是成百上千，足以说明问题，满足需要。

2009年12月，《羊城晚报》记者通过QQ报料对一家银行行长“年薪是否值960万元”进行调查，一天之内有3000多名读者参与，超过90%的Q友认为“不值”，与该行董事长头一天宣称“值”的说法大相径庭。

2009年12月22日，《羊城晚报》与金羊网、腾讯、新浪、搜狐、网易、凤凰等六大网站合作开展“2009年度汉字”评选，提供30个候选汉字供网民圈选，并表示将从选中“年度汉字”的参与者中抽取五名中奖者，每人奖励一对由金羊网提供的价值一万元的钻石戒指。QQ报料将这一消息群发出去后，网民参与热情高涨，到2009年12月31日活动截止时，共有5.5万名读者参与评选活动。按照网络界的说法，一个活动的参与人数约为看到相关消息人数的1/300，据此推算，看到“2009年度汉字”评选消息的读者至少有1600万。庞大的读者群，为地方媒体举办全国性活动的权威性提供了条件。

2009年9月28日，《羊城晚报》区域新闻中心策划一个有关广东“代课老师转公办老师”的专题报道，需要了解一些点上的情况，为此通过QQ报料开展了一个名为“‘代课老师转公办老师’进展如何？”的调查，请Q友报“料”。调查信息发出后，编辑部陆续收到来自广东各地代课老师的报料数十宗，《羊城晚报》记者跟进采访，做了一系列的深度报道，促使很多“代转公”问题得以迅速解决。[1]

5. 开展活动吸引参与

发布活动消息，尤其是号召Q友、网友参加即将举行的活动，QQ报料不失为一种有效手段。

2010年6月7日，全国高考第一天，《羊城晚报》和金羊网通过QQ报料发布“写高考作文　赢万元钻戒”的消息，号召Q友、网友参与是年的广东高考作文《与你为邻》写作大赛，并表示将组织专家从中评出三个大奖获得者，每名获奖者将得到金羊网送出的万元钻戒一对，获奖名单和作文将在金羊网和《羊城晚报》上刊登。这次作文大赛截稿时间为当晚12时，从题目发布到活动结束只有大约12个小时。但出乎意料的是，参赛作文源源不断，至活动结束共收到700多篇。

2010年国庆期间，羊城晚报报业集团在广州琶洲会展中心举办为期七天的2010广州汽车嘉年华，9月29日和30日连续两天通过QQ报料发布消息。国庆节当天，参展人数就创下历年（是年是第七届）的最好水平，至活动结束，票房比去年增加70%。QQ报料两次发布“通知”均发挥了巨大作用。

以上五点最终的落脚点都在提升报纸的影响力上，几十万黏性很大的忠实读者，或者潜在读者，相当于再造一份报纸，QQ报料平台上的所有延伸运用都能够为报纸影响力加分。报纸是影响力的报纸，没有影响力，报纸什么都不是；这也是报纸现在大部分新媒体运用的主要诉求，也是能够实现的。iPad、网络版、电子版、电子阅读器、微博等等，最终能实现的也就是提高报纸影响力，至于要通过这些赢利，则仍然虚无缥缈。

---

①彭启有、李宜航：《QQ报料：还能做些什么——羊城晚报报业集团对QQ平台的开发运用》，《中国记者》2010年第12期。

第二节　报纸能用微博干什么

2011年7月23日，温州附近发生特大动车追尾事故。在这起举世关注的事故中，微博成为事故最早的信息来源，是寻亲的信息平台；微博扮演了辟谣阵地、献血倡议发出者和提倡慈善等角色。①微博在新闻传播、人员救助等方面起到了巨大作用，在海量的信息流通过程中，直观地反映了民意走向。微博的价值在这起事件中得到最直观的呈现。报业更是意识到微博对于报业的价值所在。

就像所有的报业新媒体技术运用一样，微博对于报业的价值和意义更多的是间接的，比如，提高报业的影响力、让办报变得更简便易行、推广活动等，也没有看到微博能给报业带来任何直接的经济效益。即使对于新浪网，这个拥有最多微博用户的网站，依然没有找到微博的赢利模式。就如同QQ对于刚开始创业的腾讯一样，只有这个平台被搭建得差不多的时候才有赢利的空间和可能。

2011年我国微博用户使用数量。

但是，这些对于报业来说又有什么关系呢？我认为，报业与新媒体的关系就应该是这种关系，完全依靠新媒体赢利不是很容易的事情，但是利用新媒体来提高报纸影响力，提高办报效率，间接提高赢利能力，是报业应该做的，也是可以做的事情。

①霍仟、来扬：《动车追尾事件的微博版本》，《中国青年报》2011年7月25日。

一、从博客到微博

微博这一概念译自于英文单词microblog，也被称为微博客，但不同于博客的是，它比博客更短，互动性更强。它是一种互联网新技术，是一种可供人们发布个人最新简短信息的网站，也是一种全新的传播理念。用户可以通过Web、E-mail、即时通信工具（如QQ、MSN）和手机等方式，随时随地更新自己的个人微博，文本限制在140字之内。目前新浪、腾讯微博限定140个字，网易限定163个字，搜狐为200字。微博的实质是“即时信息流”，其特点是实时、开放、短小、精悍，任何人都可以发表微博、查看微博、转发微博、发起及参与话题等。可以说，微博具有不拘任何时间、任何地点、任何方式、任何人的便捷特性，从这点上说，《南方都市报》说“南都无处不在”，是不是也隐含着这样的意思，虽然它不仅仅只有微博。

微博的准入门槛低，具有更强的互动性，同时微博绑定手机，再加上对字数的限制，适应了“快餐时代”人们的阅读和交流需求，随后众多报纸也纷纷开微博。在中国，2007年，饭否网将微博概念引入中国，2009年下半年以来，新浪、腾讯、搜狐、网易等门户网站纷纷开启或测试微博功能，微博在中国形成了一股潮流，网民取其谐音以“围脖”相称。在2009年12月31日出版的《南方周末》年度传媒致敬“网络单元”，新浪微博上榜。致敬理由中说，新浪网2009年8月推出的新浪微博，“首次为‘微博’这一新型信息传播渠道寻找到在中国安全落地的解决方案，并成功利用明星效应吸引人气。短短几个月，新浪微博已成为中国使用人数最多、知名度最高的微博客网站”。

二、微博与报纸不存在竞争关系

2010年3月，SOHO董事长潘石屹在接受《经济观察报》采访时，明确表示自己对于传统媒体，确切地说是对报纸的失望情绪，所以近来“很少接受平面媒体的采访”，“一些重要的信息都是通过微博发布”。[①]

很多人把这段话理解为微博给报纸带来的冲击与危机。其实不然，潘石屹是名人，他需要更特别的话语权，更希望所有媒体按照他的思路与想法进行报道；但媒体代表大众，不可能完全如他意。所以潘喜欢微博，想怎么表达就怎么表达，不喜欢平面媒体也是必然。这没必要一定要与报纸的危机联系起来。

---

①《潘石屹：微博影响远超博客》，http://tech.sina.com.cn/i/2010-03-27/02053992439.shtml。

人的需求是多元的，既有表达的需求，如发微博，也有被动接受的需求，如看电视、看报纸。不应用一种需求来否定另一种需求的存在，每一种媒介形态都有其存在的价值。微博在满足人们表达需求的同时，为其他人带来的却是表达的泛滥与无序、失真。上至政府，下至百姓，都在为微博的表达无序而烦恼，最近央视甚至为微博的这个痼疾做了专题探讨。而报纸、电视只为一小部分人表达提供机会，但正因为少，所以才精，所以才需要通过层层审核，所以才显示出表达秩序，很多人也习惯于这种被动接受。

所以从这个角度看，微博与报纸是互不搭界的两种渠道，互不构成威胁，最理想的状态便是互相利用。

2011年8月22日，北京日报报业集团社长梅宁华的一句话被微博疯传。他说，微博只是一个个小粉丝圈，只要传统媒体不放大微博的影响力，微博什么也不是。很多专业人士都嘲笑他是在掩耳盗铃。但我认为，如果从微博与报纸之间的关系来理解这段话，它是完全成立的，微博是粉丝圈，是社交媒介；而传统报纸是大众媒介，两者是不同的渠道，满足不同的需求，报纸不应对微博有过分恐惧和担心。更应该做的是，怎么利用微博，为扩大报纸影响力作贡献。

大话微博

三、报纸微博粉丝不多

现在大部分的报社都开了报社微博，有些报社还要求记者编辑也到网上去开微博，甚至还有粉丝量的考核。

越来越多的传统媒体及从业人员意识到了微博所带来的媒体震动，除了大部分媒体人开通新浪微博之外，大部分的主流新闻机构，如新华社、中央电视台、各省级卫视、各省报、都市报、地市报，都开通了微博，甚至一些报纸的旗下栏目都有微博，而且不止在新浪开微博，还在腾讯、搜狐等有微博的地方，都注册了微博账户，就怕别人抢注了名字。

报纸办的微博有两种：一种是报纸网站开设的微博，这个很奇怪，报纸网站本来受众就寥寥，还要开设微博，影响力小不可避免。不过，微博平台技术本来就很简单，用户如果不多的话，成本也很低，报纸网站开通微博平台虽多，但相对于其他新媒体渠道，也无须多少投入，无伤大局。另一种是在新浪、搜狐、腾讯等新闻门户网站上开设的微博，这种微博由于平台粉丝众多，影响力也更大。目前，在新浪开通官方微博的报纸有500多家。

虽然报纸对微博非常积极踊跃，但是在微博的海洋中，报纸微博的力量还是非常的渺小。相较于一些名人微博，报纸微博的声音还很微弱。截至2012年1月1日12时，新浪“人气关注总榜”居首位的姚晨粉丝数量为15669576，而报纸中排名第一的《南方周末》粉丝数为1864711，都市报中排名第一的是《南方都市报》，粉丝数为1818947，根本不是同一数量级别的。

报纸微博人气较弱，实际关注的人数较少，发布的信息易淹没在微博浩瀚的信息海洋中。

四、微博对于报业的价值

虽然国外的Twitter已经吸引了3.6亿美元投资，每秒发出信息1000条，但至今仍未找到有效的赢利途径。同样，国内的新浪微博和腾讯微博也没有明确的赢利时间表。在这样的情况下，报纸微博根本就别指望赢利，而利用微博提高报纸影响力，提高办报效率，间接提高赢利能力，倒是报业应该做的，也是可以做的事情。

1. 突发事件的异常依赖

虽然报纸微博相对于那些明星微博来说，粉丝数量少得可怜。但由于自身媒体的品牌影响力，以及长期依赖积淀的公信力，相对于微博这个才一两年的新生事物来说，人们更相信有那么多年历史的报纸说的话，即使是报纸微博说的，人们也更愿意相信。在突发事件中，微博能吸引来很多的关注，也提升报纸本身的形象和影响力。

2010年8月7日夜22点左右，甘肃甘南藏族自治州舟曲县发生特大泥石流。8月8日凌晨3时23分，网友kayne在新浪微博上发出了第一条求救信息：“水灾，停电，几乎一幢楼的人们都围在这烛火旁。”在这样的突发事件中，这条微博也备受关注。2011年7月23日，温州附近发生特大动车追尾事故后，微博第一个发出信息，此后，在新浪微博中，关于该话题共有4581899条相关微博，连续两天位于热门话题榜之首。微博成为人们在突发事件中可以倚靠的重要信息来源。

《东莞时报》是个地市报，但由于在好几次重大新闻事件的报道中，视角新锐，版面新颖，而引起广大微博使用者的关注，也使《东莞时报》“名扬四海”。特别是一些涉及报纸当地的突发事件，报纸微博不仅能够吸引来自本地读者的目光，也能吸引全国，甚至全世界的关注。

2011年6月24日，江苏省教育厅召开新闻发布会，发布2011年高考一本、二本省控线。发布会尚未结束，《扬子晚报》微博就已经把这个千万家长学生关注的信息发出，让报纸读者先睹为快。[①]

2. 形成社区凝聚力

在报纸网站中开设的微博，像一个由报纸编辑、记者、读者等组成的小社区，不仅用户比较集中，而且讨论的话题也相对集中。如《齐鲁晚报》微博中的用户以山东省内的为主；大家发布的信息、交流的内容也是以山东省内的事情为主，甚至是围绕《齐鲁晚报》报道所涉及话题而展开。像《齐鲁晚报》微博首页中的“6•03暴雨”、“拍泉城”、“晒被之争”等专题，如果不是《齐鲁晚报》读者，对这些话题的关注可能没有多大兴趣。同样，《广州日报》的大洋微博中“西关小吃”、“广州房产”、“高温”也具有明显的地方特色。

3. 获得新闻线索

这是很普遍的用途，在很多事件中，报纸都将微博这种功能发挥得淋漓尽致。

2010年9月16日，南昌昌北机场，准备去北京的江西宜黄拆迁事件中的两位当事人遭遇围堵，两人躲进女厕，双方上演40多分钟的“女厕攻防战”。《凤凰周刊》和《新世纪周刊》两位记者及其他网友，在新浪微博等平台上对此事进行了直播。《现代快报》记者在微博上发现了直播内容，立刻意识到这是宜黄拆迁事件后续进展中的重大事件。于是，记者一边关注、梳理微博直播的内容，一边找到当事人的电话进行了解核实。微博直播结束时，《现代快报》记者已经通过电话了解到所有细节，并与一位当事人进行了对话。当日，《现代

①刘守华：《扬子微博：传播延伸到网络世界》，《新闻战线》2011年第9期。

快报》的报道和社评在微博上引起了广泛关注，被大量转发。影响造大了。[①]

微博的私信报料，比起纸媒传统的热线电话报料，相对专业和有效。在报社以前每天接到的上千个电话中，真正见诸报端的有效报料仅一二十条。大量电话不是与新闻线索无关就是报料人道听途说的假线索。而微博报料首先得是微博用户，即网络对报料人的身份进行了筛选，其线索的有效性也相对靠谱。这也是纸媒借助网络开通QQ、MSN和网络论坛报料平台之后，又一个全新的网络化报料平台。而且，微博远比一部电话的触角更广。

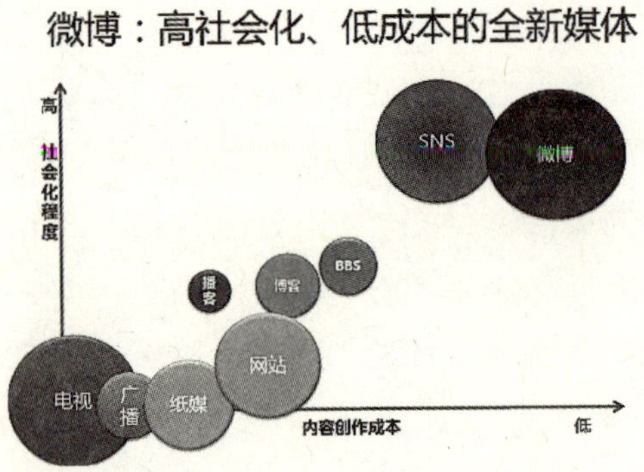

微博是又一个全新的网络化报料平台。

4. 进行真正意义的互动

在以前，网络诞生之初，报纸就想借网络与读者互动，但实际情况是，虽然网络很方便，反馈却仍然不及时，互动很少。手机报诞生后，报纸就想，手机报也可以互动啊，读者看了手机报发个短信，互动也就实现了，但是手机互动非常麻烦，现实中利用手机进行互动的情况仍然很少。

事实上，在现实中，任何媒介形态都不缺少互动的技术和条件，缺少的是受众互动的需求。如果从技术条件上讲，报纸也是完全可以互动的，来信、来电、来访，都是报纸与读者互动的一种方式，关键是这种互动，有多少读者会真的去实施呢？

写到这里，我就在思考一个问题，当读者面对的是一个单位的时候，他真的是没有互动的需要与欲望的。只有当他认为，或者潜意识地认为，他所面对的交流对象是一个人，是一个跟他一样的人的时候，互动才成为可能的需要和欲望。

微博是个人化的媒体。

隐藏在微博背后的都是人，即使是一个单位，粉丝也在潜意识里把它当成

①吴杰：《微博：传统媒体的新帮手》，《中国记者》2010年第10期。

是一个人。

我认为，这就是微博的互动有效而又盛行的原因。

河北邢台桥西区张家营在拆除村民建筑时，造成一村民被碾死，这一源于“天涯社区”的帖子被博主发到微博后，引起了众多粉丝的极大关注，12小时内便有7000余人转发，评论不断。《新京报》等媒体迅速前往事发地进行采访，并推出连续报道。此后，《新京报》的报道又被微博粉丝链接转发，形成了良性互动。

5. 微博内容成为报纸报道内容

微博的关注点大多是网民当前最关注的东西，有些新鲜有趣，可读性很强。很多报纸都在报纸版面上开设了微博专版或者栏目，如《新京报》的“微博大义”栏目，《青年时报》的“微言大义”栏目，《都市快报》的“微生活”版面。虽然大多数报纸并没有将微博定为固定栏目或版面，但是微博内容已成为报纸内容的一部分。尤其是涉及社会热点话题时，微博的内容更显突出，比如“两会”微博、世界杯微博。

有一些报纸开设了微博栏目，有的栏目叫“微说”、“微言”、“微观两会”，有的版面干脆就叫“微博”。这些版面形式设计新颖，采用了网页和微博的很多元素，有的模仿国内一些知名网站微博的设计形式，内容多是直接引用代表委员、媒体记者和网友的微博，成为“两会”报道的一种形式创新。

陕西日报社在近期甚至打算用一个多余的刊号资源创办一份专门刊登微博内容的周刊。

6. 新闻或活动推广

报纸开微博，可以将记者正在采集的过程进行实时直播，让微博简短的文字告诉粉丝今天正在发生什么、报纸正在关注什么、明天的报纸将要刊登什么。这样，粉丝对新闻的关注就实现了前移，而这种互动也在一定程度上弥补了报纸出版周期的不足，使读者在微博上对正在发生的新闻“先瞥一眼”、“窥见一斑”，而后在报纸出版之后尽兴阅读。

也就是说，因为有了微博的介入，读者对报纸新闻的关注不再局限于第二天早上，而是贯穿于整个采写与出版周期中，形成了一条关注链，拉近了读者、粉丝和报纸之间的距离，也在心理感觉上缩短了新闻出版周期。当然，除了在微博上与粉丝进行新闻通报和互动外，精美的报纸版式也可在第一时间传上微博，让粉丝先睹为快，吸引粉丝购买第二天新出版的报纸。一些媒体利用微博及时跟进，报道活动的进展情况，使活动引来更多的关注，也营造了现场直播感。比如，中央电视台微博在2011年7月底报道郭美美事件之前几个小时，就在微博中预告今晚几点将有关于郭美美的调查节目，吸引人们去观看。由于郭美美事件具有极高的关注度，预告微博被广泛转发。

五、面对微博，报纸该怎么做

微博的特点就是“短”、“频”、“快”，这种新闻操作手段，将报纸的“每日新闻”、广播电视媒体的“半日新闻”，一下提高到“每秒新闻”。在这种“个人直播媒体”的冲击下，如果传统媒体还固守新闻打法的老套路，只会被新媒体抛得更远。但同时，微博相对于传统媒体的缺陷也是非常明显的，内容海量芜杂，并没有经过把关、筛选，信息良莠不齐，人们很难辨别，可信度并不高。在这种情况下，报纸该怎么做？

1. 微博信息整合

当大家都在转发和评论一个微博新闻时，转发者和评论者最关心的是什么呢？是信息背后的真相、细节。比如“方舟子遇袭事件”，大家关心的是方舟子被什么人打？为什么被打？他到底得罪了谁？他伤得怎么样？他还会继续打假吗？《华西都市报》在“方舟子遇袭事件”后，借助微博对各种微博信息进行深入分析、采访，挖掘背后的新闻，就有人会在看了微博后还要看报纸。“微博就好比为我们提供了一个虚拟的信息终端，把它按文化、体育、时政、经济、社会等归类分到相对应的采访部门，由他们关注各自领域的微博动态，通过重新采访见诸报端，报纸的新闻依然是最热的，而且最详尽，满足看了微博不过瘾的读者的深阅读需求”。①

报纸应对微博的内容根据自身媒体定位进行“去碎片化”的重新整合刊播，使之成为自己的独家新闻产品。

微博的内容是一种由用户生成并提交的，能够实时滚动更新的简短话语，其文本大多数不成系统且呈碎片化。对这种来源无限的碎片化文本，报纸可以根据各自不同的媒体定位和受众定位进行不同的信息整合，在对微博内容进行

①赵晓梦：《一条微博引发纸媒变革的四点思考》，《中国记者》2010年第10期。

有选择的报道中实现传统媒体特有的价值。同时因为选择视角、评价标准的不同，也形成了自己独家的新闻产品。《都市快报》2009年11月22日的“微生活”，选取了煤矿爆炸、电价调整、天然气荒、《蜗居》停播和侯耀华代言门事件，其栏目设置有“微博热议”、“微博语录”、“微趣”和“热文微议”等，版面风格鲜活。

作为稍微有点老的新媒体，搜狐已经注意到微博的这个问题，2011年5月，搜狐推出搜狐微闻联播手机短信版，打出的广告语就是：“不用每天花几个小时泡在微博里，你就可以获知当天搜狐微博里最精彩的内容。”内容主要是微博中的趣闻乐事、热点新闻追访以及所谓名家的妙语点评。

2. 微博信息核实

由于准入门槛低，加上微博的发散型传播方式，各种微博用户出于吸引粉丝等种种目的，故意散布大量虚假不实信息，而微博这种大众、原创、实时播报的方式根本不可能做到即时审核。

但是，这恰恰是报纸在微博中体现差异化的最好机会。2011年5月27日，一位用户发布微博称，江宁2009年“6·30”醉驾致5死4伤案的肇事者张明宝已经出狱！短短一个多小时，这条微博被转发了超过千次，网络议论纷纷。跟帖的几百个网友大多将信将疑。一些粉丝向扬子微博求证。两个多小时后，经过《扬子晚报》跑口记者反复采访，严密论证，扬子官方微博辟谣：绝无此事。这条微博发布后，网友的疑惑消除。

3. 微博信息筛选

在微博等自媒体时代，人人都是记者，都可发布新闻。它当然很快很海量，这是其优势，但也是其劣势。在微博与报纸之间，人们更容易相信报纸。正如传媒巨头默多克所说，报纸对于博客以及行业内其他新秀的优势在于，它能够为读者提供更加可信的新闻。[①]这正是报纸必须坚守的生命线。因此，报纸必须当好新闻“过滤器”，在泥沙俱下的海量新闻中去芜存菁，去伪存真，小心求证，为公众提供最可信赖的新闻。

另一方面，这是一个信息过剩的时代，各种信息铺天盖地、狂轰滥炸，让人们处在信息的重重包围圈中。微博时代，更加剧了这种现状。这些海量信

---

①刘飞锋：《微博时代：纸媒如何留住读者》，《中国记者》2010年第10期。

息，泥沙俱下的信息，让人们无所适从，不知道怎么去选择，怎么去接受。当然，人们需要的信息，是经过过滤、选择、可信的信息。这正是报纸的独特优势，应该发挥这种独特优势。

4. 微博观点提炼

《华西都市报》副总编辑赵晓梦玩微博玩得很溜，他有好几十万的粉丝。2010年8月29日，是“菲律宾劫持人质事件”中遇难的8名香港同胞“头七”，香港8万群众大游行，敦促菲律宾政府彻查人质事件真相。这8万人的游行队伍，全程静默，不喊口号，但他们所爆发的力量却比8万人一起怒吼更可怕。于是赵晓梦将这个感受写成一条微博，没想到短短半天时间，居然被转发上万次。其实之前早有博友写了这个消息，为什么落后还会引发如此高的转发呢？①

事后赵晓梦对比各种报道分析，众多的新闻从标题到内容的着力点，都集中在8万香港人游行，最震撼人心的全程静默、不喊口号、只求真相的“新闻点”却被淹没。“所以从那一刻起，我明白两个道理：一是时效性并不是微博高转发高评论的唯一要诀；二是一个草根微博客要创造明星般的高转发高评论，必须在微博的写作、观点提炼上下工夫。”

同样，报纸的一篇报道要取得更大影响，吸引更多关注，除了新闻事实本身的价值，还取决于新闻采写的新闻点和新闻观点。

微博等自媒体发布的新闻，都是浅表、平面、单一的，它在追求深度和思想上有困难。这就需要报纸当“翻译机”，为新闻做好解读。一位业内人士这样设计微博时代的新闻操作模式：由微博发布新闻，然后由报纸作进一步解读。需要信息快餐的人，看微博就满足了；有更深层次需求的人，就等着第二天的报纸上市，以寻找更多角度、更多背景、更多观点，也更系统的新闻。

延伸阅读1：

微博观点

喻国明说：当你的粉丝有1000人时，相当于一个企业内刊，当有1万时相当于一家杂志，当有1000万时相当于一家电视台。但我想：微博粉丝数量的价值与报纸发行量、电视台收视率怎能比？40万发行量的报纸半版广告能卖几

---

①赵晓梦：《一条微博引发纸媒变革的四点思考》，《中国记者》2010年第10期。

十万元，微博40万粉丝算什么？电视台1000万观众广告每秒数万元，微博1000万粉丝，好像也不能干什么。（新浪微博：中国记者-陈国权）

延伸阅读2：

《南方都市报》的iPhone企业OA办公管理客户端

《南方都市报》在推进移动采编解决方案的同时开发了基于iPhone的企业OA办公管理客户端。移动终端成为连接采编生产流程和企业办公流程的神经末梢，采编人员通过移动工具可以进行移动办公、处理文件审批，可以随时发稿、及时了解稿件处理进程、用户反馈意见等。利用新媒体提高采编效率。

第八章　适应报纸分化趋势

新媒体在急剧地分化，报业也在分化，只不过报纸的物理特性决定了报纸很不容易有颠覆性的改变，所以，报纸的分化速率要比新媒体慢得多。从20世纪90年代分化出“都市报”，21世纪初又分化出了免费报。传统报纸的赢利模式在遭遇重重困境之后，不适应环境的赢利模式消亡，适应环境的赢利模式被很快地繁殖复制开来。都市报和免费报都是如此，从开始时的一张报纸，很快就复制成一种现象和趋势。

2008年，第一届“全国地铁报联盟高峰论坛”召开时，出席者只有《北京娱乐信报》、上海《I时代报》、南京《东方卫报》、广州《羊城地铁报》四家报纸；2011年12月13日，第三届“全国地铁报联盟高峰论坛”召开时，已有十家报纸和六家正筹办地铁报的单位出席。

“能成为继晚报、都市报后的一个重要报种”、“能挽救报业应对新媒体竞争的颓势”，“是报业开往春天的地铁列车”…… 人们对免费报寄予厚望。确实，它有足够的潜质承担起人们的部分期待，虽然不是全部。

【本章核心观点】

- 免费报能自主选择读者，而收费报只能被读者选择
- 免费报争取的是不看报的人群
- 免费报的发行监控是个难题
- 免费报与收费报在发行收入上相差无几
- 免费报的未来不仅仅只有地铁

免费报与传统报纸相比，是一种全新的赢利模式，而且创造了不菲的成绩。Metro International这家号称全球“免费报大王”的瑞典公司已经在全球20个国家的100多个城市创办了免费报体系。在中国的香港，6份免费报的发行量已经超过了收费报纸，成为香港报业体系一支重要力量，具有成就报业未来的潜质。在中国内地，一些原本处于报业竞争垫脚位置的报纸通过转型为免费报重获竞争地位……

更为重要的是，免费报的独特运营模式使其具有作为报业未来救赎者角色的潜质。这个从报纸中分化出的报业新品种致力于应对新媒体环境下的传媒竞争，通过免费来延伸报纸数量优势，继续发挥报纸的大众媒体优势，针对的是互联网出现后不读报的年轻群体。它是互联网出现后，报纸的自我创新与进化。

第一节　免费报也是新媒体

香港免费报《爽报》。

“免费报也是新媒体，与传统报纸相比，有一些颠覆性的创新，虽然是纸质介质，承载的却是新媒体的运行理念。”上海《I时代报》总编辑钮也仿说。认识到这一点对于正确认识免费报的角色和在媒介竞争中应处的位置，合理而又正确地运作免费报都大有裨益，也是免费报健康发展的一个前提。

一、以空间、时间确定读者

免费报与传统报纸的最大区别可能就在于改变了传统报纸以内容定位读者，而以空间、时间确定读者群。

空间价值决定了读者价值。免费报一般在地铁封闭区域内发行，地铁作为报纸的发行渠道有一个优势，就是人群特征比较明显。按照免费报操作者的说法就是：以地铁为交通工具的、有职业、有稳定收入、购买力活跃的最优质的广告受众群体。但是要达到这个人群，免费报还必须辅之以时间手段。早晨7—9点时间段，大部分乘客的目的就是上班。也就是说，在这个时间点上，免费报才最有可能到达免费报所希望的有职业、有收入、消费活跃的广告优质受众手中。因此几乎所有的免费报都是集中在早上7—9点的上班时间段在地铁中派发，《北京娱乐信报》为了达到确定读者的目的，每天早上7点前在天通苑等住宅区站的进站口设派送点，而早上8—9点则在国贸等办公区站的出站口设派送点，以期更准确地切分出上班族。2011年12月，《北京娱乐信报》还推出了自助取报箱，方便乘客取阅。

地铁空间带来的优势还在于，只要免费报愿意或者成本能够承受，在发行量上，免费报可以轻而易举地达到或超过地面售卖报纸的数量，形成广告经营所必要的规模，也可根据成本核算或广告需要缩减发行量，增减弹性很好。

而且，免费报免费赠送，能通过时间、空间的选择自主选择读者；而收费报由于需要收费，只能被读者选择。从这个意义上看，免费报的这种读者精确化和发行量弹性为免费报摆脱传统收费报那种大投入、大发行量，吸引广告的粗放模式提供了可能。

《东方卫报》电子版。

二、强调编辑而不是记者

地铁空间狭窄，人流拥挤，深度报道等大块文章将不能出现在免费报上。南京《东方卫报》在新闻资讯类的报道上采用网络滚动发布式的短小精悍的消息提要模式，让读者用最短的时间阅读大量的新闻信息，旨在满足读者最有效、最大化的阅读需求。《羊城地铁报》的内容定位于速读报纸，每篇报道的篇幅都安排得较小，便于读者迅速获得大量信息，并把海报化、网络化、图像化报道作为编辑特色。这种形式目前已经稳定并作为《羊城地铁报》的一种特色而存在。

《北京娱乐信报》创刊时便制定了“速度、时尚、实用”的编辑方针。具体来说，首先是以24版或32版为基本版量，设置时政新闻、娱乐体育和生活资讯三大板块。其中，时政新闻板块包括国际国内新闻，娱乐体育板块包括文化娱乐新闻、体育新闻和娱乐副刊，生活资讯板块则提供全面的、以地铁沿线为主的吃喝玩乐住行等信息。

《北京娱乐信报》新闻版强调短、速读，每版要求10条以上，在有限的版面突出信息量；头条不超过500字；叙述风格上要求简明直白，提要式；在版式设计上强调时尚、青春，符合年轻读者的审美趣味。

与互联网的结合是《东方卫报》在新闻采访和策划上的一个特色，它充分考虑到纸质媒体与互联网的结合，以与网站联合报道、刊登网址链接、介绍有价值的网站地址、以网络互动方式与读者沟通等形式，吸引年轻的“网络一代”读者。

三、浓厚的成本节约意识

免费报没有发行收入，仅以广告收入来维持报纸运营，但广告价格又远远低于传统报纸，这就大大地压低了赢利空间，从而对报纸的成本控制要求极严。这包括人力资源、采编业务、印刷发行等几个方面。

羊城
地铁报
GUANGZHOU METRO DAILY
用3G 20M 光速秀用 50元
神八今晨5时58分发射
今起可给房产证指纹加密
第70亿人，是她！
联合国人口基金：70亿“人口时钟”只是一种象征意义
KUMON
我们在寻找……
中老缅泰湄公河联合巡逻执法

《羊城地铁报》电子版。

与都市报相比，免费报采编人员大大精简，《羊城地铁报》只有十几名编辑，每个人都可以做版，有熟练处理图片等专业技能。人少又精，节省了大量人力物力。而据介绍，整个《I时代报》只有十几名记者、6名夜班编辑、4名副刊编辑，整个报社二十五六个人。《I时代报》把报社除采编业务外的广告、发行、印刷等方面的事情都外包出去，试图有效控

2004年3月18日，乘客在上海徐家汇地铁站拿取《I时代报》。而从3月16日开始，由解放日报社主办的《I时代报》，在上海地铁站免费提供，受到乘客欢迎。（新华社）

制成本。《北京娱乐信报》虽然是从都市报转型而来的免费报，但也在精简人员方面做了大量努力，据社长毕昆介绍，目前已裁减采编、行政等各部门人员90多人。

人员精简是建立在采编业务简化基础之上的。和传统报社相比，免费报采编部门通常只有二三十人，因此，只能通过共享采编资源，节省采编成本。主要依靠通讯社和背后报业集团的供给，尽量减少记者数量。为进一步节省营运成本，《I时代报》也采用新闻购买制。报社的十几名记者采写符合免费报定位的新闻，其他公共新闻则通过购买获得。

在发行上，免费报一般不组建发行队伍，而是委托地铁公司代为派发，以降低发行成本。《北京娱乐信报》委托地铁派发。《羊城地铁报》由广州地铁商业发展有限公司负责地铁发行，发行人员很少，广州2号线有17个站点，只有18名工作人员负责全线报纸的搬卸、运输、分发等工作，而且工作人员除了早上发报外，还有其他工作。《I时代报》一些发行人员由地铁员工兼职。此外，为节省纸张成本，免费报一般都采用廉价纸张。

成本控制意识还体现在对发行盈亏平衡点的掌握上。《北京娱乐信报》控制发行总量，使发行量根据广告额度调整，一般不会超过40万份。成本可控和总量可控是免费报相对于其他报纸的一大好处，报社可以根据广告、发行的盈亏点，对发行量适时控制，这在一定程度上也为报社降低成本提供了可能。

第二节 免费报发展面临的四个瓶颈

在我国，免费报作为一个新生事物，本身存在诸多不完善不成熟之处，客观上也面临瓶颈问题。这些瓶颈直接影响着免费报的发展甚至生存。免费报的这种现状也是事物发展规律使然，欧洲免费报的经验难以简单借鉴，一切只是摸着石头过河，艰难应对摸索总结。

一、潜在竞争威胁

大部分免费报都声称在当地地铁中是独家免费报，但是这种独家仅仅是形式上的独家，实际面临的直接与间接竞争远非理想中那样简单。

首先是地铁中其他数量众多的广告载体的竞争。如移动列车电视、液晶有线电视、地铁户外广告，尤其是一些免费杂志，因为免费报与地铁公司的排他性协议只限于报纸，不包含杂志。从利益方面考虑，地铁公司欢迎免费杂志的出现，一些杂志也有此意向。在上海，以地铁为概念的媒体现在越来越多。此外，在地铁口免费派发的读物也有不少，它们不用给地铁支付费用，与免费报争抢读者。

此外，潜在的另一家免费报的同质竞争威胁也不容忽视。地铁发行首先必须取得特许经营权，各家免费报与地铁公司获得特许经营权的方式大同小异。免费报必须先交一大笔渠道占用费后，才能与地铁公司洽谈股份合作事宜，而且地铁公司必须分享利润的大部分。渠道为王在免费报与地铁的关系上成为绝对真理。但免费报实际上也认可这种合作关系，免费报必须建立一种壁垒，阻挡新的进入者，以避免地面报纸所出现的同质竞争。为此，免费报必须支付地铁公司最多利益，否则无法获得特许经营权，竞争壁垒更是无从建立。

可是，一旦合作一方占有绝对强势，另一方的权益往往难以得到保障。免费报苦心经营的竞争壁垒在面临双方的利益诉求矛盾时，很可能就会被打破，同质竞争的惨烈也会转移到地铁上。免费报与地铁公司的合作方式和关系潜藏着免费报的同质竞争威胁。

二、发展空间限制

地铁为免费报提供了渠道，这对于免费报的发展至关重要，从现在国内的情况来看，免费报纸只在地铁渠道中才获得生存与发展的希望。没有地铁，免费报就很难成功，一是配送成本会很高，在地铁里运送成本低、效率高，而在地面上就是人海战术；二是品牌形象不专一；三是渠道决定读者，现阶段的社会发展还没有明显的居住区、街区，没有明显的社会阶层，很难界定出明确的读者，社区报也很难成功，但地铁就为免费报提供了特定读者群——上班族。

但另一方面，地铁也限制了免费报的发展。地铁的里程、人流量的多少决定了免费报的空间。这个城市的地铁到底是一条真正的通勤线路，还是仅仅一条观光线路，决定了免费报的生存发展。有些地方可能仅仅是观光线路。

我国城市地铁仍然处于起步阶段，截止到2011年年底，全国共有北京、上海、广州、天津、南京、深圳、香港、成都等15座城市开通了地铁。其中，北京、上海、广州和香港在中国目前已经基本迈过了城市地铁发展的初期阶段。而在全国其他很多城市或者没有地铁，或者即使有也仅仅是很短里程，还不足以支撑一张免费报，比如成都，目前投入运营的地铁里程全长只有18.5公里，日均客流20万人左右。如果计算上下班重复乘客，实际每天乘坐地铁的市民在10万人以内。比如，南京的《东方卫报》在地铁发行10万份，地面发行接近25万份，由于客流量少，《东方卫报》在几个地铁大站的发行甚至要延续到下午两点钟。对地铁的发行呈饱和状态，平均三个人有两人拿了报纸。

重庆、沈阳等正在发展轨道交通的城市也将在相当长的时间内面临一两条线路独自运营，大多数市民基本上不需要乘坐地铁的状况。这种状况对于地铁运营商来说，或许不算什么，然而，对于免费报来说，却不得不全力应对。

面对这种困境，一些免费报也在努力向地面发展，但是免费报与收费报纸短兵相接，品牌形象不一定赶得上收费报纸。这是个令人非常痛苦的两难抉择。

三、发行监控难题

2005年1月，《北京广播电视报》曾实行免费发行策略，但是由于没有实现有效发行监控，导致报纸大量流失，报社成本剧增，广告无法支持，于2005年4月7日不得不宣布恢复零售。据此，有人断言，由于中国的国情，国内的免费报纸将很难成功。

发行监管是地铁报必须着力解决的问题。《东方卫报》甚至专门成立了一个10多人的发行监管部门，对发行渠道实行监管，避免浪费和无效发行。

废纸价格飞涨，回收站中看过的报纸8毛钱一斤，没看过的报纸1.5元一斤，而一张都市报的批发还不到这个价格。发行流程的监管至关重要，《I时代报》采用严格的签收制度和督导员制度，如果查出发行人员吃报后就要求配送发行的供应商公司将其开除。

都市报发行队伍要管印、送、卖，但免费报发行队伍只管派送，运输环节与发行环节必须有严密的签收制度，才不会出现吃报现象。而且要有监查队伍，一旦发现吃报现象，惩罚必须严厉。

有些都市报并不看好免费报，一位收费报老总说：“只要没有解决好卖废纸的问题，免费报就很难成功。”确实，国外免费报纸多采用“自由取阅”方式发行，发行浪费现象也不严重，这主要在于已形成的良好社会氛围和较高受众素养。而国内有着完备的废旧物资回收体系，还有一批依靠收废品旧报刊为生的小商贩，卖旧报刊等生活垃圾也是一些市民的收入来源。在这种情况下，免费报纸，即使是免费报，如果发行监控不到位，那么大量投资可能只会打水漂。

《北京娱乐信报》电子版。

四、政策空间制约

有关免费报的政策一直是人们关注的重点。广州《羊城地铁报》副总编辑黄楚慧说：“对于一个新生的报纸种类，它还有一个‘名分’的问题，名实不副，说话办事理不直气不壮。免费报的‘正名’包括两个方面：一是要按免费报的固有规律和自身特点办报，不要办成综合性日报的精缩版或文摘版；二是要有政策上的保护和支持。”

这里所称的政策一般是指2006年7月中央宣传部、国务院纠风办、新闻出版总署、国家邮政局联合下发的《关于采取切实措施规范报刊发行秩序的通知》，其中有对免费报纸的明确规定：“新闻出版行政部门要加强对报刊出版发行活动的管理，要求报纸出版单位按照《报纸出版管理规定》确定报纸出版价格。根据我国目前报业市场情况，暂不办免费报纸，避免在我国报刊市场不成熟、不规范、条件不具备的情况下，扰乱报刊发行秩序，造成国有资产和社会资源的浪费。”

由于有这种硬性规定，所以现在的免费报一般都没有采用免费的形式。比如《北京娱乐信报》与地铁公司共同投资成立的广告经营公司从报社购买报纸，再委托地铁公司派发，零售价也与都市报一样是5角。

虽然这种变通方式促生了现有的免费报，但免费报仍然极力呼唤“免费”。媒体所依靠的是它的品牌，如果政策不明朗，则影响整个企业的形象宣传，有些策略就无法实施，像免费两个字对提高免费报的影响力就有非同寻常的意义。有地铁报人这样分析。

第三节　免费报的价值认知和空间发掘

一、为报业争取年轻读者

香港现在共有六份免费报纸：《头条日报》、《都市日报》、《AM730》、《虎报》（英文），以及2011年7月27日创刊的《晴报》、2011年9月19日创刊的《爽报》。在免费报诞生之前，香港的收费报纸总发行量有120万份左右，有了免费报后，免费报的总发行量达到了130多万份。但是令人奇怪的是，收费报的发行量虽然也下降了一些，但是仍然有110万份以上。也就是说，由于免费报，凭空就多了120万份的报纸发行量。

香港星岛新闻集团有限公司行政总裁、社长卢永雄认为这主要是由于“免费报开发了比较大的读者群，争夺的是不看报的人群”。这个读者群非常有特点，他们是每天坐地铁上下班的职业人，他们是最有购买力和素质的高端读者群，他们是18—34岁的年轻人；他们也是各种新媒体使用程度最高的人；他们更是平时没有时间读报的人，只能在地铁上忙里偷闲地看免费报。

现在的信息接受多渠道，报纸吸引力锐减，报纸读者流失，特别是年轻读者的流失已成趋势。读者老化成为报业不得不面临的问题，各报争取年轻读者阅读的种种努力效果也并不理想。

根据《北京娱乐信报》的调查，北京地铁里每天零售的报纸相加不到5万份，而现在地铁客流量已达300多万人次，也就是只有2%的地铁乘客会阅读报纸。信报通过调查还发现，乘坐地铁的人群结构中，年龄在25—36岁的占到总人数的80%，而这些年轻人平时大多不看报，往往是回到办公室或家里，通过互联网来查找新闻获取信息。

这种现象也同样发生在上海的地铁中，据上海《I时代报》总编辑钮也仿介绍，在《I时代报》诞生前，都市报每天销售3000份，后来两家报纸在这个阵地拉锯争夺，在地铁的总销量每天也是3000份。出现免费报后，收费报纸销售时间延长了，但还是3000份。钮也仿解释说，这是因为这个群体的基本阅读习惯，地铁里的上班族70%不阅读传统报纸。

但是免费报送到地铁乘客手中是免费的，也无须交易时间，可以打发乘车时的无聊，因此容易引起这些年轻人的关注。

而且报纸内容方面也采用专门设计来吸引地铁乘客，短小精悍的内容更适合年轻人阅读；免费报浓缩的新闻和信息节约了人们消费报纸的时间，容易被年轻人接受。

其对整个报业的意义更在于，随着时间的推移，免费送报的方式能慢慢培养起年轻人阅读报纸的习惯，使年轻人由偶然阅读和不阅读转为习惯性阅读，能够很好地为报业争取年轻读者，避免报纸读者的老化。

免费报为报业开发了读者群。英国的联合报业集团在伦敦本来有一张收费的《伦敦晚旗报》，*The London Paper*（免费报）创刊后，为了阻击这个新的竞争对手，联合报业集团又创办了一张免费报 *London Lite*。这样一来，联合报业集团一下子就有了两张晚报，一张免费、一张收费。当时，报业集团内部有争议，认为它的免费晚报肯定会重击自己的收费报纸，但是结果出人意料，几次调查都发现，免费晚报并没有对收费晚报造成重创，《伦敦晚旗报》发行量在下降到20%后就不动了。[①]

二、差异化竞争的一种方式

在避免同质竞争，实现差异化经营方面，《北京娱乐信报》从都市报向免费报的转型就是一个典型案例。2000年10月《北京娱乐信报》创刊后，北京报业市场的都市类报纸陆续达到十余家，难免陷入同质化严重、无序竞争的状态，仅北京日报报业集团下的都市类报纸就有《北京晚报》、《北京晨报》、《竞报》、《北京娱乐信报》等。加上《京华时报》、《北京青年报》、《新京报》、《法制晚报》等，这么多报纸，已经超过北京市场的报纸容纳量，一些处在二三梯队的报纸在经营上面临很大困难。

鉴于这些问题和艰难处境，从2006年4月开始，《北京娱乐信报》就筹划

①王正鹏：《报纸突围：数字时代传统媒体变身记》，中山大学出版社2010年版。

向免费报转型，以摆脱当时的困境，实现差异化经营，并在2007年11月实现转型。传统媒体的竞争、新媒体的冲击，才导致出现免费报，报纸需要寻找新的生存空间。《北京娱乐信报》还把这次转型称为“从报业竞争的红海到蓝海”。

南京的情况与之类似，在《东方卫报》创办前，有人说，南京要想办一份成功的都市报纸，必须先投入2亿元。确实，南京是全国报业竞争比较激烈的城市，发生过多次“著名”的报业大战，虽然在2006年5月《东方卫报》创刊时往日的硝烟早已散去，但发行量超过30万份的报纸就有四张。在已经基本饱和的报业市场上，一张新办报纸如果还是按照以前那种大投入的都市报的惯常做法，2亿元的投入也不算多。意识到这点，《东方卫报》转而做地铁概念，与都市报实现差异化竞争。《东方卫报》前后只投入了2000万元，现在已经站稳了脚。

对于如何避免同质竞争，人们已讨论了很多年，大家都宣称自己在迈向“主流大报”，但翻开报纸一看，依然还是“都市报”。确实，整体运作模式如果没有摆脱都市报的束缚，避免同质竞争就只能仅停留在口号阶段。

虽然，现在还不能说免费报就一定能够摆脱同质竞争，但这种差异化经营方式却有望实现真正的市场切分。在一个竞争非常充分的市场里，要想胜出就必须加大投入或在细分市场中办出特色，但对都市报而言，再细分有一定难度，一旦综合性报纸发行量达到30万份以上，就很难实现细分。但是免费报由于只在地铁中发行，乘坐地铁的人群特征比较明显，就是上班族，是以地铁为交通工具，有职业、收入稳定、购买力活跃的广告受众群体。所以免费报能够准确地切分出读者。

事实上，全国类似于北京、南京这样报业竞争激烈的城市不在少数，像当初《北京娱乐信报》这样处在竞争二三梯队的报纸也比比皆是，而拥有地铁的城市也在不断增加，在这种情况下，与其在与都市报的竞争中苦苦挣扎，不如另觅蹊径。

在首届免费报论坛上，西安、沈阳等城市就有多家报纸表示有类似打算和想法。现在，这些城市已创办有成功的地铁报。从报业的良性竞争角度，一些处于二三梯队的报纸转为免费报是非常有意义的，对自身，也对整个报业。

三、“免费”的优劣势辩证

免费报是免费报纸的一种，免费是免费报的基本特性之一。20世纪90年代以来，免费报纸出现。它们大都以优质社区、写字楼、高档商业设施、火车站、机场、地铁站为派发区域，凭借吸引优质广告受众，切割部分市场，培植新的广告份额。

从目前看，免费报是免费报纸中比较成功的。由于政策限制，免费报一般采用一种折中方式实现免费投递，比如《北京娱乐信报》靠与地铁运营公司合作的广告公司购买信报，然后委托地铁公司发行，作为地铁的增值服务免费派发给购票乘客。

在近期纸张涨幅剧烈，报业成本急剧增加，一些报纸纷纷涨价的情况下，很多人担心免费报的免费是否能够维持运作。但一些免费报的操作者不这么看。

从现实情况来看，免费报纸和收费报纸的收入并没有太大差距。收费报纸在地面上的发行收入，报纸很难收回，需要支付30%—70%的发行费率，加上30%的发行赠品，实际核算下来，收费报纸也收不到费。

同时，免费报纸和收费报纸的支出却有很大差距。收费报纸一般是厚报，动辄50版以上；而免费报大都是薄报，信报只有四开24—32版。在纸张剧烈涨价的情况下，免费报受的影响反倒要小。

发行费率方面，收费报纸在地面的发行是“人海战术”，需要投入大量人力物力，而免费报发行利用地铁运输，又是免费派发，雇佣的发行人员很少，发行费率较低。

一份零售1元的报纸一般发行收入到账只有6角钱，这意味着免费报纸只要少印刷四开二十来个版就可以和收费报纸收支相等，而一般免费报的版面则要少得多。另外，广告的承受力方面，收费报纸的广告量如果超过版面的30%就会有读者开始抱怨，而免费报纸的广告承受力更强一些。

《I时代报》电子版。

四、免费报的地面阅读

免费报的发展要立足于地铁，但又不能囿于地铁。

《北京娱乐信报》刚转型为免费报时，地铁公司要求在各地铁站设立报纸回收点，主要担心读者看完后遗弃报纸，影响车站卫生环境；但从现在的情况看，遗弃报纸的读者很少，大部分都把报纸带走了。有专家分析了原因：每天8点半前，地铁非常拥挤，连站的地方都没有，更别说看报纸，读者没有办法阅读，就只能带走看。为了适应这种现象，就在报纸上增加了一些情感故事方面的内容，让读者在地铁里看不完，只能带走看。这是由于地铁拥挤所导致免费报地面阅读的客观要求。

免费报主观上其实也更愿意看到免费报的地面阅读现象。《北京娱乐信报》在国贸等写字楼集中的站点出站口设派送点，以让乘客带回办公室阅读。上海《I时代报》追求给顾客带来短期现金流回报，也即在报纸上刊登广告后能立竿见影出效果。如果免费报很薄，一会儿就看完，那么读者坐地铁里看到楼盘广告想打电话，楼盘人员还没上班，在广告商看来，免费报就没有体现出广告效果。所以，必须让读者看不完报纸，然后带到办公室时打电话询问，广告效果就出来了。

而一些城市的地铁通车里程很短，客流量很小，地铁渠道不能满足免费报需求，免费报不得不追求地面阅读。

面临地铁里程短，免费报有两个选择：一是随地铁的发展而发展，地铁越长，报纸越强；但地铁建成扩展的速度并不是一蹴而就的，往往需要几年甚至是十几年的规划建设，免费报的投入维持不到那么长时间。二是超越地铁，竞争地面。地铁线路短只能带来有限的发行空间，如果地铁报只在这少量人群中做文章，报纸就做不大。因此，单一线路环境下的免费报在创刊初期绕不过去的一道坎就是地面发行。

《东方卫报》在南京地铁里的发行数量在3万—5万份，但同时，投递范围还覆盖了南京数百栋写字楼、市内一些小区、高校聚集区、科研院所、政府机关、大型企事业单位等，这些地方的定向投递量每天多达8万份左右，同时还实施读者会员俱乐部制和数码刷卡取报系统。为使报纸形成多层面、多渠道的立体发行网络，《东方卫报》还在机场候机区、车站动车组候车室、高速公路休息区、写字楼、麦当劳设立发行点，方便读者取报传阅。

《东方卫报》在地面形成了纵横交错的发行网络，让读者随处可以见到《东方卫报》。这样，地铁独家渠道的核心优势结合地面发行的高密度覆盖，形成报纸较为强势的表现并最终转化为竞争力。

即使在地铁里程较长、客流量较多的广州，《羊城地铁报》也在推广地面发行，据介绍，《羊城地铁报》除在广州地铁区域内一至五号线87个站点定点发行外，还在省市政府机关、市内56栋高级写字楼内公司办公室、高档餐饮场所、酒店、汽车4S店、市内银行营业厅设立发行点，推广免费报。

五、竞争未来的空间

一些城市的地铁线路刚开始并不发达，还不足以支撑起一张免费报，比如南京，2008年《东方卫报》转型为地铁报时，通车里程只有20多公里，日均客流量只有25万人次。《东方卫报》当时与地铁签了15年合同到2021年，并交了渠道资源费将近3000万元。从当时的投入产出比来说，这并不很合算，但是，《东方卫报》看重的是将来。当时就南京的地铁建设计划来说，南京地铁二号线一期工程、一号线南延工程、二号线东延工程三线共建，在建总里程达到62.25公里，到了2011年，南京轨道交通运营总里程已经达到85公里。日均客流量超过100万人。从战略上看，占领这个渠道，就是占领未来。地铁报的前景广阔。

钮也仿从免费报的核心竞争力角度阐述地铁渠道的未来价值："报纸是没有专利的，创新版面别的报纸马上就会学去。在这种情况下，如何建立一种屏障，让竞争对手无法复制。地铁渠道就是这个屏障。免费报有很大利润分给地铁，有很多人想不通。实际上，仔细想一想，若干年后，一个城市会有多少地铁线路地铁乘客，就会明白这些前瞻性工作了。"

…………

轨道交通是一种方兴未艾的生活方式，据报道，我国已经建成和正在建设地铁的城市有15座以上，目前经国务院立项的建地铁的城市已经超过30个。除已经创办免费报的上海、广州、南京、北京、西安、重庆以外，武汉、长沙、沈阳、杭州等地的免费报也即将创刊。那时每个有地铁的城市都会开办免费报，就像日报、早报遍布全国一样，而且会成为非常强有力的报纸新业态。这代表着报业未来的走势之一。

延伸阅读1：

《晴报》创刊

2011年7月27日，由香港经济日报集团创刊的《晴报》创刊，成为香港第五份免费报纸。逢星期一至五出版，每日发行量将不少于30万份。

《晴报》报名取其“晴”字，表示无论晴天、阴天，还是下雨天，希望读者们以“日日好心情”积极迎接每天的新挑战。

延伸阅读2：

《爽报》创刊

2011年9月19日，由香港壹传媒创刊的《爽报》创刊，成为香港第六份免费报纸。号称发行100万份。

第九章　适应新媒体分化趋势

报纸网站存在的一个问题是什么都想学，什么都想要，只要一有新的东西出来，就想学来为我所用。最后搞得网站像个大杂烩，什么都有，什么都不精。视频有、网络商务也有、广告也有，什么东西都有。大家都成为“新闻门户网站”，没有一点儿特色，到头来，是什么都不会落下的。

这个痼疾不治愈，用旧思维指导新媒体的运作，报纸网站基本是在网站上复制报纸的内容，只能成为报纸内容另一个可有可无的落地渠道，根本承担不起拯救报业的使命。

【本章核心观点】

- 网络媒体不是在融合，而是在快速分化
- 互联网的分化比其他媒体更重要
- 报纸网站无法赢利的原因是竞争范围过大
- 报纸网站只有分化才能成功
- 新媒体需要新思维

一直到现在，报纸做网站的动因都令我费解。是为了媒介融合而融合；还是不想内容被其他门户网站无偿使用，自己开一家网站，使用自己的媒体内容；还是人云亦云，看着别人都在开网站，那我也开一家？

不过，20世纪末，在网络媒体成气候后，办网站好像是所有传统媒体都在争先恐后做的事情，不仅仅只有报纸，还有电视办网站、广播办网站。没有谁统计过，全国到底有多少家这样的传统媒体办的网站，但从我接触到的情况看，几乎是每家传统媒体都有一家或大或小的网站。然后再共享内容，以实现“资源整合”的目的。似乎对于传统媒体来说，办网站就是为了整合，并不是发展、壮大。

然而，这种“整合”并没有达到预期的节约并再造加强的效果。事实可以为证：这么多的网站，又有几家是能赢利的？目前鲜见有报纸办的网站在信息传播和经营方面取得突出业绩，绝大多数影响力和赢利水平都远逊于报业集团的其他子媒体，也看不到实现自我发展的前景。报业集团在网站方面的产出远不能和投入相对应。南方网是全国十大网站，规模不可谓不大，南方报业传媒集团是其大股东，办的报纸办一个成功一个；但是据公开报道，一直到现在，南方网投资了差不多1个亿的人民币，现在都没有办法赢利。

这是为什么？

我看还是报业网站思路的问题。

第一节　网络媒体的分化趋势

追溯网络媒体的历史，就会发现，网络媒体确确实实地在分化。最早的网络媒体应该是新闻门户网站，依靠广大都市报几乎是免费的内容，新闻门户网站迅速壮大，成为“第四媒体”，当时的网络媒体完全是一个全新的媒介，它的传播速度、传播方式、运营模式跟传统媒体相比，都有很大的不同。所以一些学者就开始把它称为“第四媒体”，甚至在要不要叫它“第四媒体”时还曾爆发过激烈的争论。

现在叫不叫“第四媒体”人们早就无所谓了。因为它早已成为实实在在的“第四媒体”，甚至可以叫做“第一媒体”。时至今日，连新闻门户网站都已经不是真正意义的“新媒体”了，而是一种传统媒体，几乎每天，以互联网作为平台，都有新的媒介形态出现。它们才称得上是真正的新媒体。

以互联网为平台，短短十年时间，诞生了数以万计的新媒体种类，比有媒介历史以来诞生的媒介种类都要多。它们能满足人们几乎所有的需求，但种类实在是太繁多了，人们都找不到自己想要的东西。21世纪初，为了检索方便，还诞生了专门的上网索引网站，比如hao123网址之家、2345网址导航、369网址之家、酷酷123网址之家……

在这些网址之家上，可以非常清楚地感受到互联网分化的这种趋势。光是垂直网站就有房地产网站、分类广告网站、汽车网站、电脑网站、旅游网站等等，从提供的服务角度看，有社区网站、BBS论坛、搜索引擎、视频网站、交友网站、征婚网站、即时通信工具、购物网站、团购网站；以功能来分类，有微博、博客、新闻网站、社交网站等，不胜枚举。很多东西都是近两年才出现的新产品，而且这种分化的趋势还在继续。比如以淘宝为代表的购物网站，现在已经分化出了很多种类。以购物种类来划分，就有专门卖包的“麦包包”，致力于婴儿用品的“红孩子”，主攻女装的“麦考林”，卖家电的“京东商城”，做书籍网购的当当网、卓越网。

也是在网址之家里找到的，光是服装服饰网站就有这么多：玛萨玛索男装网、时尚起义服饰、D1优尚网、乐淘网上鞋城、好乐买品牌鞋城、VANCL网上商城、聚尚名品折扣、V+名品折扣区、上品折扣特卖会、名鞋库折扣鞋城、唯品会名牌折扣、欧莱诺服饰、西街运动特卖、ihush品牌特卖、奥迅运动服饰城、九大道品牌折扣、酷运动运动城、名品打折网、麦包包、太平鸟购物网、有货、优个网、邦购网上商城、拍鞋网官方商城、Justyle服装、美国骆驼鞋、如此网户外装备、奕尚网名牌服饰、Gap中国官网……

从它们的名称可以看出，它们都致力于某一个细分领域。这既是市场的选择，也是市场竞争的结果。

确实，在海量信息、海量服务、海量功能的互联网平台中，只有迎合细分市场，专注于某一细分领域，才能获得人们的青睐。越专注，说明你越专业，人们才会信任你。

一、互联网的分化比其他产品更重要

当然，互联网的细分趋势也包括综合性网站，大而全的网站也有，只不过比较少罢了。综合性网站也是互联网分化的一个分支。

在生活中除了专卖店，也应该有大型超市、综合商场。在生活中，甚至不能想象有那么多的专卖店。人们更愿意去的是综合性商场。因为逛街需要走着逛，大部分丈夫，对于一站全有的综合性商场都心存恐惧，但那如果都是专卖店，逛街该是多么可怕的一件事情啊，得一家家地走，看她一件一件地试。

但是在网络上，一切都变得不同。网络的易检索特性、转换方便，加上满足人们检索需求的网址之家的出现，使“专卖店”成为主流，“综合性商场”反倒成了边缘产品。即使有，存在的数量也极其有限，非得规模已经发展到一定程度才行，比如新浪、搜狐、网易、腾讯那几家门户网站。

而且，网络的无疆界特性，为细分市场提供了庞大的客户基础，在现实中，有些过于小的细分领域，由于区域限制，是不足以支撑起一个能赢利的市场的。但是在网络上，再细小的领域，都有足够大的人群支撑。

当然，互联网产品的易得性只是使这种“专卖店”模式有了实现的可能，对于网络赢利模式而言，在渺如烟海的信息、服务、产品中，一种互联网产品，必须获得更多吸引力，需要更多关注，否则，什么都不是。只有满足细分市场，专注于某一领域，才能获得某些人的持续关注，否则就是默默无闻。这是“专卖店”模式的现实需要。

因此，与其他媒介产品比较，互联网产品分化趋势更明显，发生得也更迅速，短短几年，谁现在能数得清到底有多少种产品，有多少种赢利模式。但确定无疑的是，大部分能生存下来、满足人们需求的都是定位非常清晰，市场细分明确，专注领域十分狭小的产品种类。

二、报纸新闻网站为什么不能赚钱

以互联网的分化趋势来反衬报纸新闻网站，报纸新闻网站这么多年都没有起色的原因就找到了。现在大部分的报纸新闻网站都叫什么在线的，四川在线、浙江在线、河南在线等等，特征都是一致的，都是“综合性商场模式”，上面什么都有，试想，在这无任何疆界的互联网平台上，那么多定位类似、内容雷同、功能一致的新闻网站，试图从中出类拔萃是多么困难的一件事情啊。

这就是报纸新闻网站长期得不到发展的关键问题。

新闻网站以新闻吸引点击量，然后以点击量来吸引广告的赢利模式其实也是有效的，新浪、搜狐不都做得很好吗？新浪、搜狐等新闻门户网站利用全国传统媒体的内容资源，吸引来备受广告客户关注的流量。但是，全国也就那么几家新闻门户网站能够实现比较好的发展。除此之外，还有哪些有较好赢利规模和前景呢？

其实这也符合事物的发展规律，“只能数一数二，不能不三不四”，在某个范围内，某一种赢利模式只可能有少数几家获得成功的机会。全国的新闻门户网站，成功的只应该是那么几家，也确实就是新浪、搜狐那么几家；某城市的都市报，赢利的就只能是那么几家，其余都在苦苦挣扎；某种风格的电视频道成功的也只有一两个，其他的度日艰难，肯定改行。请注意前面的这个限定词——“某个范围内”，发展模式的独特性和优势是相对的，只在一定范围内才会起作用。

报纸发行有地域限定，超出了这个地域范围，发行通常是无效的，一个城市的市民一般不会看别的城市的都市报，这就导致许多城市占据竞争优势的报纸都是本地报纸；而网络是没有地域限定的，在网络上，网民能看到任何上线的网站，包括全国的、地方的。报纸的竞争范围是本地，但报纸网站的竞争范围可以说是全国的。

这样一来，报纸办的新闻网站相当于跟全国所有的新闻网站竞争，在“一报一网”的潮流中，在所有的地方报纸都要办地方门户新闻网站的趋势下，有多少家报纸，就有多少家传统媒体办的新闻网站。而且，从当前的形势及近期发展趋势来看，任何一家报业网站的新闻量，根本无法与腾讯、新浪、搜狐等网站抗衡。这样一来，报纸网站无法赢利也在情理之中，不是它们不努力，也不是报业集团财力的问题，而是赢利模式、赢利理念的问题。

在新闻网站这个分支，门户网站的赢利模式只允许为数不多的几家网站能实现赢利。但是这种赢利模式已经有了先行者，而且是很成功的先行者，后来者想要居上几乎不太可能，砸再多的钱也很难。报业网站要想获得发展，不能再依靠“新闻门户网站”模式，必须发展新的独特的赢利模式，进行分化。

第二节　报纸网站分化成功的案例

报纸网站需要寻求新的赢利模式，若致力于某一细分领域，专注于一件事情，再借助于报纸的既往影响力和公信力，将比一般的互联网产品更容易成功。

一、赢利模式细分：社区网站

以新闻来吸引点击量，再以点击量来吸引广告。这是一般新闻网站的普遍赢利模式。全国有那么几家报纸网站，开创出新的赢利模式。

舜网隶属于济南日报报业集团，舜网做论坛做得很努力。济南日报报业集团副总编辑、舜网总经理李光明经常亲自出任“斑竹”，管理论坛的帖子。面对每天6万余条的发帖，有时候一整天都在做枯燥乏味的管理帖子的工作。但目的只有一个，那就是形成“水洼效应”，让舜网论坛成为当地网民发帖的重要场所，把人气凝聚起来。做了一两年后，效果就出来了。平均日发帖量6万条以上，同时在线人数3万人以上。舜网在互动栏目管理过程中，发现有大量广告帖，起初采用简单的删除或者屏蔽方式，但屡禁不止。经过调查分析，发现这些发帖者多是一些小商户，拿不出资金做常规性广告，感觉到舜网在当地的人气，于是就通过反复发帖来为自己做广告。针对此种情况，舜网推出分类广告项目。只要支付全年1000元的低廉价格，那些中小企业、商户就不用发愁帖子又被斑竹删了。舜网还为他们提供套红、链接等可选服务。目前，已有美容、庆

济南舜网。

杭州19楼网站。

典、摄影、培训、服饰等20多个行业400余家中小企业、商户落户舜网，日均广告收入1万元左右，2009年实现利润300万元。[①]

舜网做的是“长尾市场”，开发面向网民和小客户的经营项目，以聚沙成塔的方式赢得大市场。

以论坛来凝聚人气，再吸引中小企业商户广告，这种与新闻门户网站不同的模式使舜网获得了独特的竞争优势，在众多报业网站中脱颖而出，经营效益比较突出，其经验被广泛传播。

杭州日报报业集团的19楼网站也采用论坛模式凝聚人气。19楼于2001年建站，当时是作为杭州日报报业集团旗下《都市快报》的采编平台，与读者互动。之前一直无法赢利，2006年成立了相对独立的公司，即杭州都快网络传媒有限公司，有意回避与《都市快报》的关系，按网络规律办事。跳出报纸，依靠论坛模式，当年就实现了赢利。2008年收入2000万元，赢利400万元，拥有240万个注册用户，日均页面访问量860万，每日独立访问用户65万人次，每月的访问量增长率均保持在10%以上。19楼现在每天发布信息40万条，很多媒体都来19楼寻找新闻线索，跟进采访。报纸和报业网站的关系被倒了过来，网站不再是附庸物，成了主动方。

找到了一种好的、有效的赢利模式，就应该最大限度地发挥它，将长处充分发挥。全国绝大部分的报业集团都到过19楼或者舜网学习考察。但是似乎都没有将这种本质的东西学到手，最多也就是回去之后再在自己的报业网站上加上论坛赢利模式，等于又给综合商场加了一个售货部门，变得更“综合”了。

其实，最应该学习的不是他们具体怎么做，而是学习理念——模式细分。

二、行业的细分：中国税网

行业报做新媒体比综合性媒体更有优势，也更容易。因为它们更专业，更

①张垒：《一家报业网站的另类尝试》，《中国记者》2009年第6期。

容易集中在一个细分领域。

中国税网是中国税务报社主办的财税专业型门户网站。它的经验在行业媒体领域是比较典型的。

中国税网。

中国税网下设新闻、税务、企业、数据库四个专业频道，其中新闻频道为免费频道，税务、企业、数据库频道为收费频道，依托《中国税务报》及自身的信息资源优势和精心建设的财税数据库（有效数据在30万条以上），为征税人、纳税人和其他对财税信息有市场需求的其他群体提供涉税信息咨询服务。

中国税网的会员制还有不同的等级，包括：普通会员、VIP会员、金卡会员，税网为他们提供不同的资讯、政策解答、业务培训、税务顾问等个性化服务。网站开通的第一年营业额达到400万元，第二年是300多万元，第三年是600万元，其中，网站会员的收入占总经营额的2/3。①

《中国有色金属报》的网站也实行会员制，服务内容主要是有色金属的报价。金属品种很多，而且大多数都在交易所进行交易，因此，网站自开展报价发布、趋势分析等业务以来吸引了不少会员。此外，《中国有色金属报》还开发了无线增值服务，把报价信息、趋势分析以及有色行业的重要新闻精练成手机短信，及时发送给订户。

三、区域细分：区域门户网站

报业新闻网站与其大而全，不如小而专。区域因素的掌控也是如此，与其做全国性的大网站，不如做集中于某一特定区域的小网站。

从发展阶段来看，几大商业门户网站都已经非常成熟，报业完全是个后来者。如果跟它们一样，发展全国性门户网站，进入门槛高，发展不起来尽在情理之中。但是，在区域化方面，报业有自身区域优势。如果能从新闻、生活资

①中国税网中的业务介绍。

讯、服务等各方面深度运营，结合自身优势，更有成功基础。

另外，广告商、网站的目标用户有区域化的需求。广告投放一般按照区域划分，广告客户总是习惯于投放区域强势的媒体。这也是为什么区域性的报纸要比全国性的报纸广告量更大的关键原因。广告仍是互联网的主要赢利模式之一，对于报业媒体的网站也是如此，而多数广告的投放是有区域特性的，网络广告主需要考虑广告所投媒体的用户群是否为目标群体。这是区域性门户网站的广告价值。而对于用户来说，除了重大要闻外，他们也更期待获取身边的资讯与服务。这是区域性门户网站的受众价值。

但非常奇怪的是，最近几年区域性门户网站的流行却不是最有区域优势的报业先开始做的。报业新闻网站的习惯做法是内容越做越多，内容越全越好，没有看到区域的优势不仅仅存在于报纸中，也存在于网络里。

反倒是新闻门户网站抢先看到了区域门户网站的机遇，抢了区域门户网站的先机。

2006年，腾讯（Tencent）与重庆日报报业集团合作创办了大渝网，负责由腾讯网和重庆商报具体运营的项目。2007年7月，双方正式组建了新的合资公司——重庆腾汇科技有限公司，全面负责大渝网的运营。

大渝网立足于为重庆网友提供本地的资讯、产品和服务，在内容选择、市场运营上完全实现本地化。通过精确划分用户所在的地理区域，实现给不同地理区域的用户推送不同的内容，同时通过迷你首页以及QQ客户端，能够主动向重庆地区用户发送资讯。还打造了B2C模式的大渝商城、针对重庆生活资讯的搜索引擎等实用产品。并通过举办诸多政府公益活动、行业活动和节庆活动，逐步建立起本地区域市场的媒体影响力。地域色彩非常浓烈。

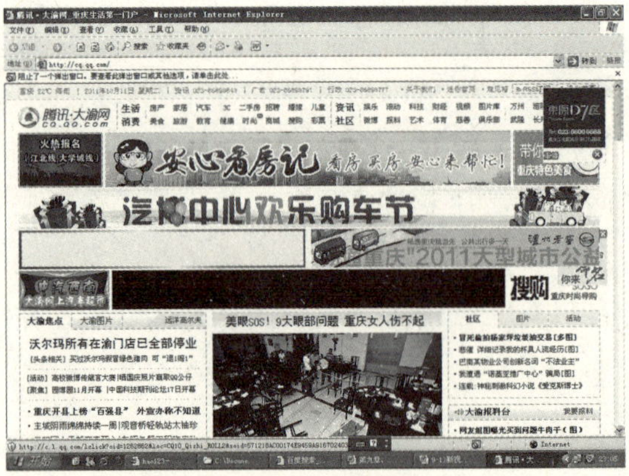

腾讯·大渝网。

经过2006年腾讯·大渝网试点，首开先河，再经2007年腾讯大成网、2008年腾讯·大楚网的扩张，2009年，西安腾讯网改名腾讯·大秦网。2010年腾讯·大闽网试运营。腾讯网在地方站商业模式上，通过与当地报业集团的合作，已经初步形成了“大”

网系列的区域门户网站的战略，发展至今已陆续开办7个省/直辖市门户网站。据腾讯网副总编辑王娟介绍，在已开办的这些地方网站里，运营三年以上的站点都已在当地成为知名度最高、赢利情况最佳、用户黏性最高的新媒体之一。整体的市场营收能力已达到亿元级。

在腾讯抢滩占位的背景下，百度也在区域门户网站方面动作频频。百度已与《重庆商报》合建地方门户网站，并正在与成都区域媒体商谈合建地方门户网站。2010年8月，百度和河南日报报业集团合建了河南一百度。2010年8月，百度与新京报社合资成立了北京生活消费社区京探网(www.bj100.com)，其计划将区域性电子商务服务（即团购）作为业务的突破口。

与报业相比，在新媒体的发展前景方面，新媒体总是触觉更敏锐。我更愿意相信，门户网站在区域性门户网站上的动作，是有利可图，也是很有前景的。

四、服务细分：北晚新视觉网

传媒说到底是为人们提供服务的，网址索引大全上的那么多网站，大部分都是为人们提供服务的。在这里，关键是独特的服务。

《北京晚报》没有像其他报纸那样建立一个什么都有的综合性新闻网站，它抓住了自己的核心资源——几十年积淀下来的图片，专注于北京的图片，这是其他媒体所没有的东西，是真正的核心竞争力。《北京晚报》总编辑任欢迎说：“报纸做网站一定要有自己的特色，《北京晚报》新视觉网要整体有亮点是不可能的，但能否思考在某一局部有亮点，就能有自己的特色，现在人的需求越趋多元，我们在尽力打造自己的局部亮点，以满足人们的多元需求中的一元。”新视觉网的亮点在于：一是都市特色，新视觉网上有大量的北京历史照片，通过新视觉网让人们了解城市的过去和历史，这是其他媒体没有的资源；二是图说历史上的今天，这个栏目一天有两张图片；三是搜图功能，按照都市特色分得很细，这是其他网站没有的；四是网页左边有一个，以北京的行政区划分类图片，点某个区，某区的图片都出来了。

北晚新视觉网。

北晚新视觉网的功能有二：一是对内服务。《北京晚报》除了用新闻图片外，还需要用资料照片，建立了在线图片库，编辑找图片方便，还为报社节省到商业图片网站购买图片的花费，从2009年图片网建立到现在一共节省了30万元资金。现在《北京晚报》新视觉网有数码图片80万张，胶片20万张，每天还在不断增加。二是对外卖图片、办展览。①

延伸阅读1：

中国税网频道说明

1. 新闻频道为免费区，下设新闻聚焦、名家专栏、新闻点击、新闻互动、独家报道、网友点题、各地税讯、新闻专题、域外传真等若干栏目，汇集每天国内外财税新闻要事，传递国家财税新闻信息，以网络媒体的独特视角，构架集权威性和新闻性于一身的互联网新闻传递平台。

2. 税务频道实行会员制，下设特别关注、税务之窗、考试天地、业务园地等十几个栏目，是税务干部和税务机构的专用频道。在这里，你既可以了解到税务系统内的最新资讯，又可以查阅到相关业务知识和覆盖全部税收业务的写作模板。税务频道还是一个新闻发表平台，会员既能上传本局新闻、工作经验等相关新闻和信息，又能把论文、书画及摄影等文学作品上传到网页上，还可以在网站的业务专区和培训专区讨论税收业务，查阅相关培训信息。

3. 企业频道实行会员制，下设法规检索、政策解读、纳税筹划、咨询问答、专业培训、模拟办税、优惠专区、在线辅导、在线问答、财会天地等十几个二级页面，是面向全体纳税人服务的会员制专区。在企业频道上，既有覆盖中央财税和相关经济领域的6万多条税收法规和解读辅导，又有覆盖税务和财会两个专业方向的2万多条咨询问答，除国内知名税务专家定期在线为网友解答外，财政部和国家税务总局相关负责人也将不定期在线与企业互动交流。在网站企业纳税自检和纳税评定专业板块中，还可以在线测评缴税情况。

4. 财税数据库是国内较为齐全的财税信息和资料查询专区，下设财税论文、重要新闻报道、重要文献、会议专题、涉税统计资料、财税图片、税务公

---

①陈国权：《新媒体需要新思维——北京报纸网站发展思路解析》，《中国记者》2010年第9期。

文写作模板等十几个子库，除有《中国税务报》、《中国税务》、《中国财政年鉴》、《中国税务年鉴》等全套资料外，还收录了3000多种财税图书、1万多篇财税论文、建国以来的全部财税统计资料等重要数据，网上书店同时还提供在线购书服务。

延伸阅读2:

中国税网提供的服务

1. 数据查询检索。设有财税新闻库、税务专题库、财税法规库、财税实务库、财税问答库、培训辅导库、财税论文库、国际税收库等十大骨干数据库，有效数据为30多万条，日更新量在500条以上。其中财税法规库设有中央税务法规、中央财政法规、中央经济法规、地方财税法规（按省市分列）、国际税收法规等四个子数据库，法规总数达10余万条，全部数据每日实时更新；同时法规中心还设有国家税务总局每月发文发电概览，最新财税法规速递等多个专题板块，会员可实时查询检索。此外，中国税网还有电子税务师、电子会计师、电子税务律师的查询检索服务。

2. 政策解读辅导。每月定期邀请国家主管部门财税官员、知名财税专家和中国税网纳税筹划专家对最新法规和热点政策进行在线解读和讲解，会员可实时查询检索阅览。设有税收优惠及纳税筹划版块，提供税收优惠法规库全文查询，分行业、分税种对现有税收优惠政策进行专题解读，网站同时提供了3万多个纳税筹划案例，为你量身定做最佳纳税筹划方案提供参考。税务稽查预警服务，每季度定期发布稽查预警和稽查动态，财税实务库设有3000多个经典稽查案例及分析点评。

3. 网上互动。中国税网纳税筹划专家在线咨询服务，会员提问24小时内给予答复。政策法规及税务信息电子邮件特供服务，专向提供国家税务总局最新法规和相关特供信息。提供短信平台的纳税提醒和政策预警服务，提供中国税网企业会员账号、中国税网网上按钮广告、中国税网专用邮箱服务。

第三节 新媒体需要新思维

很多传统媒体办网站，都秉持“站位理论”，指先把地方给占住，以后人家发展起来不至于没有地方，至于网站能发展到什么程度以后再说，或许根本就没指望依靠网站能实现多少赢利。关键是在别人都有的时候不能落后于潮流。南方报业传媒集团新媒体战略的第一步是每家媒体、每家纸质媒体，都相应开办了自己的网络媒体和移动媒体。暂且把这种方式叫做“新媒体战略的平均主义”。杭州日报报业集团构想集团旗下的每一家报纸也都有自己的网站，也就是所谓的“一报一网”模式。但是报业集团12亿元收入的80％来自报业，创办同名网站、报网一体运作的模式建立在传统媒体良好的赢利能力基础之上，这些网站烧的都是传统媒体的钱。从这个角度看，传统媒体根本就没必要办网站，搞新媒体，又没有找到好的赢利模式，把传统媒体辛辛苦苦赚的钱扔给了它们，这样“站位”，何必呢？

思想上的束缚和体制上的尴尬是报业集团网站行进迟滞的根本原因。网站的许多人员是从传统媒体调入的，习惯于用办报纸的思路办网站，往往囿于传统媒体的运作框架，而不能大胆地寻求符合自身特点的发展道路。很多人认为网上媒体和报纸的核心都是一样的，都需要有足够的用户数、足够的读者、足够的点击量、足够的影响力，在此基础上，广告就源源而来。哈佛商学院的教授克莱顿·克里斯坦森博士认为：“报业企图用新技术生搬硬套复制旧产品，对于认识新的赢利模式反应迟钝，例如，利用网络进行‘潜在客户资料收集’、目标性直销等，实际上‘纯网络业务网站’这些都是主要的赢利模式，报纸也迟迟看不到地方性搜索、超级地方化内容、利基受众形成、博客、社区论坛等新的‘用户创造内容’对于用户与广告商的巨大潜力。没有意识到现在的受众早就具备了创造、上载、共享信息，而不是被动使用信息的能力。”[①]

现在国内传统媒体网站主要有两种赢利模式。一是直接的订阅收费模式；二是以新闻吸引点击量，再以点击量吸引广告。这两种赢利模式简直就是传统媒体赢利模式的翻版，报纸发行就是订阅收费赢利模式，以新闻吸引流量、阅读率、收视率，再以这些东西吸引广告投放，这是传统媒体普遍采用的赢利模式。为什么这种赢利模式在传统媒体中屡试不爽，但在新媒体中却不能发挥作用呢？

所谓新媒体，当然是指与传统媒体有所区别，区别不仅仅在于载体与媒介形式的不同，关键是与受众的接触方式、作用于受众心理的手段、受众的信息消费习惯，都是新的，在这些新的方式和习惯面前，还用传统媒体那一套碰壁在所难免。面对新媒体，传统媒体更应该变革的是思维模式，最重要的是赢利模式的变革。

---

①范东升：《拯救报纸》，南方日报出版社2011年版。

第十章 新媒体要跟报纸拉开点距离

手机报很可能是个昙花一现的过渡产品，它更承担不起拯救报业命运的重任。这个判断，特别是在iPad、iPone诞生之后，依据更充分，判断更有力。

但是，手机报可以说是报业开发的那么多新媒体业务中最成功的。手机报虽然称之为“报”，但是没有报纸版面的一点儿影子，其内容特点、编排方式、选择规律、新闻容量、渠道等都与传统报纸截然不同；大部分手机报的运作平台是报纸所办的网站，也与报纸隔了一层。

手机报的成功只能说明报业要想成功运作新媒体，必须脱离开报纸的束缚，最重要的是脱离传统报纸运营理念的束缚，摆脱报办新媒体与传统报纸的形态关系。

【本章核心观点】

- 珍惜手机报的订阅赢利模式
- 不能指望手机报的广告
- 激烈竞争的手机报需要市场细分
- 掌握手机报的主导权才是最重要的
- 3G与iPhone不是手机报的救星，而是终结者现在，全国稍微有点规模和影响的报纸都办了手机报；而且，手机报也是目前报业新媒体中能实现赢利的为数不多的形态之一。到2009年年底，全国报业整体（包括中央大报、都市报、行业报乃至地市级报社）已推出手机报约1800种。手机报业态超过两亿的规模，其中付费用户在2008年5000万用户的基础上，激增60%，达到8000万户，订费收入达40亿元。

截至2010年12月，我国手机网民规模达3.03亿人，较2009年年底的2.33亿增加6930万人，同比增长29.6%。手机网民在总体网民中的比例进一步提高，从2009年年末的60.8%提升至66.2%。但经历了2009年的爆炸式增长之后，手机用户网民增幅已趋缓。

第一节　手机报是全新的媒体

一、“第五媒体”隆重登场

2003年2月1日22时32分，美国“哥伦比亚”号航天飞机失事16分钟后，新浪网把这则新闻以手机短信的方式发送给客户，由此开创了国内手机传播新闻的先河。直到当天23时50分，央视一套才插播了“哥伦比亚”号坠毁的新闻，比短信晚了一个多小时；而报纸在第二天才刊登出这条新闻。手机短信时效的优势让包括报纸在内的很多媒体眼红。

能不能把短信变成一种媒体形式呢？

其实在21世纪初，各大门户网站获得开展增值业务的许可后，已经推出过短信版的手机报纸，但限于内容质量，用户反响一般。《扬子晚报》在2001年就开通短信频道，向用户发送短信新闻。

非常奇怪的是，第一家创办手机报的媒体是《中国妇女报》，一家行业媒体，这应该让无数浸淫在激烈传媒竞争中的综合性报纸感到几丝惭愧。2004年年初，中国移动推出了彩信业务，这为手机报的创办提供了前提和条件。2004

中国妇女报
CHINA WOMEN'S NEWS
公安部：全警动员坚决遏制重特大交通事故
中国特色社会主义制度是当代中国发展进步的根本制度保障
老百姓的好医生
宁夏超过97%的农村孕产妇实现住院分娩
中国新闻代表团访问塞尔维亚
扩大儿童福利范围 推进儿童普惠型福利

《中国妇女报》电子版。

年7月，当时的好易时空网络科技有限公司（中国移动下属公司）总裁汤丹找到《中国妇女报》主编卢小飞，想在《中国妇女报》试点推广一下。这应该属于机缘巧合。2004年7月18日，我国第一家手机报《中国妇女报•彩信版》正式开通。作为一种全新的媒介形态，全国媒体都投来了关注的目光。9月，《中国青年报》、《京华时报》的手机报创刊。2004年12月，重庆各大报纸联手推出《重庆晨报》、《重庆晚报》和《热报》WAP手机上网版。

2005年，是手机报创刊最多的年份。

1月12日，杭州日报报业集团下属的三张报纸与《杭州日报》、《都市快报》和《每日商报》都创办了手机报。

5月17日，由浙江日报报业集团创办的《浙江手机报》正式面市。《浙江手机报》由9大手机子报组成，分别是《浙江手机早报》、《浙江手机晚报》、《浙江手机民生报》、《浙江手机财经报》、《浙江手机资讯报》、《浙江手机体育报》、《浙江手机娱乐报》、《浙江手机政务报》、《浙江手机小说报》。

8月，广东移动与新华社广东分社以及南方报业传媒集团、羊城晚报报业集团和广州日报报业集团联合创办的手机报正式“出版发行”，手机报先期开通彩信版和WAP版，提供《新华社快讯》、《参考消息》、《南方日报》、《羊城晚报》、《广州日报》等9种报纸的内容，每日更新，与报纸新闻同步。

9月，《华西都市报》与四川移动通信合作推出了西部第一张手机报——《华西手机报》。

…………

为什么短短一年之内，手机报就得以在全国的报纸中推广开来？

2005年是报业衰退论、拐点论最早提出的时候，拐点论、衰退论的提出并不是某些人自己的想象和杞人忧天，它绝对是建立在当时的事实与有力数据基础上的。2005年3月为报业广告呈现下滑态势的分水岭，此后9个月报业广告的月增长率同比增速下滑，6月的同比增幅已不到3%。广告如此，读者读报热情分明也在减少。有调查显示，从2003年到2005年，北京读者平均每天阅读报纸的时间减少了2.2分钟，上海读者减少了3.6分钟，广州读者减少了3.5分钟。①

在这些数据面前，报业的危机感顿生，急需拓展新的空间，《中国妇女报》的尝试为全国报业提供了思路。而且，《中国妇女报》一年后手机报订户达到15万份，直逼传统订户数量20万份。“这相当于再造一份报纸”，在巨大的前景诱惑下，手机报很快就被推广开来。再加上一些不规范的操作方式，比如，与运营商勾结、强制订阅、恶意扣除订阅费等手段让手机报的订户规模呈几何基数递增。

与此同时，手机的发展状况非常好。据当时信息产业部的数据，截至2006年5月，中国手机用户已超过4.2亿户，平均每百人拥有30.3部手机。手机短信发送总量前5个月就达1679.5亿条，市场规模在2005年达407亿元。如此巨大的客户群体，如此巨大的市场规模，为何不搭这样的顺风车？彼时，报纸在“困境”中看到了光明，真可谓“柳暗花明又一村”。

2006年1月27日，解放日报报业集团与中国移动、中国联通共同启动了i-news手机报的WAP版，作为集团4i项目最早推出的一个新媒体项目。

南都全媒体移动平台推出彩信手机报产品以及基于iPhone、Android系统的智能手机客户端产品。

2006年11月7日，新华社与好易时空公司、中国移动及中国联通合作，开通《新华手机报》，汇集由新华社主办的《新华每日电讯》、《参考消息》、《经济参考报》、《中国证券报》、《上海证券

①肖景辉：《盘点2005中国传媒业 几家欢喜几家忧》，《传媒》2005年第12期。

报》、《现代快报》、《国际先驱导报》等报纸的内容，并播报新华网发布的重要即时新闻。

2007年2月28日，《人民日报》面向全国正式发行手机报，其中的标杆意义非常重大，到2008年年底，全国已经有30多家报业集团和报社推出手机报业务，手机报蔚为壮观，突破300种。

截至2009年年底，全国报业（包括中央大报、都市报、行业报）已推出涵盖娱乐、体育、财经、旅游、健康、饮食、双语、教育等领域的手机报约1800种。其类型也表现为多种样式，如短信版、彩信版、WAP网站版、掌信版、IVR语音版和彩e版。记得当时还有人在热烈讨论，网络是第四媒体，那么手机报算得上第五媒体吗？到了2009年年底，这个问题已经没有必要再争论了，手机报已经成为真正的“第五媒体”。

二、很难指望广告

手机报主要通过3种手段实现赢利：一是对彩信定制用户收取包月订阅费，目前收费的情况以5元/月居多，区间从3元/月到8元/月不等；二是对WAP网站浏览用户按时间计费；三是像报纸一样，在大量的订户基础上，通过广告来赢利。

现在大部分手机报的主要收入来源是订阅费，报业采取的是与运营商分成的赢利模式，比如，第一家《中国妇女报》手机报的分成是：中国移动收取流量费，占四成收入；报纸和服务提供商好易时空分享剩下的六成收入。在这六成收成中，报纸与好易时空按三七开分享订阅收入，按七三开分享广告收入，但好易时空的保底分成收入是3万元。

大部分手机报也是这种利益分配方式，主要是根据订阅量由移动、网络公司拿大头，报业只是拿很小很小的“头”，但是在广告费上报业与移动、网络公司却是七三开。于是，很多报人都试图打广告费的主意。

可是在广告费方面却没有成功的先例。

手机报的特点是用户需要拨动键盘逐帧阅读，如果有广告，用户也必须得看，这一方面让用户一看到就很反感，所以手机报广告虽然到达率很高，但接受率很低；另一方面也削弱了手机报其他内容的吸引力，使手机报的信息接受变得很费劲，退订是很自然的事情。

从对广告的接受程度上，手机报虽然也叫报，但是跟报纸真的一点儿关系都没有，完全是两码事。大部分报业集团的手机报都是挂在旗下网站的，手机报的内容也是从网上或者报纸上重新编辑整合的产品，也不单纯是整合报纸的内容。有些运营商们办的手机报甚至要比报纸办的手机报更受欢迎，如《新闻早晚报》。

在理论上，某种不会让用户厌烦的广告形式在手机报上也是可行的，比如让企业冠名，手机报将一些栏目，如财经、体育、娱乐等，提供给一些公司冠名。二是实用消费信息，比如商场打折等优惠活动，这些广告信息如果是用户需要的，就不仅不会让用户厌烦，对用户还比较实用。

但是运营商不希望手机报上有广告，这主要是由于运营商强势地位的原因。运营商出于提高手机报的吸引力角度考虑，害怕投诉，不希望内容提供商把广告加进去。他们对内容提供商提出了严格的限制和要求，并制定了明确的细则，其中一个很重要的规定就是不能随意发送广告信息。并且对那些用户超过10万份的手机报审核把关，一旦有广告信息，立即驳回并采取惩罚措施。而且，手机报一直到现在依然没有做到量身定制，推送了很多用户不需要的广告信息，让人烦不胜烦。

从2004年到现在，还有很多手机报都试图打广告的主意，但从来没有听说成功的，在各种材料上也没有看到成功的例子。

运营商的强势地位还表现在只许“州官放火，不许百姓点灯”。他们不允许报业在手机报中加入广告，但又要求在手机报中加入对运营商的宣传，比如2008年北京奥运会期间，运营商就要求几家发行量比较大的手机报以软文的形式赞扬宣传他们。

这种局面只要运营商还占据强势地位，报业没有话语权，就很难改变。

所以说，从这个角度考虑问题，在手机报的利益分配上，广告费收益报纸和运营商七三开，简直就是个虚拟的收益，报业又被运营商给欺骗了，那是个不可能实现的收益。

三、请珍惜你的订阅模式

2009年“两会”期间，中国移动与新华网合作推出的《两会手机报》的总发行量超过3亿份。凭借着手机强时效性和移动性的优势，动辄上千万份的发行量对于手机报而言都是家常便饭，绝大多数的手机报发行量上到20万份，那是很简单的事情，不需要太多的成本，直接推广就是。[①]可是，这样容易的数量提升对于报纸发行来说，简直是不可想象的。由于成本的限制，一张都市报不应该超过50万份的发行量，否则，按照现在的广告折扣，即使一半的版面都填上广告，都很难收回报纸成本。

但是，从另一个方面看，一份报纸，如果在一个城市里发行量达到50万份，那么它可能就拥有5亿元左右的广告。当然根据城市的特点，以及当地报业竞争的激烈程度，数额会有较大差距；但无论如何，广告肯定占据报纸总收入的很大比率。

这种赢利模式绝对让手机报无比艳羡。手机报的巨大发行量，使许多人开始想象手机报巨大的广告空间，如果手机报也和报纸一样拥有如此巨大的发行广告比率，那该是多么美好，多么让人向往的事情。

向往归向往，在实践中，好像从来就没有报纸手机报的成功广告模式。

我认为，报业根本就没有必要追求手机报的广告赢利模式。

每种媒介形态都有其特点和优势，有不足，当然就有优势，一方面的特点突出，同时也意味着另外一方面的缺陷。上天在给你关上一扇门的同时，也在给你打开另一扇窗户。报纸发行量少，但广告到达率高，效果好；手机报发行量大，但广告效果极差。新闻门户网站也是如此，新闻门户网站动辄几个亿的点击率，按照报纸的运营规律，那该是多少万亿元的广告啊，但实际上，新闻门户网站的广告也不是太多，在搜狐等新闻门户网站，广告甚至都不是它们的主体业务。任何事物都是这样，所有的好处不能让一家独占。

任何试图占有全部优势的努力注定会失败。因为，那违背了自然规律。网站流量的上升并不会必然换来广告营收的增长，免费内容的易得性注定了用户对该内容投入的关注并没有有偿内容高，因而网络广告价格也就得不到保障。报纸网站期待通过网络广告帮助补偿高昂的生产成本，最终事实却是互联网广告的定价往往比报纸广告定价低得多，网络广告对报业集团的营收贡献仍然是杯水车薪。

我非常不解为什么有那么多的人希望手机报有广告赢利模式，他们发表各

---

①耿雁冰：《手机报“独立”发行量过亿不是传奇》，《21世纪经济报道》2009年3月19日。

种文章，认为手机报的赢利模式比较单一，要丰富手机报的赢利模式，所以要像传统媒体一样拥有用广告赚钱的本事。

其实，手机报之所以能够成为报业为数很少的能赚钱的新媒体，关键的原因是它找到了适合自己的赢利模式，那就是订阅收费。为什么要劳心费力地去做广告呢？

对于手机报来说，订阅费已经足够了，几十万份的订阅用户，一个月几十万元的收入，成本只有人工费、办公费等很少的支出。据2009年9月的统计数据显示，广东当时共有20家网站开设了手机报业务，用户数有1000万户，但总共只有专职编辑120人，平均每份手机报只有6名编辑。[①]

不要再劳心费力地试图弥补自己的广告缺陷了。从2004年手机报创造出来的时候，人们就开始尝试手机报的广告赢利模式，也努力了这么多年，结果呢？事实就是如此，先天不足，后天很难弥补。对于报业来说，手机报的关键问题并不是赢利模式的问题，而是赢利的掌控权在运营商手里。

有时候，报业就是这样，一方面抱怨报纸赢利模式太单一，只能依靠广告模式赢利；另一方面又抱怨手机报赢利模式太单一，只能依靠订阅模式赢利。我认为，对报纸的广告模式赢利要知足，要珍惜手机报的订阅赢利模式。这是两种完全不同的形态，运营理念也应该完全不同，不要梦想着把所有的优势都吃干榨尽。

四、手机报的细分化

目前，多数报纸的手机报都是由各自网站经营、运作。手机报也只是将纸媒的内容资源和网站资源进行二次加工、利用，是纸媒内容的拷贝、翻版。这导致手机报的内容缺乏创新，同质化现象严重，有些内容的形式、文章长度甚全语言习惯并不符合手机的传播方式。据统计，现在报纸、新闻网站和手机报每天的重复率高达60%。

所有的报纸都在办手机报，几乎所有报纸办的手机报都是综合性手机报，报纸同质竞争的梦魇如影相随。虽然一般的读者不会同时订阅两份手机报，不会质疑它们的同一模样；但是，同质竞争使手机报没有特色，容易被替代，一个偶然的事件，可能就使甲手机报被乙手机报替代了。很容易就会导致恶性竞

①许琛：《广东网民4554万户居全国之首》，《羊城晚报》2009年9月25日。

争，致使整个行业的赢利水平大大下降。

除了少数财经证券类之外，多数手机报都是综合性新闻的内容，通过简单地加工，发送给用户，自然缺乏深度和吸引力，无法满足不同用户的个性化需求，降低了用户对手机报的黏性，难以保证用户的忠诚度及新用户的开发，最终造成用户的流失。

手机报同质化现象不仅对吸引读者不利，同时也削弱了内容提供商对运营商的议价能力。大路货，哪都有，不合作找另一家。这也正是运营商渠道强势的理由。手机报的同质化也造成了报业在面对渠道运营商合作时处于弱势地位。

手机报的细分化必须被提上议事日程。

摆脱综合性报纸的阴影，突出手机报的内容独特性是提高报业话语权的重要方式。要增加对手机报的投入，建立独立的采编团队，结合媒介的自身特点和读者定位，而不是简单地对纸媒内容进行“剪切粘贴”，要增加手机报的原创内容，针对不同的用户群，增加生活资讯、财经类等各类内容，增强内容的吸引力和时效性。

值得关注的是，目前各家报社在内容制作上已经开始寻求突破，向分众化的需求方向发展，如设置了“综合”、“新闻”、“财经”、“体育”等多个栏目。但这样做还远远不够，我认为，手机报的细分化应该体现在，一个手机报被分化成多个不同的独具特色的手机报。

很多媒体也都在尝试通过走分众化道路来摆脱这一困局，挖掘培养其他的受众市场。例如，中国移动《新闻早晚报》开通个性化体育版，吸引了很多热爱体育的受众注意力；新浪等媒体针对喜爱读书的高品位受众开设与推荐好书美文有关的手机报；长沙晚报报业集团下的《湘江手机报》推出了“2010南非世界杯”特刊，每天清晨第一时间送达最新的赛事资讯，其他时段还分别放送“世界杯语录”、“赛事预告”等资讯，在世界杯开赛期间招揽了大量球迷乃至非球迷受众。

运营商在市场敏感度方面总是走在报业的前面。在中国移动网站上的手机报推广页面，你就会发现这个问题。中国移动已经开始了手机报的细分尝试，设置了很多手机报类型……2009年，中国联通广东分公司和众多新闻媒体合作，推出综合类、财经类、文娱类、生活消费类、时尚消费类手机报20多种，综合类手机报已不足50%。

对于地域的细分，中国移动很早就开始了。2007年年初，中国移动的《新闻早晚报》就开始推出北京版和广东版，到现在，在大部分的省市都已经有了地方版，地方版的特色在于添加了当地天气预报和地方新闻，有些天气预报细化到了地市级。通过强大的技术支撑，可轻松实现用户号码地域自动适配。

手机报要结合手机特性，提供独特服务，具有不可替代性，这也能实现真正的赢利、提高议价能力。比如，手机报在提供一些情境性的服务时，针对开车一族，可以随时提供路况信息；针对逛街购物的人群，能够根据用户所处的地点，提供附近商场的一些商品的打折促销资讯……这些随时随地、情境性的信息服务对于用户来说就具有实用性和独特性。如果手机报不能向着独特性、不可替代性方面发展，那么在未来的免费大潮中，这样的信息服务不会形成真正可持续性的赢利点，也不具备与运营商谈判的能力。

第二节　报业：如何掌控手机报主导权

《中国妇女报》手机报主编姚鹏说："在手机报方面，《中国妇女报》虽然是第一个吃螃蟹的，但是坦率地说，几年下来，这只螃蟹还没有吃出味道。"目前，手机报的控制权完全掌握在渠道运营商一方，这让报业非常郁闷。

目前运营商与报社合作办手机报的分成比例一般为：移动运营商分50%，其余一部分归CP（内容供应商、媒体）和SP（服务提供商），最后，报社的分成一般为1/4。《南方都市报》的手机报每月收费8元，渠道运营商分成4元，另外还设置了代理公司，分成2元，《南方都市报》只剩下2元，一年只赚200多万元。报业太没有话语权了。而运营商在手机报上获益甚丰，中国移动一年的手机报收益大概有20亿元[1]，内容都是各媒体提供，只需要利用原有渠道就可以实现这个收益。

①尹韵公：《中国新媒体发展报告2010》，社会科学文献出版社2010年版。

南方都市報

不玩2G玩3G

汇金出手救股市

中央汇金公司即日起增持工、农、中、建四行股票

粤19地级市新配24正职

调整配备基本完成，调整后平均年龄47.8岁，八成以上研究生学历

埃及集会冲突24人死亡

"跑路"眼镜大佬从美国回到温州

广东约140万人患重性精神病

世界杯预选赛中国今战伊拉克

《南方都市报》电子版。

对于报业来说，如何掌控到手机报的主导权，这个问题很有价值，不仅仅是多赚些钱的问题，而且更关系到报业新媒体下一步战略的发展前景和方向。

一、谁能获得主导权？

一直到现在还有人经常在讨论是“渠道为王”，还是“内容为王”，其实，这个问题没有多少讨论的必要，在实践中更强势、更拥有垄断地位的合作方往往能成“王”。在这点上，市场机制充分发挥作用。在一个已确定的市场空间中，内容方拥有垄断地位，除它无二，那么它肯定就是“王”；如果渠道竞争者很少，渠道方拥有强势地位，那么它就是“王”，能说一不二。市场供求关系非常明确地解释出内容和渠道之间的关系。而且，这种供求关系是相对的，会随强势一方加入者的增加而改变，现在是“王”，将来不一定是。

但现在报业面临的问题不是将来，而是现在：作为内容提供者，竞争者众多，全国有很多报纸都在做手机报，各自为政，甚至同一个城市的报纸还有可能互相抬杠；而渠道运营商只有为数不多的两家，寡头垄断。供求关系的不平衡导致运营商过于强势，报业压力巨大。

报业位居产业链的上游，却面临产业链下游的挤压和挟持：新浪、搜狐等门户网站利用技术和资本整合了用户端，大大提升了和报业谈判的地位。报业常常抱怨，门户网站每年付给单个报业集团的新闻授权费用连一辆奥迪A4都买不回，而报社为采集这些新闻付出的成本却数以亿元计。

运营商与报社合作的手机报订费8元，但它利用渠道优势还发展了自己的手机报《新闻早晚报》，每月订费只有3元，还有半年的免费推广，很多用户习惯了就订了。而且，渠道运营商将《新闻早晚报》的业务列入内部考核，推广力度大，所以现在已经发展了4000多万用户，如果都收费，一个月就是一个多亿元的收入。

而对这些，报业除了羡慕，也只能羡慕。因为在现存体制机制下，内容供应商竞争者众多的局面无法改变，渠道资源的垄断地位也暂时无法改变。报业所能做的，应该是在正视此现实基础上的模式创新与突破。一是多元化合作平台，二是加强内容竞争性，提高议价能力。这两方面应是报业获得手机报主导权的关键。

二、增加渠道的可选择性

正在推进的三网融合实验，使电信运营商之间、电信运营商与广电企业之间的竞争日趋激烈，相对于报业而言，运营商阵营可能出现分化和瓦解。一些区域弱势运营商与当地广电企业，对报业有充分的合作动机与需求。

手机报可加大与南方联通、北方电信等区域弱势运营商的联合与谈判力度，通过内容优势以及一些业务捆绑，如报社可联合运营商推出增值服务项目，让手机报业务成为电信运营企业不可或缺的业务，加大报业对渠道谈判的筹码，提高对新业务的掌控能力。

更大的机会来自这两年非常流行的iPhone终端。手机终端智能化使终端厂商开始有能力与电信运营商争夺渠道，为媒体多元化渠道创造了条件。默多克认为，2011年年底前，全世界将有4000万台iPhone。按照现在的流行速度，在中国的iPhone数量也将是非常诱人的。

在iPhone上，可以发展软件类型手机报，读者通过预装或下载的客户端软件离线或在线读取手机报内容。目前，苹果公司已与众多新闻媒体合作，在其iTunes Store平台中拥有全球1000多种报纸。全国在iPhone、iPad终端上拥有客户端的报纸每天都在增加，每天都在报道哪家的报纸又在iPhone、iPad上拥有自己的客户端。客户端就是个手机报，唯一不同的是手机报内容少一些，而iPhone、iPad客户端内容多一些，复杂一些。由复杂变为简单，那简直太简单了。通过iPhone、iPad等终端，读者可绕过移动运营商直接订阅。

还有联想、中兴等智能手机生产商和汉王等一些电子书、阅读器厂商也在纷纷打造自己的平台商店，期望在渠道竞争中分得一杯羹。如果这些生产商的产品具有一定的覆盖率，那么，报业也是可以加以利用的。

渠道多了，内容便为王。期盼报业这一天早日到来。

三、独立自主的推广模式

报纸常常抱怨，中国移动的《新闻早晚报》是它们自己的手机报，对于

《新闻早晚报》的推广，各地的移动公司均将其纳入了业绩考核范围，而对报纸与之合作的手机报，则没有算它们的业绩，放任由之，推广成果很差，甚至一点儿都没有帮报社推广。关键问题是手机报的无线增值服务收入，对于无线运营商来说显得微不足道，因此手机报的营销也处于不被重视的地位。

百次的抱怨不如一次行动更能解决问题。报业何不自己进行推广呢？

手机报的影响力和发行量也是提高报业对手机报主导权的重要因素。影响力越大，运营商就越舍不得放弃，报业话语权也就越大。

毫无疑问，报业不应该产生依赖心理，完全依靠运营商进行产品推广，更应通过多种渠道，针对客户群力推品牌。*China Daily*手机报通过用户调查，发现在校大学生是主要用户群，于是便在各大高校张贴广告、举办活动，大规模开展校园营销，提高用户黏性，扩大用户规模。

同时，还可以充分利用所在报业集团力量，把报纸、网络媒体、手机媒体的报道紧密结合，立体营销，扩大影响力。

最简单的做法，就是通过自家报纸发布广告，或报道相关活动，提高手机媒体知名度。还可以通过捆绑营销的方式，给订户赠送手机报，提高影响力和营销效果。

在重大事件发生时，恰当的推广影响方式能有效提高手机报的影响力。《新华手机报》由新华社主办，几乎每一次重大报道、突发事件、直播报道，都使《新华手机报》发行量和影响力上一个台阶。2007年，新华网和中移动合作推出《十七大手机报》，发行量是2500万份/期；汶川地震期间，与中移动、中联通合作推出抗震救灾快讯、特讯，发行总量26亿多份。

四、广告精准化投放

现在手机报一般采取的是面向订户收取包月信息费的前向收费模式，收费主导权自然掌握在运营商手中；而随着手机报资费的下调，当用户规模达到一定数量，就具备了手机报免费化，依靠广告赢利的条件。而一旦手机报实现了广告赢利，将是面向广告主的后向收费模式，收费权就有收归报社的可行性。

但这个“诱人”前景的关键是手机报刊登广告的可行性，本章第一节阐述了手机报广告模式的困境，报纸的广告形式在新媒体的环境下，并不符合手机报用户的使用心理。广告不仅无法达到预期效应，还会适得其反，失去用户。

报纸可以将提供给用户的手机广告与原有的信息相融合，将生硬的广告内容变成具有针对性的服务信息，细分受众，定向、及时地将其发送给订户，为订户制造阅读需求，争取读者的阅读兴趣，同时，与广告客户达成统一意见，制作适合手机发布的广告版本，为读者带来亲切、实用和便捷之感，消除用户的排斥心理。手机广告形式多样，比如通过手机送虚拟优惠券、有奖应征、在适当的时机发送手机电子邮件、吸引顾客、通过网络游戏吸引订户、在网络游戏中打出企业LOGO标志等。

由于手机体积小、屏幕小的特性，广告也不能对订户展开像传统媒体一样的“狂轰滥炸”，但可以采取“少而精”的广告策略。正是因为手机广告的精准性和数量稀少，才更容易吸引用户眼球，提升广告宣传效果，最终获得可观的广告收入和市场规模。

不过，这里值得一提的是，虽然细分广告受众的方法并不困难，只要通过手机用户的话费情况和手机服务类型，就可以较为准确地实现分众传播，但目前广告平台由谁来建立，谁将掌握控制权，谁能从中真正获益，对于传统纸媒和运营商来说都需要一番较量。用户的数据资料都掌握在运营商手中，在当下并无法助力手机广告的推广。只有当报社与运营商合作，在对客户群精确分析的基础上，精准投放，共享收益，在市场逐步扩大的同时逐步赢得主导权。

第三节　手机报只是过渡产品

一、3G并不是手机报的救星

手机报有两种类型：一种是彩信型手机报，就是把新闻内容通过电信运营商以彩信方式发送到手机终端上，用户可以离线阅读，现在大部分手机报都采用这一方式，等于是存起来再看；另一种是WAP、i-mode或3G网站型手机报。这种类型的手机报订阅用户需要通过访问手机报网站在线浏览信息，等于转了一道手，手机仅仅相当于一台简单的上网电脑。

彩信型手机报，就是用得最普遍的那种形式，由于受到自身技术条件的限制，暴露出一些缺陷：一是信息量小。由于手机容量一般只有50K，手机数据增值服务供应商规定的文字在2200字以内，所以新闻大多以摘要或是缩编形式出现。二是用户体验不佳。由于手机屏幕太小，一般一个屏幕只能显示100个左右的汉字，要想看完5000字左右的一个报纸版面，需要翻阅50页左右，阅读费时费力。这些缺陷让一些人受不了，转而想发展另一种需要转一道手的手机报——网站型手机报。

网站型手机报主要有WAP型、i-mode型、3G网站型三种。其中WAP型手机报是最初的形态。WAP是一项全球性的网络通信协议，通过WAP平台，可以把网络上的信息和业务引入到手机等无线终端，把网上html语言的信息转化成用whl描述的信息，显示在手机显示屏上。

wap型手机报早已出现。2006年，中国首份具有独立域名的手机报纸——《北京科技报》（wap.beikebao.com）问世。用户只要在手机上输入它的域名，就能直接登录，可以实时浏览到当期报纸，也可以看到所有往期的报纸内容以及该报的近期活动。读者可以对该手机报上的单篇文章进行留言及提问，实现报纸与读者的互动。这份手机报免费向手机用户开放使用。据称，“受到了读者欢迎”。

其次是i-mode型手机报。i-mode（代表information-mode）借鉴日本的模式。用户可以随时连接互联网进行浏览，与一般PC机拨号上网不同，i-mode更像专线上网，只要开机就一直保持在线上，在线浏览以数据流量收费或实行包月制。报社通过手机媒体传送新闻，手机用户可以菜单式地选择网络信息服务。

但是在前些年，由于技术还不够成熟，通过手机上网很是费劲。WAP手机报模式和i-mode型手机报也一直发展不起来。

3G出现后，它给手机报带来了更好的发展愿景。很多人认为3G技术是手机报的救星。3G是个非常抽象的词汇，在我的理解中，所谓3G就是网速更快了，没有其他含义。

2008年4月，中国移动面向北京、上海等8个城市启动了国产3G（TD-SCDMA）社会化业务测试和试商，拉开了高速手机上网的第一道帷幕。2009年1月7日，工业和信息化部为中国移动、中国电信和中国联通发放3张第三代移动通信，也就是3G牌照。“手机报如果建立在3G技术基础之上，用户就可以高速上网获取多媒体新闻信息，真正做到看新闻、听新闻”。很多人认为，它有着彩信手机报无可企及的传播优势，并把2009年定为我国的3G元年。

2009年6月5日，湖北联通和湖北日报传媒集团联合推出了“畅享信息时代，资讯零距离”3G手机报。手机与互联网联姻产生的强大功能，给手机报的突破带来巨大的想象空间。

二、3G是手机报的终结者?

但是，3G真有大家想象的那样的效果吗？我的疑问是：既然网上什么都有，那么为什么还要订阅呢？

这是致命的，既然已经用手机上网了，那何必还要通过手机报这一环呢？再说，如果通过3G手机报来上网，那么这种手机报应该相当于一个网址导航，在现在的互联网世界里，专注于网址导航的网址已经够多了，真的没有必要再加那么多的手机报来导航。而且，手机报的导航功能可能还不如导航的网址，比如www.hao123.com，它已经做得很精细了。

网络型手机报的价值非常值得商榷，即使它是3G的。

在我看来，手机报是个过渡产品。在3G时代，这种过渡的特性暴露无遗。

以前，手机上网不方便主要是两个原因：一是手机上网资费的昂贵、手机上网传输速度的缓慢，致使用户不得不采用终端机下载阅读的方式。这与互联网发展初期的状况有点相似。因为采用拨号上网方式，且是按照分钟计费，用户不得不快速上网将新闻下载到本地机，或者采用新闻订阅的方式，通过收取邮件获得新闻。而当互联网上网资费下降、宽带普及后，几乎不再有用户将新闻下载到本地机浏览了。

二是手机的浏览界面不同于电脑屏幕，规格不一、相对狭小、操作不便的手机屏幕如果要承载手机互联网的海量信息，对于阅读者来说绝对是一种负担。因此，手机报是经过编辑人员筛选出的精华，能弥补在手机上阅读信息屏幕小的缺陷。而且，一般情况下，手机报的每条新闻都在200字以内，往往都是一些新闻的摘要，没有导语与主体之分，大多只有一段，介绍事件的主要内容，主要目的就是让读者了解事情的大概，不作深入分析。

手机报的价值在于满足闲暇时间的简单信息需求，从阅读时间来看，人们读手机报的时间大都是随意随机的，接收到手机报一般都存着，如果稍微有一点儿时间，就随后打开看。比如等人、开会、排队、上WC，时间说长不长，说短不短，看报纸麻烦，不好翻，电视机带不动，电脑更是不可能，看手机是很好的选择。但是3G的到来、上网费用的下降，使用手机上网已经很方便，闲暇时间通过手机能接收到更多有趣的东西，那还要手机报干什么？

比如iPhone、iPad，上网方便，屏幕宽大，翻看不再麻烦，网速不再蜗牛，利用手机上网变得非常方便。

可能，手机报过渡产品的使命很快就要被终结了。

延伸阅读1：

手机报的正式定义

手机报是将传统媒体的新闻内容通过无线技术平台以彩信形式发送到手机上，从而在手机上开发短信新闻、彩图、动漫和WAP（上网浏览）等功能。

延伸阅读2：

3G的正式定义

3G是英文3rd Generation的缩写，指第三代移动通信技术。相对第一代模拟制式手机（1G）和第二代GSM、CDMA等数字手机（2G）而言，3G将无线传输高速公路的梦想最终变成现实。3G使得手机用户可以快捷地将信息进行编辑、加工并上传至个人的博客空间，这是一种由点到面的大众传播模式，使WEB 1.0时代未敢奢望的形态成真。

3G网络建设的完成，使手机功能在存储、多媒体处理、屏幕、触摸技术上日臻完善。特别是以流媒体方式进行下载传输时，因为带宽比先前大为扩展了，数据的质量和稳定性大为改观，也可以同时为更多用户提供服务了。同样，用户在上传文字、音乐或图像时也更加便利。业界预计，3G将全方位地渗透、影响并改变人类生活的世界。

第十一章　寻找新媒体赢利模式

从一报两投、有声报纸、3D报纸、二维码，到电子版、新闻网站、卫星报纸、电子阅读器、iPone终端，报业创造了那么多新的媒体形态，但是都找不到合适的赢利模式。

报纸电子版是报业运用新媒体的最初尝试，持续至今。报业对电子版寄予厚望，认为它能成为报纸的替代品；如今，它真的成为了报纸的替代品，但是在替代报纸的同时，电子版自身却没有成长起来，有被网络替代的危险。

报业一直在尝试为电子版寻找到合适的赢利模式，有关收费还是免费的争论贯穿电子版的始终，却一直未有突破。其实，说到底，新媒体的赢利模式的核心问题就是“免费还是收费”。报业所运作的新媒体究竟应该采取哪种赢利模式？报纸在这方面，已经纠结了很多年，大量的内容被无偿上了新媒体，却得不到多少回报。该是反省这种短视行为的时候了。

【本章核心观点】

- 纠结的心态决定了报纸电子版无法做大做强
- 电子版收费就是在杀鸡取一枚不存在的“卵”
- 报人们总是忽略了报纸和其他媒体的不同点
- 为什么要到网络上去看一模一样的报纸?
- 《基督教科学箴言报》的例子缺乏普遍适用性
- 免费与收费，数字时代传媒赢利模式的核心问题
- 别人没有的东西，才能收到钱
- 电子版都应该撤掉

现在的报纸电子版一般的样式是：左边是一块PDF版的跟报纸一模一样的版面，右边有这个版面上每篇文章的标题，点击进去就是报纸报道的新闻，跟纸版一模一样，原汁原味。这个样子跟20世纪90年代初报纸电子版刚开始出现的时候相比，几乎没有多少变化。

样子没有变化，赢利模式也是十年未变，在十多年前，就有关于报纸电子版要不要像报纸一样收费的争论，十多年后，《人民日报》网络版收费的举动又引来那么多的关注和讨论。也像十多年前一样，依然收不到多少钱。找不到赢利模式，这是报业运作的新媒体形态的典型样本。

为什么会有报纸电子版这种媒介形态？报纸从报纸电子版中得到了什么？报纸电子版能不能收费？未来报纸网络版能替代纸质版吗？

第一节　心态决定成败

一、报业最早的新媒体应用

《杭州日报》于1993年12月6日通过杭州市的联机服务网站进行传输，被认为是中国最早的报纸电子版。1995年10月20日，《中国贸易报》将自己的内容搬到网络上，并很有档次地在人民大会堂举行了开播演示，被认为是中国报纸进入电子化新时代的标志。

1996年，越来越多的报纸推出了网络版。1月2日，《广州日报》和《中国证券报》的网络版正式面世。1月13日，《人民日报》综合数据库国际平台开始运转，将当天的文字内容与部分图片传入互联网。此外，《经济日报》、《金融时报》、《解放日报》、《新民晚报》、《南方日报》等30多种报纸也在这一年推出了网络版。

1998年年底，全国电子报刊总数为127家。到1999年年底，全国上网报纸达到1000多家。2000年年底，在全国1万多家媒体中，就有2000多家媒体上了网。到了现在，几乎所有的报纸都在网络上有各种各样的网络版。

1999年年初报纸电子版出现了改名热，许多原来称为“网络版”或“电子报”的报纸网站纷纷改作了“某某网”或“某某在线”。有人喊出：“媒体网站必须扩张，如果死守电子版领域，失去的可能就是整个未来。”[①]大部分报社以电子版为基础，拓展成为新闻网站。但是，报纸电子版依然是报纸新闻网站的一个重要内容。

二、最早的网络媒体是报纸电子版

所以说，中国最早的网络媒体，并不是人们现在所熟知的新浪、搜狐、网易，而是这些报纸电子版。直到1998年，网易和搜狐才开通了新闻频道，成为网络媒体；新浪于1999年4月改版推出新闻频道，发布国际、国内、社会、体育、娱乐等各种新闻信息，新闻门户网站才有雏形。并且在相当长一段时间里，都是报纸电子版提供着新闻门户网站绝大部分的内容，一直到现在都是如此，因为新闻门户网站并没有新闻采编权。是报纸电子版养大了新闻门户网站，这句话一点儿都没有言过其实。

报业这些年来办电子版最大的赢家并不是各家报社，而是新闻门户网站。辛辛苦苦采来的稿子，却喂大了白眼狼。报业在郁闷之余，也采取了行动。一是1999年4月15日，人民日报社牵头，包括新华社、中央电视台、北京日报社、解放日报社等传统媒体主办的23家网站代表齐聚北京，签订《中国新闻界网络媒体公约》：“凡不属于此公约的其他网站，如须引用公约单位的信息，应经过授权，并支付相应的费用。”二是2005年11月1日，中国都市报研究会总编辑年会在南京召开，这次集会比较著名，发表了《南京宣言》：“全国报界应当联合起来，积极运用法律武器，加强知识产权保护，维护自身合法权益，改变新闻产品被商业网站无偿或廉价使用的现状。”三是2006年1月12日，由解放日报报业集团首倡，全国39家报业集团聚集广州，发起《全国报业内容联盟的倡议书》：“共同制定向网络媒体提供新闻内容的定价规范，提高网络转载的门槛，捍卫自己的知识产权。”

这三次集体行动对网络媒体都有惊无险，最后一次连惊吓也小。其中有个

---

①李学凌：《媒体面临重新定位》，《中国青年报》2000年3月30日。

体原因，互为竞争对手的报社从对方行动中获益，趁机搭便车。只说第一次，23家新闻单位设置障碍，商业网站就找23家之外的媒体合作。进一步，23家联盟也被击破，商业网站一家一家谈，大部分以极低价格成交。几次宣言，由于各报社的想法不统一，有人表述为“各怀鬼胎”，这些宣言、公约、倡议，还是不了了之。

三、较为少见的创新

由于成立“内容联盟”的建议不怎么切合实际，于是有关报纸电子版收费的问题成为报纸可以考虑的另一个思路。

2007年4月，温州日报报业集团的《温州日报》、《温州都市报》、《温州晚报》、《温州商报》在全国上线发行，这是全国首份付费订阅的网络报纸。美国的《华尔街日报》网络版收费模式比较著名，它们的电子版目前已经有超过100万户的网络订户，每年的收费从103美元到140美元不等。

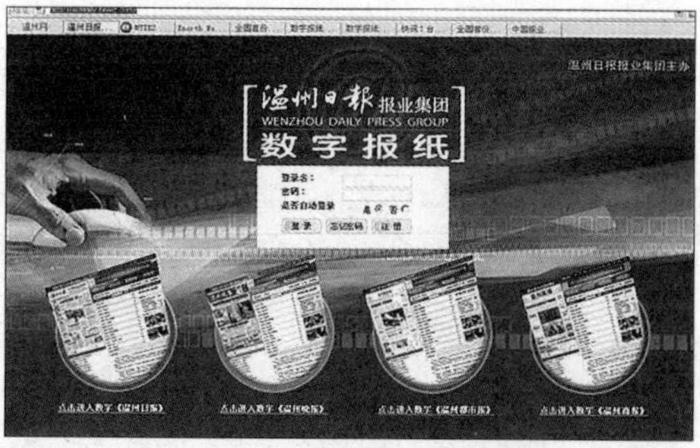

温州日报报业集团的数字报纸。

最让人震惊的消息来自《人民日报》，其网络版从2010年元旦起实行收费阅读，收费模式有三种：每月24元，半年128元，全年198元。但是，很快，《人民日报》又在2010年的3月11日刊登启事，原定收费的版面全部开放访问，并对此调整给读者带来的不便表示了歉意。从2010年3月5日起，前四版内容长期免费，后面版面内容实行当天免费制。原因是有不同声音；而且网络版收费后阅读率一路走低。

此后，就少有报纸再起电子版收费之念，也确实，即使收费，那又能收多少钱呢？温州日报报业集团的收费模式算是非常成功的，从运行4年来的情况看，目前每年的销售收入在100万人民币，可这点钱对于一家报业集团来说，算得上什么呢？太小儿科了。

但是，对于报纸电子版这个中国最早的网络媒体而言，除了收费的尝试，相关的创新真是一点儿都没有，一直停滞不前。反倒是它们用内容喂大的白眼狼——新闻门户网站，每时每刻都在创新，都在进步，所以它们远比报纸电子版有前途。

四、非常纠结的心态

是报纸电子版不想创新吗？确实如此。报纸电子版似乎根本就没有创新突破的渴望，关键是没有动力。从创办网络版开始，报纸就一直在担心，网络版会不会影响报纸的发行量。会不会有一些读者有了网络版后就不看报纸。这种担心也不是完全没有道理，现实中确实有很多这样的读者，看了免费的网络版，就不看报纸的。到底要不要做报纸电子版，报纸一直在纠结中。

在这种矛盾心态的指引下，报纸不可能在报纸电子版上投入太多的资源和精力。投入太多，担心网络版影响报纸发行量；投入太少，报纸电子版又养不大。

在这种矛盾心态的指引下，报纸电子版的主要功能似乎就是报网互动，而且，在这种互动中网络版仅仅是辅助角色。目的就是通过网络版的刊登，扩大一点儿报纸的影响力。

在这种矛盾心态的指引下，报纸电子版只是以出版报纸电子版和数字报为主，以转发报纸新闻为主，报纸新闻通过自己的网站让大量商业网站转载使用，一些商业网站借着网络版提供的丰富内容成为新闻门户网站，占据竞争的强势地位。许多报纸甚至以被较有影响的商业网站转发新闻报道为荣，而对自己网站长不大的现象默然处之，甚至是优先提供新闻给新闻门户网站，稍晚再提供给自家的网络版。

在这种矛盾心态的指引下，报纸电子版被有意地滞后于报纸发行时间，目的在于“避免影响报纸发行”：“如需第一时间了解报刊全部资讯，请购买纸质报刊。”

在这种矛盾心态的指引下，报纸电子版长期得不到创新的动力，只是把创新的原材料源源不断地提供给新闻门户网站，使新闻门户网站拥有了创新的基础。而它们自身却停滞不前。

五、电子版将毁了报纸前程

电子版也是报纸最主要的新媒体应用，现今几乎所有的报纸都有电子版。这十多年来，电子版所做的工作与其说是给报纸影响力加分，还不如说是在挖报纸的墙角。可以说，现在报纸所遭遇的困境很大一部分都是电子版带来的厄运。报纸所运作的很多新媒体都是如此，大量最具核心竞争力的内容产品免费提供给旗下新媒体，新媒体不懂得珍惜，纷纷免费送人，最终报纸的价值越来越低，报纸培育的新媒体成了自己的掘墓人。

电子版免费，一方面提供给新闻门户网站免费的大量的内容，做强做大新闻门户网站，造成新闻门户网站现在的繁荣局面。可以说，没有电子版，就没有新闻门户网站的今天。另一方面，电子版免费使读者能免费获取新闻内容，在这里，电子版成了报纸的替代品。推销商品者以免费的“样品”吸引顾客进门购买收费的产品；报纸却以免费的“赠品”让顾客“随便拿”，猜一猜，哪一家会破产？[①]

把报纸的内容搬到网络上去的做法是错误的，报纸最核心的东西就是新闻内容，如果把这些内容都搬到网络上去，报纸简直就是在自毁武功。网络是没有产出的地方，特别是电子版。华商传媒集团总裁齐东说：“把报业最能赚钱，最有价值的东西放在没有产出的地方，这是不是太傻了？”[②]

电子版由于免费，在成为报纸替代品，弱化报纸新闻的价值的同时；也在弱化自身。由于免费，网络上报纸产出的内容铺天盖地，谁都可以轻松获得，受众为什么专门看一份电子版，他们完全可以去看内容集纳更合理，信息更全面，也更丰富的新闻门户网站。所以，即使电子版挖报纸墙角这么多年，拱手相让那么重要的核心资源，也没见哪家报纸的电子版成长起来。从这个意义上看，报纸真的不应该再抱怨内容卖给门户网站的超低价格。电子版免费提供给受众，谁都能看到，谁都能轻松获得，还想拿这个东西高价卖给网站，网站如果高价买了，那才冤呢。

所以，从这个角度来看，报纸电子版都应该撤掉。

---

①张立伟：《撤掉电子版拯救纸媒》，《中国记者》2011年第10期。

②陈国权：《从跨产业到跨媒介——探讨报业集团发展方向》，《中国记者》2011年第6期。

第二节 到网络上看报纸?

一、报人对“原汁原味”的热衷

一直到现在，报人们对这种“原汁原味”的报纸电子版依然衷心不改。不光在网络中要应用这种“原汁原味”的报纸，在新发展的其他渠道上，报人们也从不抛弃、从不放弃“原汁原味”的努力。

1992年，奈特—德里报业集团创立了“信息设计实验室”，这个实验室的主要目的就是要研究一种可以替代纸质报纸、使用电池的“平板报纸”，用户可以在家通过电缆、卫星或电话线，在可携带的显示面板上接收报纸。当然，接收到的报纸是原版样的。实验室主任甚至宣称，平板报纸在2025年将取代纸质报。但万幸的是，1995年8月他们取消了这个每年耗资200万美元，让人啼笑皆非的计划。[①]

2003年3月，青岛日报报业集团报道称，该集团成功推出与纸质报刊原汁原味、阅读更加方便的“全真电子版”报纸（2004年7月，该集团对技术进行了升级）。与过去相比，该技术的最大特点是“所见即所得”，读者不需要下载安装阅读软件，就可以看到与报纸版式、新闻、广告完全一致的电子版，可以任意选择浏览文章、图片、广告信息、打印文章和放大字号等。文章显示速度迅捷，几乎没有任何停顿感觉，广告图同样显示清晰。

在日前举办的《光明日报》创刊60周年纪念活动上，光明日报报业集团展示了全球首个基于3G(TD-SCDMA)/GSM无线模块支持的移动报纸阅读终端。《光明日报》可以将每天内容的电子版发布到这个终端上，用户可即时接收阅读最新报纸内容。

---

①罗伯特·皮卡德、布罗迪：《美国报纸产业》，中国人民大学出版社2004年版。

2010年7月，一套能在手机上原版再现报纸的新媒体手机数字平台“报讯通”研制推出，版面间可自由跳转、能储存多种报刊书籍、可检索往期报刊、可在手机上进行评论、可输入关键词搜索……这套平台类似互联网上的数字报，只是载体转移到了手机上。

在任何媒介形态上，报业都没有放弃把报纸“原汁原味”移植的尝试。比如在电视上播放报纸版样。河南的《东方今报》由河南电视台主办，电视台背景使其有了把报纸版样移植到电视上的冲动。他们称为“电视报纸”，就是观众可以在电视机上阅读的电子报，这种电视报通过数字机顶盒传输。东方今报社总经理孙茹认为：“河南省有线电视网的用户为800万户左右，一旦电视报项目获批，《东方今报》的客户价值将成几何倍数增长。”①

…………

二、分析报纸版面的历史成因

真搞不明白报业对“报纸全真版”这么热衷的原因究竟是什么。很多人认为，在数字媒体上原版地呈现报纸的模样，这对读者更有吸引力。

一些报人想当然地认为读者对报纸版面的阅读需求依然非常强烈。如果从报纸发展的历史角度，就可以看出，这种需求是生产推动的，并不是读者内在的需求作用的结果。

中国新闻发展史上的邸报，还有西欧早期的船期报纸，都是小开张的，就像杂志一样的，甚至是装订成册的。出现像现在报纸这种编排体例和规格应始于西方便士报时期，因为报纸廉价，所以需要用廉价的纸张来制作印刷报纸内容，现在的这种新闻纸就是廉价的纸张，随着版面的争夺，又不方便装订，而为了印制方便，就采用了这种大开本，分栏内容。最终就成了现在报纸的这般模样。

是成本以及制作的方便才形成了现在报纸的这种编排体例，在这里是报纸的生产控制了读者的需求，并不是读者的需求推动了报纸版面的变革。只不过是报纸的历史比较长久，大部分人已经养成了这种习惯。

但是，这种习惯是可以很容易改变的，只要报纸变革。可以肯定的是没有

①梁益畅：《报业转型 内容升级 渠道扩张——郑州报业向新媒体迈进的路径选择》，《中国记者》2011年第5期。

多少读者会对报纸“原汁原味”的版面那么留恋，报纸的阅读感并不一定来自于版面本身，而有可能是一些其他的因素。

是人们为了获得报纸上的信息而忍受着报纸这种版面呈现方式，是不得不接受的副产品，并不是人们喜欢这种版面形式。有人把它们本末倒置了。

三、质疑“原汁原味”的吸引力

真搞不明白报业对“报纸全真版”这么热衷的原因究竟是什么。

我们来看看“原汁原味”的吸引力有哪些。

报纸电子版充分利用了平面媒体与网络媒体各自的传播优势，有助于提高读者的阅读兴趣，增加报纸发行量和阅读率，这是传统报纸无可比拟的。

报纸电子版的普及，能够极大地节约报业的成本，因为不再用纸了，而纸是报业最大的成本。

报纸电子版的发行将突破区域发行限制，完全可以避免传统发行模式因距离而导致信息内容严重滞后的缺陷，可以同步达到发行的全国化，甚至全球化。让订户最及时地阅读到订阅的，来自远方异国的报纸。

报纸电子版的支持者相信“原汁原味”的力量，认为把报纸版面原封不动地搬到网络上去后，就可以让报纸电子版既拥有报纸的权威、深度，又有网络的时效、互动。这种想法比较幼稚。人们总是试图融合其他媒介的特长到自己身上，不曾想过其他媒介的这些特长也会水土不服，报纸电子版免去了印刷和投递时间，确实要比报纸要快一些，但是又能快多少呢？报纸采编需要时间，一般报纸截版时间在午夜12点到2点之间，报纸需要在印刷和投递后大概五六点才到达读者手里，网络版在截版后就可以上网，可谁会在半夜时去看网络版呢？即使假设有很多人会在半夜看网络版，但如果事情是发生在中午12点呢？新闻门户网站在12点5分的时候就已经报道出来，那样，午夜12点和上午五六点又有什么区别呢？

所以说，千万不要和新媒体比时效，报人们经常犯这个老毛病，一不小心，就喜欢跟其他的新媒体比时效，比互动，以短搏长，必败无疑。

再看网络版节约成本。确实，如果报纸就专门出网络版，就不再用纸，确实能节约非常巨大巨大的成本，但是，赢利呢？除了《华尔街日报》这样的专业报纸，从来没有听说过综合性报纸的网络版能赢利的。平时大家吹牛皮吹得震天响，一旦涉及报纸电子版，谁都没有吹牛的底气和勇气。因为谁都知道，那东西不赚钱。不赚钱的东西，成本再低也没有用处。反观一下报纸的厚报模式，为什么纸张那么贵，还要出那么厚；就是因为越厚，广告就越多，赢利就越多。希望网络版节约成本，而不考虑收益，这是典型的小农思维。

至于网络版不受发行区域限制。那是只看到硬币的一面，辩证唯物主义教育我们，任何事物都要辩证地看。报纸电子版与报纸新闻网站一样，不受发行区域的限制，但是同时也不受发行区域的保护，任何人都可以看到你的报纸电子版，也意味着你的读者也可以看到别的报纸的网络版，本来只有两三家报纸在一个城市竞争，现在竞争的范围却是全国，面对的是几千家报纸电子版的竞争，你能行吗？更何况，网络上，并不只有报纸电子版。还有那么多网络服务，远比新闻要有趣、实用得多的网络服务。

延伸阅读：

温州日报报业集团“数字报纸”五大亮点[①]

1. 报纸“原汁原味”再现

和过去的报纸电子版相比，“数字报纸”最吸引人的地方，就是可以在互联网上看见与纸质报纸一模一样的版式，再现了报纸的版面语言魅力。读者不需要改变传统的阅读习惯，只需动动鼠标，就可以轻松“翻阅”当天所有新闻。

“数字报纸”的版面排列次序与当天出版的纸媒体报纸完全一致，读者进入“数字报纸”的首页看到的第一眼便是当天报纸的第一版。读者上网进入“数字报纸”的网页后，只要移动鼠标点击版面图中的任何区域，就可以看到对应的文章、图片或广告。

2. 轻轻松松“听”报纸

字体的放大和听新闻功能是“数字报纸”贴近读者致力为读者提供更优质服务的缩影。区别于传统新闻网站，“数字报纸”把文章和标题的字体都做了放大，方便读者阅读。如果觉得文章的字体还不够大，读者可以用鼠标点击右上角的“放大镜”对字体做多次放大，直到满意为止。

浏览网页太久眼睛累了吧？没问题，“数字报”也为读者们想到了。为了

①《温州数字报纸专题》，《温州日报》2007年1月1日。

让读者们更舒坦地了解新闻，“数字报纸”配置了“听新闻”的功能。点击右上角的“听新闻”功能键，每条新闻都能转化为语音朗读供人收听，耳朵可以代替眼睛“阅读”新闻。

3. 多种导航方式快速找新闻

“数字报纸”除了保留了报纸原汁原味的版式外，在功能上还兼顾了互联网新技术的方便与快捷。

为了让读者更快速地获取所需新闻，“数字报纸”推出了多种导航功能，供读者自由选择。“版面导航”则让读者可以通览当天所设版面，任意点击一个版面序列，页面左边即出现相应版面，右边出现主要新闻的标题，鼠标轻点标题，即可浏览相应文章或图片页面；如果觉得用“版面导航”不过瘾，想一口气了解当天所有内容，则可以使用“标题导航”，当天报纸全部文章的标题便一览无遗。

如果你想查看往日的新闻，只需点击版面上方的“按日期查找”，在版面上方还有“前一天”、“后一天”选项，可通过点击它们不间断地浏览报纸。

4. 报纸广告“动”起来

“数字报纸”还有一个“立体传播”功能。就广告方面举例，通过“数字报纸”，可以使温州日报报业集团四家报纸上平面静止的广告“动起来”，实现广告立体化宣传，根据客户要求，在网上实现音频、视频、动漫等立体演示。

“数字报纸”还可以在版面中嵌入视频画面，以成为真正意义上的多媒体报纸，实现传统报纸、数字报纸、光盘出版以及全文数据库产品的一体化生产和出版。

5. 温州报纸“全球发行”

“数字报纸”提升了纸媒体传统的经营模式：首先在传统纸媒体发行的基础上大面积拓展了发行空间，让报纸无成本、无限量、无地域限制发行，全世界的温州人可以在同一时间看见家乡的报纸，全世界的人都可以通过温州的报纸了解温州。

据悉，温州日报报业集团数字报纸将通过温州新闻网和全国各地的温州商会进行有偿订阅。这将是全国首份正式收费发行的数字报纸。

第三节 电子版的赢利模式

一、凭什么来收费?

对报纸电子版收费，一直是报人们的一个梦想。那么多的报纸电子版都尝试过收费，但都是不了了之。2010年《人民日报》网络版收费受到那么大的关注，产生轰动的原因是什么？一是《人民日报》是大报，规模大；二是《人民日报》是党报，角色特殊。但无论怎么特殊，收费依然收不下去。这么多人尝试，各种方法都用过，但都没有成功的，这说明这种尝试本身是有问题的。有人说：“网络版收费感觉就是在杀鸡取一枚不存在的‘卵’。”

报人们最需要思考的是网络版“凭什么来收费？”的问题。

人民日报
RENMIN RIBAO
结束俄罗斯之行抵达明斯克
吴邦国与白俄罗斯国民会议两院主席会谈
传统产业高端化 高碳产业低碳化
浙江唱响绿色主基调
国内大功率“东方红”拖拉机下线
增加种植面积 加大资金投入
吉林今年粮食有望大丰收
社论
勿忘国耻 共襄复兴
——纪念九一八事变八十周年
乌鲁木齐落实百件民生实事
走基层转作风改文风·草原牧区行
赢收入，又赢生态
西藏多措并举消除“零就业家庭”

《人民日报》电子版。

很多人认为，网络版收不来钱主要是由于网络所培养的受众免费接收信息的习惯。但是，这个理由并不能解释，网络上也有很多收费的东西，而且还收得很成功，如网络游戏、收费邮箱，还有各种各样的增值服务，那么多网络运营商都活得好好的，赚钱赚得都很开心。为什么一到报纸电子版就不行了呢？所以说，这不是习惯的问题。

我们再来看看网络版拿来收费的东西——与报纸一模一样的新闻。这就是问题所在。信息泛滥时代，网络海量，绝大部分报纸上的新闻在网络上都能免费地找到，受众为什么要为这种大路货付钱？除非犯傻。建立在别人“犯傻”基础上的赢利模式怎可能成功？

报人们总是忽略了报纸和其他媒体的不同点，总是希望把报纸的赢利模式平移到其他媒体上。在报纸上，信息还算得上是个东西，是可以被卖钱的；但是在网络中，报纸那点信息什么都算不上，有那么多的新闻门户网站，每天提供的信息1万张报纸都不止。更何况，人们上网并不完全为了获取信息，而多是为了娱乐、交往和搜索。这样一算，报纸电子版在整个网络世界里连“沧海一粟”都算不上，还凭什么拿来收钱？

报人们总是一厢情愿地把网络也作为媒体来看待，在此基础上，发展报业新媒体。这种战略本身就是错误的，网络早已经不是单纯的媒体。它是一种生活方式、一个综合性的平台，能满足人们生活的很多需求，为用户提供丰富的体验。人们在网络中不仅可以获得资讯，更可以游戏、购物、听歌、聊天、交友、表达情绪。报纸电子版既然要放到网络上去，就要适应这个大环境，就要玩透这种游戏规则，最起码对自身要有正确认识。

更何况报纸电子版追求“原汁原味”，把原版样呈现在网络上，从来没有考虑过网络受众的接受习惯。网络信息由于海量，受众需要的是检索更方便，阅读更轻松的信息排列方式。报纸原版样的呈现让检索很不方便，阅读很不轻松。受众何必为不方便、不轻松的信息付费？

二、不再用纸的未来？

与网络版收费相比，更夸张的思路是未来报纸不用纸。坚信网络版力量的人不仅要对报纸电子版收费，还准备放弃印刷报纸，专门做网络版。他们坚信，报纸必将灭亡，取而代之的是其他载体，比如电子报，或者说网络版。

2009年4月起，《基督教科学箴言报》放弃印刷媒体，主要靠网络版形式供应读者新闻，同时出版周报，成为美国首家以网络版替代纸质版的全国性日报。

《基督教科学箴言报》主要基于这样的考虑：300名用户的订阅费就可以抵消所有的数字发行成本，以后每增加一名报纸电子版的全年订阅用户，报社就净赚96美元（印刷版的全年订阅费是199美元）。

我相信《基督教科学箴言报》专门出网络版很有可能会成功，一是因为它是一张准宗教报纸。与商业报纸最大的不同是，《基督教科学箴言报》的运作资金主要来源并不是通常的渠道销售收入、订阅费和广告，而是来自基督教科学派教会的支持。目前报社从教会中每年得到的捐赠在900万美元左右，占全部报社收入的90%；而广告等经营性收入只有不到100万美元。它只要不亏损，所获得的捐赠就够吃够喝了。因此，成本，而不是赢利，才是他们最关心的问题。《基督教科学箴言报》的网络版解决的是成本问题，不用考虑广告赢利。他们反驳质疑者说："什么时候报纸网站能像报纸一样赚钱呢？也许永远不能。但是这个提问本身是错误的。全部关键点是，网络只需要报社花费一点儿费用就可以接触到受众，这就意味着，如果不需要印刷报纸，那么只要低于65%的成本就能够达到收支平衡。"[①]二是《基督教科学箴言报》的读者大部分是信教人士，素质较高，对《基督教科学箴言报》的认可度也较高，也比较"忠诚"，《基督教科学箴言报》即使转移到网络上去后，大部分读者也不会"移情别恋"。

但是其他报纸呢？大部分的综合性报纸都没有像《基督教科学箴言报》那样的读者依存度，可替代性非常高，转移到网络上之后，一不小心，读者就会也跟着转移到网络上别的媒体了。通过网络版试图降低成本，变相提高报纸利润，这样的举措是不可行的。

即使在网络报纸免费阅读的情况下，线下订阅用户都没有转移至网络版的迹象，期望他们在网络报纸收费后转到报纸电子版的想法并不现实。

即使用户真的如我们所希望的那样转移向电子版，所节省的印刷发行成本也往往不足以弥补广告流失的损失。当报纸是纸的时候，广告客户会光顾，当变成电子版的时候，广告客户就不一定来了，毕竟网络广告的价值远远低于报纸广告，网络广告的价格也远远低于报纸广告。一个极端的例子就是，欧

2009年3月16日，《西雅图邮报》主笔乔•科普兰走进位于华盛顿州西雅图的办公楼。3月17日《西雅图邮报》脱离纸媒只保留电子版。（新华社）

①范东升：《拯救报纸》，南方日报出版社2011年版，第118页。

洲首家放弃纸版发行专攻网络的报纸*Taloussanomat*在转型后，的确节约了52%的支出，然而其收入却下降超过75%。[①]可见，期望通过发展网络订阅降低发行成本在逻辑上是成立的，但在财务上却起了反作用。

《基督教科学箴言报》在美国只有一家，全世界的情况也是绝无仅有。《基督教科学箴言报》的例子缺乏普遍适用性，而以此憧憬不用纸的未来，这个憧憬也只能是个憧憬。

三、可以凭借收费的东西

1. 专业的才是有力的

凡是大路货，都收不来钱。独特的东西，别人没有的东西，才能收费。

报纸电子版收费的范例来自于美国的《华尔街日报》，一张响当当的报纸。《华尔街日报》网络版收费已经有十余年的历史，目前已有超过100万户的网络订户，每年的收费从103美元到140美元不等。但它同样具有特殊性，那就是专业。《华尔街日报》的受众定位主要是高学历、高收入、高职位的商务人士，它深入分析了这一特定人群生活工作的需求，通过大量分类广告来提供信息服务，比如工作方面，有求职、会计、商业保险、贷款、网络会议、人力资源外包服务等信息；个人价值提升方面，有工作培训、MBA远程教育等；生活方面，有人寿保险、音乐会和体育比赛门票、度假、房屋买卖租赁、旅馆等信息；交通方面，有包机、汽车租赁、机票预定等等，门类达上百种，把一个商务人士可能有的需求都考虑到了，好比一个管家，服务无微不至。

向用户收取订阅费也要有自身的特殊性和固定用户，需要消息本身的不可替代性，这样用户才会心甘情愿付费，否则只能是空想。

从这个角度考虑，财经类等专业报纸电子版收费的可行性要比综合性报纸高得多。

你如果有专业的不可或缺的东西，放在哪个载体上都没有什么关系，放在纸上，有人买，放在网络上，也依然有人付钱。

另外，横向整合体现的也是专业的力量。国内报纸网站多为报业集团所创办，集团下有各种子报资源，若能对其进行横向整合，变成特定的专业信息，

①梁泉：《报纸网络版收费，有待探索的报业增量市场》，《传媒》2009年第7期。

或许读者更能买账。一个理想化的模式可能类似于这样：报纸最近做了个重大专题，包含数篇文字新闻、数十张图片新闻和数段视频。用户看这些都是免费的，但是通过检索与之关联的历史数据库，就需要收费。报纸网站在历史数据上有先天的资源，保存有数十年甚至上百年的数据。用户如果有搜索需求，收费就成为可能。

2. 满足边缘需求

你无法在上厕所时读网络版，但报纸电子版的优势在于，你可以迅速查到你去年某天上厕所时读到的新闻。这种检索需求属于边缘性的需求，虽然是边缘的，但它是必须的。读者会到处去寻找他需要的这种东西。

2010年1月1日，《人民日报》大张旗鼓地推出了电子版收费阅读服务。其收费模式有三种：每月24元，半年128元，全年198元，读者可以通过在线支付、银行转账和邮局汇款三种方式支付。这个举措一推出，就引起轩然大波，人们对此看法不一。支持者说，应该收，因为这是报纸内容价值的一种体现；反对者说不该收，因为党报具有公益属性，而且收费会影响党报阅读率。

两个月后，人民网发布正式的“启事”，调整《人民日报》电子版收费阅读服务，并表示，数字报收费阅读服务得到了广大读者朋友的理解与支持，但“同时也有一些不同的声音”。因此，从2010年3月5日起，《人民日报》数字报前四版内容长期免费，第五版及五版以后版面内容，当天免费；原先免费用户阅读前四版内容，也需注册登录，3月5日后，无需注册登录即可阅读当天及历史前四版内容。收费部分，标准不变。①

网络与报纸相比，一是可以实现搜索，二是容易复制。这两个特点，网络版可以用起来。比如，学生剽窃论文，最快、最方便的方式就是到网络上复制粘贴，而不是在纸上一个字一个字地写。还有检索功能，如果你要检索《人民日报》以前报纸中的某篇文章，到《人民日报》网络版上搜索要比坐到图书馆搬来《人民日报》历年的报纸来一页页地翻要快得多。

我认为，《人民日报》的这个决定是完全正确的。当天报纸新闻大家都有，那就免费送给读者看，历史报纸新闻，大家没有，或者其他人没有《人民日报》那么全；而很多人又需要，那就收费吧。现在，很多报纸的网络版都是

①张静：《人民日报电子版取消收费 否认阅读率曾持续走低》，《新京报》2010年3月20日。

这么做的，虽然获得的钱不多，但毕竟体现了报纸内容的一定价值，是很有意义的一件事情。

3. 关注长尾市场

畅销书《长尾理论》的几十万字内容可用一句话进行概括：网络的无成本复制使长尾市场成为可能。

报纸关注直接广告效益，需要严格测算投入产出比，发行多少万份，发行给哪些人群，才能带来最大的广告效益；但是网络版不需要考虑投入产出比，因为它跟报纸相比，简直不需要投入，只要多少能给它带来一点儿效益就可以了。比如报纸影响力。

2007年4月，温州日报报业集团旗下的4份报纸《温州日报》、《温州晚报》、《温州都市报》、《温州商报》在全国上线发行，这是全国最先尝试付费订阅的报纸电子版。每份报纸的订阅价格是160元/年，任意两份则为260元/年，任意三份则为320元/年，四份都订阅则为380元/年。温州日报报业集团收费数字报发行以来，共获得了几百万元的收入，虽然没有实现赢利，但是已经很有意义了。

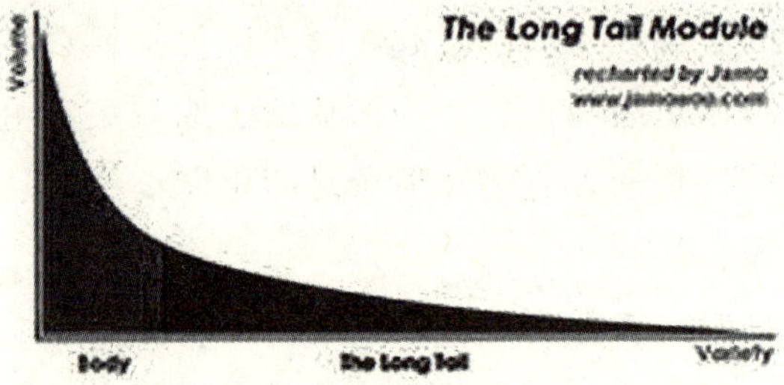

长尾理论。

据介绍，温州日报报业集团的网络版这些数字报纸有一定的特殊性，这些数字报纸的受众定位是在外工作生活的温州人，这部分人的数量将近200万。这些收费数字报的出现是为了满足他们想了解家乡情况的愿望。而且温州日报报业集团的数字报纸有一部分是通过全国各地的温州商会来进行订阅的。

这部分人群的订阅，相对于报纸来说，基本上没有多少广告价值，有的只是为数不多的订阅费和提高影响力的潜在价值。但是有这些就足够了。

4. 构建集纳信息的收费平台

单个报纸电子版不好收费，但是，许多网络版凑在一起就不一定了。因为它提供的是横向专业易得的丰富信息。

比如中国知网。专业期刊、报纸的信息分散开来，没有多少吸引力，但是中国知网把它们弄到了一起，收费就有了可能，5角钱一页，还收得比较贵，很多客户都是打包购买，比如各高校、研究机构，他们需要一个这样的横向集纳的信息平台，以便于研究、教学。不得不交钱给中国知网。

比如，有线电视收视费，提供了一个集纳各种节目的平台，那么多的台放到了一起，人们也愿意为它付钱。单个电视频道收费则很困难，除非是那些小众频道中，如高尔夫、欧洲足球、钓鱼频道等，那些铁杆粉丝必看的节目。

2011年1月12日，“蜘蛛网书报亭”上线，其中有500家报刊的网络版。蜘蛛网原来是做纸质报刊发行的，成立于2005年，2010年6月，蜘蛛网数字报刊的营销平台系统研发成功，2010年7月起在广东移动投入试商用，取得了较好的成效。

据介绍，蜘蛛网的数字报刊营销平台由三大系统组成：

一是内容提交系统，主要是提供给报刊社、出版社自主提交数字报刊内容，该系统操作界面简易，提供编辑和审核管理、远程传送等功能；二是营运管理系统，主要提供给蜘蛛网和合作刊社进行会员管理、支付管理和报表管理，通过该系统，任何合作方都可以及时地了解数字内容的订阅情况，使合作各方感到公开、透明、可信任；三是客户端系统，蜘蛛网针对当前主要的移动终端包括手机、iPad、Pad、电子书、电脑等分别开发了阅读软件，覆盖了当前主要的移动终端。①

①《中国最大数字报刊网站上线　向手机用户全面拓展》，中新社上海2011年1月12日电。

第十二章　恐龙并没有灭亡

现在，在所有媒介形态中，最担心自己前途与命运的是报业。纵观所有的媒介形态，很少看到有媒体像报纸这样整天在谈论什么时候灭亡，如何被拯救的。

我有时在思考，为什么唯独是报业，最热衷于做新媒体的概念，而不是其他媒体，比如网络，或者电视，也可能是报业危机意识最强烈吧。也确实，与其他媒体相比，在新兴媒体发展起来的情况下，报业发现自己原来赖以推崇的很多东西，都是那么不堪一击，比如时效、信息量、互动性……即使这种强烈的危机感很有可能是杞人忧天。

杞人忧天，过分的忧患意识源自于对于报业的未来没有信心，也可能源自于部分人的跟风忧虑。人们是不是放大了报业的焦虑？

【本章核心观点】

- 未来报纸的市场份额会减少，但不会消亡
- 死的是报，活的是纸
- 要拯救报纸，一是做好报纸，二是做好新媒体，三是不要为了拯救报纸而发展新媒体
- 综合性报纸喊着日子不好过，但行业报日子过得很滋润
- 报纸不会灭亡，关键要看怎么进化
- 报业运作新媒体的动机不纯
- 中国报业环境有太多的潜力可以挖掘
- 不应对报纸失去信心

对报纸失去信心的人普遍认为，报纸就是现时代即将灭亡的恐龙，它曾经繁荣过，基本上统治了整个传媒界，是当之无愧的“第一媒体”；但由于环境的改变与新的竞争性产品——新媒体的出现，它不可避免地将走向灭亡的道路。

其实，恐龙没有灭亡，生物界公认的观点，地球上现在繁盛的鸟类就是恐龙进化的后代，一小部分小型恐龙在竞争中分化出来，它们在天空中找到了自己存在的价值。

第一节　报业有没有未来?

这是已经灭绝的恐龙化石。2011年10月1日，江苏连云港市举办大型恐龙化石展，市民在恐龙展览上参观。

2011年7月10日，在尼泊尔首都加德满都以南360公里处的一座鸵鸟养殖场，非洲鸵鸟亮相。（新华社）

关于“报纸会不会消亡”话题的讨论及观点列举起来汗牛充栋，100页都举不完。看过那么多的观点，我在想：为什么要讨论报纸会不会消亡这个问题，当一个物种需要被拯救的时候，也就说明这个物种不够成功，比如大熊猫，食性单一、生存能力差、繁殖能力不行，人们应该做的是丰富它能吃的食品种类，提高它的生存能力，提升它的性欲。而不是以预测它的灭绝之日为乐事与追求。

一、有关报纸会不会消亡的争论

2005年，菲利普·迈耶在《正在消失的报纸：拯救信息时代的新闻业》一书中，运用美国“全国民意研究中心”的综合社会调查数据制作了两个“线性拟合”图——1972—2002年读者对报纸的信心分布图和1972—2002年日报读者数量变化趋势图。通过对前者的分析，他预测道：到2015年，读者对报纸的信心趋势线将触到0点；通过对后者的分析，他作出了以下预测：如果用一把直尺将图中的线顺势延长，那么到2043年第一季度末，日报的读者也将归于零。

这就是那个被人广泛引用的名言“2044年10月，最后一位日报读者将结账走人”的缘起。

其实，早在1994年，美国未来学家迈克尔·克莱顿（Michael Crichton）就将报纸称为“媒介恐龙”；《华盛顿邮报》的媒介批评家霍华德·库兹（Howard Kurtz）则称报纸产业正弥漫着“死亡的气息”。2006年，英国《经济学人》杂志发表了一篇后来很著名的文章《谁谋杀了报纸》。又掀起了讨论报纸是否会消亡的高潮。

2008年，菲利普·迈耶又在《美国新闻学评论》发表的《未来的精英报纸》一文中强调：“日报报纸读者数量将更加急剧地下滑”，他修正他之前讲过的话，“最后一个每天读报的读者的消失时间将早于2044年10月”。

国内，最早引发报业对未来担心的是2005年《京华时报》吴海民提出的著名的“报业拐点论”，引发了中国报业的集体焦虑。虽然后来吴在多个场合多次修正弥补他的那个观点。他本身就是个报社社长，不想让下属看到他那么悲观，但由此引发的关于报业未来的讨论一直延续至今。

二、巴菲特减持报业不能说明什么

事实上，最让报人感到担心的是投资者以及金融分析师发起的关于报纸赢利前景的讨论。股神沃伦·巴菲特曾斥资1060万美元收购《华盛顿邮报》并拥有其10%股份，2006年，他在公司股东大会上说，报纸正在进入一个持续的下降期，报纸在寻找新的商业模式，但没有人保证这种做法会成功。因此，他不会再增持报业公司的股票。

巴菲特是个长线投资者，他对行业的判断与分析一般是建立在对其发展趋势研判的基础之上。从事物发展规律上看，报业确实是在走下坡路。层出不穷的新兴媒介形态，在做大媒介市场蛋糕的同时，也在逐步瓜分原本最强势的报业的市场份额。格局确实是在变化。

但是，股神与报人不同，他判断是否值得投资的依据是这个行业还有多大发展空间；报人行事的依据应该是未来对报业是否有需求。年纪很大的报业非常成熟，自然没有多少发展空间，不值得投资。但是社会是否对报业还有需求，答案一定是肯定的。报纸可能会在持续很多年的经营数据下降后突然在某一年开始持平，从而在整个传媒市场中占据较为稳定的份额。为了这一天早日到来，报人应该继续努力，而不是悲观。未来的报业肯定在整个传媒格局中份额会变小，但仍然有一席之地，不会灭亡。

2008年11月，默多克在美国广播公司每年一度的系列广播演讲中说："太多的新闻工作者以沉思他们的悬而未决的死期为乐，这是荒谬的。"他嘲笑那些预测报纸死亡的新闻工作者过于着急地为自己写讣告，以至于没有对面临的机会感到激动。"与报纸末日论者和失望论者不同，我相信报纸将在21世纪达到一个新的高度"。

2009年5月27日，世界报业协会主席加文•奥莱利（Gavin O'Reilly）在世界报业广告大会上指出："那种预测报纸即将死亡的报告是一种误导。因为尽管2008年全球遭遇了金融危机，但世界报纸发行量仍上升了1.3%。"

2011年12月，同样是巴菲特，却耗资1.5亿美元收购了自己家乡的报纸《奥马哈世界先驱报》，"希望通过这桩交易向外界对报纸行业的质疑发起挑战"。

三、死的是报，活的是纸

河南日报报业集团社长朱夏炎说"死的是纸，活的是报"，他由这句话写成的文章得了一个中国新闻奖。他认为，今后纸媒这种传播形式必定会不断萎缩乃至消亡，可报纸的灵魂——报道，以及报道体现出的思想和观点，肯定会以新的载体来表达。概括地说，就是"死的是纸，活的是报"。

但是，我认为，应该反过来说。死的是报，活的是纸。这里的报是指报社，或者说是个体的单位，纸指的是报纸这种媒介形态。

2008年以来，西方先后有十多家报纸倒闭，或申请破产或破产保护，国内《中华新闻报》也宣布清产结算，那更说明了这一点。死的只可能是那些不适应新的竞争环境，市场触觉迟钝，转型不成功的报社。而报纸，在未来的传媒市场中仍然有着很大需求，因为它拥有如下特质：随性、最让人轻松；权威，让人觉得可靠；筛选，让人节约时间……只是它可能会继续地分化，发展出其他独特的赢利模式，比如分化成免费报、社区报，甚至量身定制个人报纸……

想象力有限，无法找出其他的分化新种类。总之，他将在某个特定的市场空间，找到它的价值，甚至比原来重要得多。

在这个世界上甚至还没有找到一种死掉的媒介。任何媒介在面临新的媒介冲击时都会或早或晚地找到新的生存方式，以新的模式来重塑价值。石头过去的功能是记述，现在它成为了艺术品，价值增加了不知多少倍；广播在电视与网络的出现面临暂时的弱势后，因为与汽车以及堵车搭上关系而迅速崛起，现在中国的各个城市，广播电台的日子是最好过的，成本低，收入多，利润高；话剧在电影的冲击下，在舞台上寻找到自身独有的价值；同样，电影在电视的打压下，在电影院获得新的生机，现在的电影票多贵。从这个角度看，报纸永远不会死亡，可能会改变，它们也正在改变。

四、正在进化的报纸

面对新的环境，新的竞争形势，报纸的变革是加速进化，变得更适应人们的阅读需求，比如大量的图片、大号的标题、更多的彩色印刷。小开本报纸开始变得流行。怎样才能在拥挤的地铁里展开报纸呢？香港的免费报都是四开的，并且在中间都用装订针订起来，就像一本杂志，以适应地铁阅读的需要。平时的阅读也是如此，对开的报纸，对于大部分人的办公桌都是不合适的，不好展开。有时候，报人们真的应该摒弃那种面子思维，以为从对开大报变成四开小报很没有面子。其实，面子无论如何也没有生存重要。

内容也在变得更有特色，以与其他传媒形态区分开来；重磅推出的深度报道，规模庞大的策划活动，越趋丰富的内容供各种读者选择。

报纸变得越来越观点化。从媒介特性上看，报纸表现政治问题确实要比电视、广播、网络更有优势。那些喜欢阅读新闻的人尤其是那些喜欢政治新闻的人，对报纸的喜爱要超过其他任何媒介，这是新媒体竞争时代报纸的核心竞争优势。据调查，在美国喜欢政治新闻的人中，有66%的人喜欢报纸，46%的喜欢网络，36%的喜欢CNN。[①]在香港也是如此，香港只有700万人口，但是却有200多万份日报发行量，主要原因就是各报纸都有比较稳定而不变的立场，迎合了某部分人的表达诉求与愿望。[②]内地近些年盛行的“观点”版面正在诠释着报纸

---

①王正鹏：《报纸突围：数字时代传统媒体变身记》，中山大学出版社2010年版。

②陈国权：《香港为什么容得下这么多报纸？》，《中国记者》2011年第10期。

观点化的变革。

…………

五、传媒变革的达尔文主义

所以，对于报纸会不会消亡的问题，我一直非常乐观。

观察回溯传媒形态的发展历史，就会发现，传媒形态一直在持续地进行着两个过程，一是进化，二是分化。进化是量变，分化则是质变。

传媒在竞争中，强化自身的独特优势，抛弃某些缺陷，实现改良式的进化；当进化到一定程度时则发生质变，开始分化出新的传媒种类。报纸刚刚出现的时候，在中国只有邸报，在西方则是政党报纸。但是在对独特优势的强化中，现在报纸已经分化成很多品种了。报纸在强化社会新闻、强化可读性的进化中分化成繁盛一时的都市报；在突出政党资源、强化立场的进化中分化成党报；在突出免费属性、强化渠道特点的进化中分化成地铁报；在突出行业属性的进化中分化成行业报……

被称为新兴媒体的网络，也在诞生不久的今天出现了巨大的分化。现在网络的分化主要体现在赢利模式上，刚开始出现的门户网站如新浪、搜狐等的赢利模式，和传统媒体一样，依靠新闻来获得点击量，再以点击量赢取广告；现在网络赢利模式已经分化出很多种类，被我们熟知的就有谷歌、百度的搜索竞价排名赢利模式、淘宝网网络购物赢利模式、网游赢利模式等，还有更多的现在还未发展成型的千奇百怪的赢利模式。可以肯定，这种分化还将继续；也可以肯定，其中某些分化会由于不适应环境而枯萎掉，有些则会长成大的网络分化支干。优胜劣汰的自然法则在传媒发展趋势上同样会起作用。

按照传媒进化的观点，传媒一直在不断地进化与分化。报纸的进化也正在如火如荼地进行着。

当变革到一定程度时，进化的量变逐步成为了质变，报纸也就不是原来的模样了，分化成不同的种类了，比如现在盛行的免费报纸。如果报纸的部分分支无论怎么量变，都无法适应人们的需求，无法冲破“透明的天花板”，那么它将消亡，比如地球史上那些超级巨无霸腕龙、霸王龙之类的恐龙；而一些小型恐龙却完成了长出翅膀这一质变，进而进化成鸟类，继续存在至今。

六、报纸与报业的未来

报纸与报业这两个词，很容易混淆。在各类文章及专著中，也常有混淆不清的情况。要给它们下个准确的定义可能会引起争论，在这里，我用一句话来体现它们的区别：

报业是以报纸为依托的产业，它正在进行深刻转型，以应对新媒体对报纸的冲击。

报业就如同一个不断发展的运输公司，核心业务就是运输人和货物；当火车被发明出来时，分化出一部分业务到火车运输上；当汽车被发明出来时，分化部分业务到汽车运输上；当莱特兄弟造出飞机后，又分化出飞机业务。他们不应该融合马车与火车成“马火车”，更不应融合汽车与飞机成为“飞行汽车”。当然，在分化过程中，会有很多报社因不成功而倒闭；但是一如运输公司这个行当一直存在，最初的马车、火车、汽车服务也依然存在，不会消亡，报业这个以传播信息为核心业务的行业不会消亡，各种满足不同需求的信息传播载体，如报纸也不会消亡。

第二节 报业的救赎靠什么?

单单依靠新媒体是不可能拯救报业的，那么谁来拯救报业？怎样拯救报业？

我认为，报业的救赎之道应该是三句话：一是做好报纸；二是做好新媒体；三是不要为了拯救报纸而发展新媒体。

一、做好报纸

报业的救赎应该是立足自身，而不是完全指望新媒体。

1. 利用报纸特性挖掘报纸价值

"报纸是理性的媒介，电视是情感的媒介，互联网则是情绪的媒介。"[1]这句话非常清楚地定位了报纸的特性。我们应该继续发挥这种特性。在深度及思想上做文章，体现报纸不同于其他媒介的特性。当然，报纸在发挥自身优势时，也可借用新媒体如微博等的操作手段为报纸加分。

报纸是随性的媒介。想看就看，不想看就放一边，以后再看。可从容地读，它既不催你，也不逼你。闲时拿起，忙时放下；既可对之匆匆一瞥，翻一翻，也可将它细细品味。既可以消磨时间，连标点符号都看过，也可以只看个标题，知道个大概就了事。想扔就扔，不想扔就送给收废品的老大爷。这是其他任何媒介形态都没有的优势。报纸应该继续强化这种特性，而不是忽略它。

比如地域性。传播范围广大的媒介形态，必然淡化其地域特征，如网络、卫视、短波广播；报纸发行局限于一隅，必然容易强化地域特征，也必须强化这种地域特征。

2. 继续细分

大众化媒体是极其浪费的，综合性报纸的版面什么东西都有，需要的读者到上面翻到感兴趣的仔细阅读，不感兴趣的一眼扫过，甚至看都不看一眼。

现如今，综合性报纸喊着日子不好过，但行业报却过得很滋润。可以预测的是这种趋势还会进一步延续。

任何一种老媒体，在越来越多的新媒体被创造出来的情况下，只会是定位更加明确、更集中一些而已，它们会走向一个一个的细分市场，而不会灭亡。

在一个成熟的市场上，定位越精准，细分越小，就越具有不可替代性，越具有市场价值。英国的《金融时报》这些年来的经营数据一直在强势的增长中，原因就在于其找准了细分市场。

3. 进化成"新"报纸

瑞典Metro报业集团的前首席执行官派里•汤恩伯格（Pelle Tornberg）说："报业生机勃勃并且活得很好，这足以证明关于报纸即将死亡的报道被极度夸大了。"有必要交代的是Metro报业集团是全球最大的免费报报业集团，在全球20多个国家100多个城市创办了免费报。他对报业前景的信心是建立在免费报欣欣向荣的基础上的。

---

①王正鹏：《报纸突围：数字时代传统媒体变身记》，中山大学出版社2010年版。

广播是最能体现出媒介这种进化规律的媒介形态。20世纪90年代在电视普及之后，人们也担心广播将走向末路。但没有想到的是广播逐步发挥它的伴随性优势，定位于开车的司机，各个城市的堵车更是让广播的优势被发挥得淋漓尽致。现在广播恐怕依然是城市中利润率最高的媒介，收入还行，成本超低，利润很高。

免费报就是如此，它作为报纸面临新媒体重压下进化的一种状态，已经成为一种非常具有发展潜质的媒介形态。在中国的香港，免费报的发行量已经超过了收费报纸，成为香港报业体系的一支重要力量，具有成就报业未来的潜质。在中国内地，一些原本处于报业竞争垫脚位置的报纸通过转型为免费报重获竞争地位……

所以说，报纸是不会灭亡的，关键要看怎么进化。

二、运作新媒体动机不纯的后果

用新媒体来扩大报纸的影响力、解决报业困境、延伸报纸生命周期，用新媒体拯救报业，这是大部分报纸运作新媒体的动机。

这个动机直接导致几个后果。

1. 处处强调报纸的主体地位

这是用新媒体拯救报业动机的严重后果，处处强调报纸的主体地位，将导致新媒体发展速度缓慢。

比如，报网互动成为报业网站的一个发展主题，似乎报业网站的主要任务就是报网互动。这种互动是以报为主，以网为辅，目的是通过网媒的延伸宣传报道，扩展报纸影响力。报纸网站虽然创立较早，但一直没有发展起来，一个很重要的原因就是把原本应该具有独立角色的网络当成传统媒体的配角。

2. 赢利模式狭隘化

把报纸的规律套用到新媒体中。比如手机报，就期望不仅仅有订阅，还应该有广告收入。比如，过分重视新闻的价值，凡是报业办的新媒体，都一定是与新闻有关的，使赢利模式狭隘化。想当然地认为，新媒体的赢利模式也是以新闻来吸引发行量（点击率），再以发行量（点击率）来吸引广告投放。

另外，还要刻意将新媒体与报纸的运营模式联系起来，却不管它们本来是互不相干的两张皮，扭到一起也是生不出什么东西的。比如要让读者到网络上看报纸的版样，先进的3D技术却用来做不可能生动的报纸。结果新媒体不像新媒体，也发展不出有前景的赢利模式。

三、独立自主的新媒体

我认为，即使运作新媒体，也不应本着救赎报业的目的，那样会使问题复杂化，而应本着寻找赢利模式，探寻新的道路的目的。独立自主地运作新媒体。

采用项目投资模式是个不错的选择，报业仅仅把新媒体当成报业的一个新的利润增长点，只要求新媒体对整个集团的财务有贡献，能成为报业下一步发展的机遇。而不用考虑是否与报业相关，是否能“拯救报业”。

1. 报业集团需要不管原则

新媒体的运营模式与报业完全不同，如果按照运作报业的方式去做，肯定水土不服；新媒体运营所需要的体制机制也与报业完全不同，在原有报业集团的体制机制下面运作新媒体，这是大部分报业集团运作新媒体不能成功的很重要的原因。

报业运营的体制机制已经比较成熟，适合于报业的各种运营，但是不适合新媒体运营。目前来看，传媒集团对那些子公司的管理主要有三种方式：一是运营管控，管理着子公司所有的具体操作。这是很多传媒集团采用的方式，也是最严格的方式，子公司每一笔进账或支出，都必须有集团的专门部门控制，或者报告批准。在这种机制下，决策滞后，子公司的积极性得不到发挥。也就是把新媒体完全和报业捆绑在一起。二是战略管控，主要是管理着子公司的资源，包括经营资源。这种管控方式也不利于发挥新媒体子公司的积极性。三是财务管控，只管财务指标。每年确定财务指标后，只要新媒体子公司完成了就行，只管赚钱，具体怎么操作，不管。这种管理模式的好处在于不仅能发挥子公司的积极性，更重要的是，保证了子公司运营的专业性。

新媒体战略对于任何一家报业集团来说，不存在一定要与报业相关，与报业不相关就做不好的道理。为什么别人就能做好呢？关键问题是能力——是否有做其他媒体的能力。报业集团要有实施新媒体的专业队伍，不能依靠原来做新闻的记者编辑去做新媒体，那样肯定不靠谱。

2. 股权投资比报业运营更合适

很多报业集团感到困惑的是大笔的资金不能躺在银行的账户上睡觉，必须有效地利用起来。我认为，报业在进行新媒体运作时应只有一个目的，实现资本增值，保证发展，为报业未来发展找寻新的经济增长点。那么，只要不违背国家政策法规，能实现资本增值的路径都可以尝试。

为什么报业不从另一个角度思考问题？为什么一定要事必躬亲，自己劳心费力地运作新媒体？投资有能力的公司，由有资源、有能力的其他公司来运作新媒体，是个不错的选择。

华商传媒集团旗下拥有华商盈通传媒投资公司，包括北京华商盈通传媒投资公司、西安华商银达传媒投资公司，主要业务是进行新媒体股权投资，投资总额4亿元。投资的新媒体项目包括：江苏365网络公司，公司以365地产家居网（这是个房地产垂直网站）为核心经营平台，通过“线上网络平台”与“线下地产家居营销”双向互通，服务于消费者及地产家居行业；辽宁天禹星电子科技公司，这是一家提供出租车GPRS网络监控及LED显示屏广告的高科技企业，运营模式比较清晰。华商传媒集团每年投资三四个新媒体项目。2008年、2009年、2010年投资项目收入屡创新高，2010年投资项目共有32.64亿元的收入，比2009年增加了18%。

股权投资规避了专业化不足的问题，什么事情都交由专业的团队来完成，报业只需要按照出资比例，坐在家里数钱就是。

项目投资模式避免了新媒体与报业扯上关系，独立自主地运作，独立自主的赢利模式，谁都不干涉谁，新媒体得到发展，报业也获得了更多的利润增长点。

延伸阅读：

2006年9月，美国新闻学会和哈佛商学院提交了一个“报纸的下一步”研究报告，这是一个托夫勒式的未来研究项目，报告说：“报纸要做好印刷版本、强化自己的网站、细分小众市场、参与媒体并购。”

第三节　中国报业的机会在哪里?

根据美国皮尤中心的《突破迫在眉睫　复苏擦肩而过——2010美国报业发展报告》的数据，2010年美国报纸印刷发行量相比2008年、2009年降幅趋缓，2010年，日报发行量同比下降5%，是2009年降幅的一半。[①]美国报业确实在下降，但是中国呢？最近，据央视调查（CTR）公布的数据，2010年全国报纸广告刊登额比2009年增长18.9%，与此同时，慧聪邓白氏发布的数据也显示增长速度高达16.9%。[②]中国报业远没有到衰落期。

我从来不相信公开的数据，有时与报社的老总们在一起聊天时，我就会私下里悄悄地问他们，报业广告是在增加还是在减少，发行是增加还是减少。得到的回答大多数是增加，没有减少。我相信这种私人交流是可信的。

其实，能够影响报业经营数据波动的因素很多。经济发展情况、纸价波动、海运价格、汇率……暂时的波动并不一定代表报业走向衰落。从各种情况分析，报业的衰落仅仅是暂时的，是由于某些突发因素引起的，并不一定就是报纸发展的趋势。

而且中国报业的环境与西方报业相比，有太多的不同，有太多的潜力可以发掘。

一、城市化进程加快

报业与其他媒介形态不同，对报业的消费主要是在城市。中国正在迅速推进的城市化进程极大地拓展了报业的发展空间。

---

①郑蔚雯、里克·埃德蒙兹、艾米莉·古斯金、汤姆·罗森斯黛：《突破迫在眉睫　复苏擦肩而过——2010美国报业发展报告》，《新闻记者》2011年第5期。

②毛家明：《报纸经营：现状与对策》，《中国报业》2011年第3期。

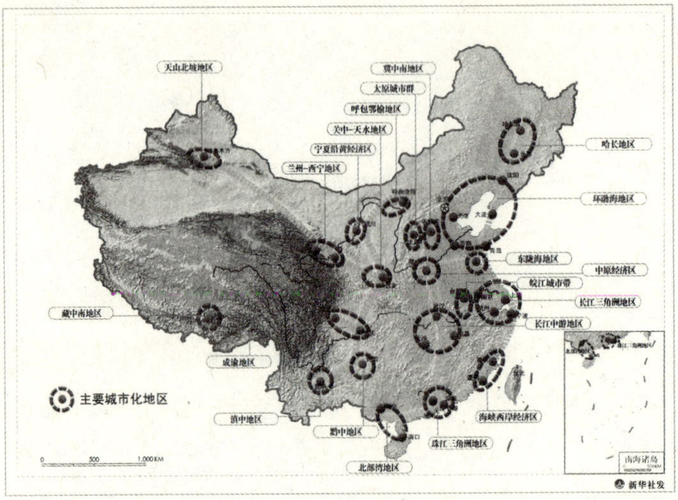

“十二五”规划纲要（草案）“两横三纵”城市化战略格局。（新华社）

对于媒体的消费，无论是广告还是发行，或是收视率还是收听率、浏览量，都主要集中在城市，欧美的城市化水平较高，因此，其媒体消费提升空间有限。我国的城市化进程正在加快，城市化的外在表现就是城市人口增多、城市经济高速发展、城市规模不断扩大。而这些都是报业赖以发展的基石。因此，媒体消费空间潜力巨大。

中国住房和城乡建设部提供的数据显示，2009年我国城镇化率已达46.59%，我们只用30年时间就赶上了西方200年的城市化历程。[①]我国城市化速度在20世纪80年代较为缓慢，90年代速度加快，新世纪以来则大幅提速。中国已进入城市化率从30%到70%的城市化加速发展阶段。预计未来10到15年，中国城镇化仍将保持年均0.8至1个百分点的增长速度。

我们甚至可以这样理解：中国传媒几十年来的迅猛发展得益于中国城市化的进程，比如都市报的兴起就得益于中国城市化进程的加快；今后也将依赖城市化进程。中国城市化发展还有多少空间，中国报业就拥有多少空间。我国城市化的既有程度与将要达到的增长速度都将给报业消费带来巨大机会。

二、社会老龄化加剧

在香港走访报业，发现香港居民有个习惯，喜欢喝早茶，喝早茶的大部分都是老年人，人手一份报纸。

业内人士告诉我，香港是全球人均日报拥有量最大的地区之一，总共只有

---

①高云才：《城市化不能“大跃进”——中国城市化观察》，《人民日报》2011年2月14日。

700多万常住人口，但收费报和免费报加起来的发行量达到200多万份。这主要得益于香港这些喝早茶的老年人。香港是个典型的老龄社会，香港特区政府统计处公布的最新《分区人口及住户统计资料》显示，2010年年底香港总人口达706.8万人，较2009年年底700.3万人上升0.9%。65岁或以上人口占总人口比例为12.2%，按年升0.1个百分点；15岁以下人口占总人口的比例为12.3%，按年跌0.2个百分点。[①]

老年人相对于年轻人更青睐于报纸阅读，即使从生理角度也是如此，报纸不闪，不累眼睛，随意、方便，可以非常慢速地阅读。未来的报纸可能就会进化出专门适合老年人阅读的报纸品种。

当所有的报纸都在担心年轻读者流失时，中国报纸的忠实读者老年人正在逐渐增多。同样是在香港，我问报人们“为什么你们不担心报纸读者中年轻人离去？”时，他们很坚定地告诉我，“年轻人也会老去”，报纸依然有读者。

根据《2009年度中国老龄事业发展统计公报》，我国早在20世纪最后一年就已进入了人口老龄化社会，现在，全国60岁及以上老年人口达到1.6714亿，占总人口的12.5%。到21世纪中叶，中国人口的1/3将是老年人。而且这个进程还呈加快趋势。[②]报纸未来的一个重要读者群正在快速扩大。

三、经济发展模式转型

中国经济发展的三驾马车是消费、出口、投资，这些年来，经济发展过度依靠出口。这带来很多问题。一是导致流动性过剩，外汇储备需要央行发行同量人民币维护；二是经济结

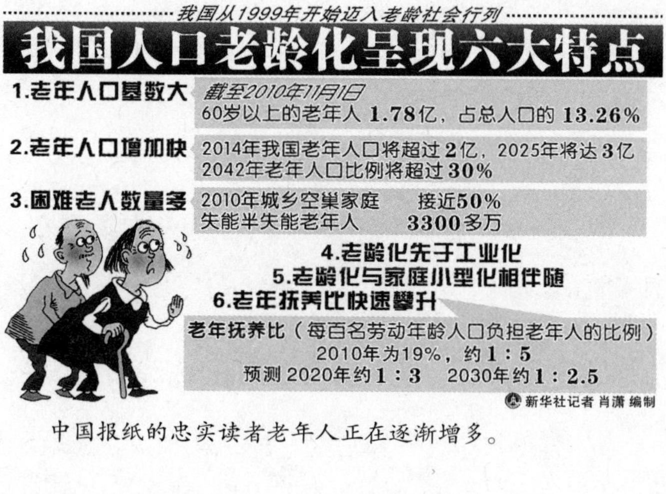

中国报纸的忠实读者老年人正在逐渐增多。

---

①《统计显示香港贫富悬殊　湾仔户月入2.9万最富贵》，《文汇报》2011年4月1日。

②卫敏丽、施元雪：《2009年度中国老龄事业发展统计公报》，新华社北京2010年7月13日电。

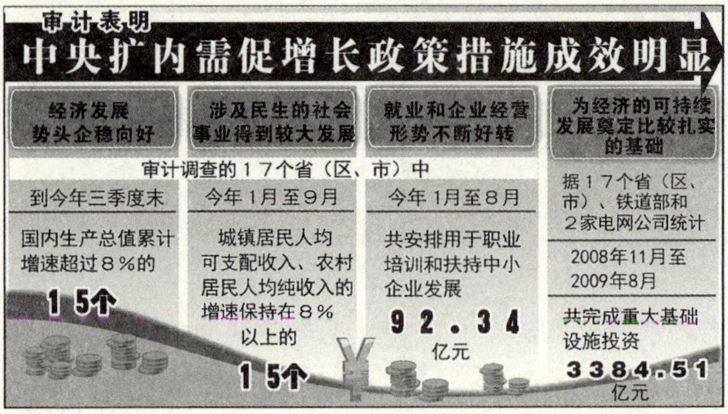

审计表明，中央扩内需促增长政策措施成效明显。（新华社）

构单一化的抗风险能力弱化，更容易受国际经济形势制约影响，上一次的国际金融危机导致我国出口受影响就是一个例证。

国际金融危机的深刻教训，不可能永远依赖出口的巨幅年增长和国内投资的快速增长，如果要保持长期高速增长，消费必须在经济中发挥更大作用。中国经济发展模式正面临转型，消费在经济发展中所占的比重将越来越大。就此，国家已经出台了一系列的相应政策力图扩大消费需求。

在这一点上，中国与西方不同，中国有扩大内需的潜力，而西方发达国家的内需潜力基本已经被挖掘殆尽。出口型企业不需要在国内媒体做广告，出口和投资都不能直接拉动传媒广告增长。因此，对于报业广告而言，这种由出口、投资向消费模式的转型意味着传媒将在转型中获得巨大收益。内需扩大潜力非常巨大，相对于以前的出口、投资型的经济增长模式，消费型经济增长模式将给中国报业带来更大的想象空间。

中国报业不应对报纸失去信心。

附录一

香港报业：慎做新媒体

中国内地报社的新媒体做得风生水起，但是在香港却是波澜不惊，没有出现几乎所有报纸在大张旗鼓地运作新媒体的现象。论发展程度，香港报业的成熟度远比内地高；论竞争程度，香港有19家日报，在700多万人口的地方展开白热化竞争；论报业体制，香港报业的市场化机制非常成熟。

但是在香港报业中，新媒体的运作却比内地要成熟。苹果的“动新闻”做得相当专业，运营模式也很好，已经形成一定影响，香港报人称“内地没有比得上的”。香港报业的新媒体看准了才会上项目，不会跟风，不贪大求全。

在香港，没有一家报社会新办明显不赚钱的新媒体，没有一家报社会创办十几种各种各样的新媒体，没有听说一位报社老总会说，要让新媒体来挽救报业的未来，即使香港报业的多元化经营比较普遍与成熟，但也从来没有一家报社声称自己要向全媒体集团进军。香港报业的新媒体运作相当谨慎。这种谨慎的态度与香港报业的大环境与香港报业的体制机制密切相关。

紧张快节奏的生活

走在香港时代广场前的街头，处处可见身着正装、步履匆匆的人们。香港工作生活节奏非常快，很少看到有人在街边、公园打牌打麻将。这一点对于新媒体来说是致命的。

网络与电视一样，是最耗时间与专注的媒介形态，人们习惯用一个词，叫“泡在网上”。玩微博玩得最火的人往往是比较有闲暇时间的人，当然，有些名人的微博是有专人为他们打理，跟有没有时间没有关系。有了网络，再多的时间也能消磨掉。因此，香港社会缺乏新媒体滋生的土壤。

报纸提供给人们的是精挑细选的信息，上班路上买上一份，看完一扔，满足人们碎片时间的信息需求。因此，报纸的风头在香港才这么强劲。截至今年6月30日，香港的人口是710.8万，却有200多万份的日报发行量。

另一方面，香港市民的生活习惯也更适应报纸的发展。香港新闻联会会长、世界中文报协前主席张国良认为：报纸的影响力要超过电视，更超过网络，这样网络的空间就变得很小了，报纸加上电视基本上就足够满足人们的传播接受需求了，没必要再到网络中寻求信息满足。

特殊的社会人口结构

香港是个典型的老龄社会，这也是香港新媒体影响力不大的重要原因。2011年4月2日，香港统计处公布的最新《分区人口及住户统计数据》显示，香港人口老龄化问题进一步加剧。香港25岁以下人口，由2009年占总人口的25.6%下跌至去年的25%，65岁或以上人口则升至12.2%。大部分老年人都不喜欢使用网络，主要是眼睛容易疲劳，再是对新生事物反应较迟钝。

香港人喜欢喝早茶。《大公报》副总编辑、大公网总编辑王伟说：“香港市民喝早茶，不可能扛台电视机去，只可能拿一份报纸。”走进香港一般的早茶餐厅，大部分人面前都有报纸，一边喝早茶，一边看报纸。有些人会同时看多份报纸。张国良介绍：香港大部分人上网主要是为了商业方面的需要，比如发邮件之类，到网上看新闻的情况很少。用网络比较多的反而是媒体从业人员，查资料、核对数据等，老百姓用得很少。

从媒介经营角度看，香港的新媒体运作非常受限。星岛新闻集团有限公司社长、行政总裁卢永雄说，香港的人口很密集，对发展免费报纸很有利，但是对于网络的发展不利。比如现在很火的购物网站，在香港就根本发展不起来，原因在于香港劳动力成本很高，物流送货成本高企，网络购物价格不可能下降，只会比实体店更高。

报纸的影响力第一

在香港，所有的媒介种类中，报纸的影响力最大。这不仅是从人均日报拥有量上看，从报纸对社会生活的影响来看，报纸也是当之无愧的第一媒体。香港浸会大学新闻系主任黄煜在接受采访时说：“香港报业最突出的特点是网络对香港报业和其他传统媒体的冲击没有那么大，保持了同十年前差不多的消费模式，因为阅读报纸比较方便，很多人习惯看报。所以尽管这些年网络媒体对年轻人很有吸引力，但是对报纸的总体销售量没有太大影响。”

张国良说：“与报纸相比，香港网络就很不发达。比如，政府官员要到网络上与市民对话交流，这种情况在香港根本不会出现。主要原因是香港的各种媒介渠道信息比较畅通，该说的都说了，该做的都能做，不需要再到网络上去表达需求了。”从张国良的话语中，新媒体缺乏影响力的原因一目了然，报纸不做新媒体的行为也就很容易理解了。影响力第一的媒介没必要再去寻求弱势媒介形态的帮助。

《文汇报》副总编辑吴明介绍，香港大部分的网站都是传统媒体兴建的，缺乏类似于内地的新闻门户网站，也没有政府新闻门户的概念。1994年，香港就有了网站，但是网络的规模和影响力都要比内地的发展慢得多。因为香港的报纸非常发达，报纸可以表达出多元的声音，自然对网络的表达需求与信息接收需求就不是特别强烈。

张国良认为，每个地方的媒介竞争格局都不一样，内地现在网络的影响力很大，在台湾是电视影响力最大，香港则是报纸影响力最大，甚至电台的影响力都要比电视大。香港电台数量不是很多，但是很多具有政治功能，一些老人都边逛街边听新闻。而且，香港店铺租金贵，有很多面积很小的店铺，电视机根本摆不下，于是只能听收音机，而且收音机还可以边听边干别的事情。

实实在在的市场化运作

现在内地绝大部分的报社都在大兴土木，发展新媒体，几乎所有的媒介种类都有涉及。理由是应对新媒体对传统媒体的挑战，要成为全媒体集团，提高报业影响力，获得新的赢利增长点。但是，这些年来，各个报社创建了那么多的新媒体形态，却很少有成功的范例，绝大部分都是在烧着从报纸赚来的钱。

在香港，却没有报社做这样的傻事。一方面是香港的新媒体影响力很小，比较边缘；二是香港报纸都是实实在在的市场化运作，会非常认真地考虑市场投入与产出比。

张国良认为，网络都是赔本生意，香港的报纸老板都是要赚钱的，不会做赔钱的买卖。“香港报纸没有创办那么多的新媒体，一点儿都不着急，也没有觉得没有面子，跟不上时代步伐。报纸成败的关键是确实能赚到钱。”

卢永雄说：“我们也做新媒体，但是香港的报纸都是完全市场导向的，哪个东西有广告，能赚到钱，我们就做，内地的一些媒体可能不是市场导向，跑马占地的成分更多一些，只要占个地方就可以了，扩大了报业影响力就行，而不用考虑赚不赚钱。不断地赔钱，对于我们来说，是很痛的，就像鲜血从脖子里喷出去一样。香港报纸对新媒体的谨慎态度，主要是由香港报社的性质决定的。”

新媒体只能为报纸影响力加分

香港市民生活节奏快，对报纸的需求一般就是选择的信息要十分精练。香港报纸版式的特点是“三大两少”：大图片、大标题、大提要，少文字，少主题。一个版，就一个主题，讲透为止。这样一来，新媒体竞争环境下的现代报纸报道的特色就凸现出来了，与网络相比，阅读报纸就变得轻松得多。因此才能讨读者的欢心。

而且，香港的报纸都是厚报，厚厚的一大叠。张国良说，报纸如果版面不够量，拿起来轻飘飘的，是没有人买的，厚报有厚报的价值，老太太就喜欢看娱乐，年轻人看体育，各取所需。

张国良说：“香港人不重视网络，因此，我不赞成报纸消亡的观点，广播、电视、报纸、网络都是互补的，手机报也叫报，以后可能是网络手机，载体不一样，内容还是最重要的。媒体以内容为主，内容还符合新闻的专业精神，报纸必须坚持自己的根本与核心优势，在此基础上才能发展。目前，香港各种媒介形态均衡发展，传统媒体仍然有旺盛的生命力。”

王伟说，网络只是起到辅助作用，如果报纸的重要新闻没有放在重要的网络位置，转发率就比较低，影响引导舆论能力，新媒体在这方面对传统报纸发挥了不可替代的作用。新媒体对于报业的价值就在于用报纸自己的平台加上报纸之外的平台，使报纸内容扩大影响，比如微博，《大公报》的微博一天上十几条，专挑一些读者感兴趣的内容发布，以扩大影响。

（原文刊载于《中国记者》2011年第10期）

附录二

市场机制比融合更重要

——以美国在线—时代华纳为例反思传媒集团化

2009年年底，国际传媒巨头时代华纳公司正式剥离旗下子公司美国在线，这场备受瞩目的“世纪兼并”正式宣告失败。很多人都认为业务整合困境和文化冲突等具体策略是兼并失败的主要原因。比如，张立勤发表在《中国记者》2010年第5期的文章《传媒并购的文化冲突成因及其整合路径——美国在线—时代华纳并购败局的启示》认为：“文化冲突是造成美国在线—时代华纳并购败局的深层‘病灶’。”林岳发表在《董事会》2010年第3期的文章《美国在线与时代华纳：分手无罪》，也将问题归结为“核心业务无法整合，企业文化无法融合”。

但我认为，美国在线—时代华纳的问题是媒介融合战略大方向上的错误，而不仅仅是战术上融合方式方法的问题。

所谓的“文化冲突”、“业务整合难题”仅仅是美国在线与时代华纳两个组织机构融合战略错误的表象。没有认识深层次的原因，不利于我们总结正确的经验，更好地避免走弯路。

赢利模式无法融合

美国在线是美国“新经济”企业成功的代表。在20世纪90年代短短的十年中，美国在线资产增长率达到1300%，在2000年1月7日这天，美国在线的资本市值高达1600多亿美元。时代华纳是1990年由著名的时代公司和华纳兄弟公司合并而成的媒体。时代华纳旗下，有著名的出版和娱乐公司，包括著名的CNN电视台和《时代》周刊，并拥有1300万有线电视客户和1200万册杂志发行量。

美国在线是靠提供拨号上网服务而起家的，后来逐渐演变成一个高度依赖付费用户的门户网站，而时代华纳则是一家由CNN、华纳兄弟电影、《财富》杂志等组成的财经娱乐内容提供商。

2000年1月10日，美国在线宣布以1810亿美元收购时代华纳，成立美国在线—时代华纳公司。这是美国乃至世界历史上最大的一宗并购案，差不多当时所有形式的媒体都被融合到全球最大的媒体公司中。

当时，无论是媒体业还是网络业都普遍看好这种新旧媒体结合的模式。人们普遍认为，网络公司需要具有吸引力的内容，而传统媒体则需要互联网这个21世纪最具潜力的新媒体平台，美国在线和时代华纳的合并代表了传媒业未来的发展方向：渠道服务商和内容供应商的结合方式，意味着传统与现代产业相融合的可能。

但是，合并之后，两种完全不同的商业模式几乎从来没有很好地合作过。美国在线以快速占领市场为经营导向，善于在短时间内扩大规模，抢占先机。这种经营思路与时代华纳相差甚远，时代华纳则一贯以用户的需求为竞争利器。两者各有不同的赢利模式，但是合并后美国在线—时代华纳并没有将两者的赢利模式融合起来，创新出适应形势的新模式。集团公司本来想把跨媒体广告业务当作新的经济增长点，计划将杂志、书籍、有线服务、动画等传统媒体业务与网络服务的新经济运营模式很好地结合起来。但实际操作时，美国在线只是充当了时代华纳的各种内容产品的在线推广工具。

经营业务无法融合

美国在线与时代华纳合并时曾为互联网用户描述了一个美妙的前景：电脑、电视、音乐、杂志以及电影等媒体都可以通过网络平台为用户共享。美国在线希望通过时代华纳的品牌及丰富的信息内容，构筑自己崭新的网络帝国；而时代华纳则渴望得到梦寐以求的宽带有线网络，并利用美国在线庞大的网络基础设施传播信息，开发新型网站。实际上，这也是大部分传媒集团成立的初衷，现在业界比较流行的“一个产品，多个出口”，其原理与美国在线—时代华纳的合并初衷一致。

但实际上，合并后的公司在业务方面仍基本上表现为合并前的分割状态，极少有互相渗透的业务。由于受到网络带宽、传输等技术方面的限制，美国在线即使有了像时代华纳这样强大的内容资源也难以将其转化为高额的收入。时代华纳的内容也没有通过美国在线的网络服务出售给消费者。

传媒集团本来想把跨媒体广告业务当作“摇钱树”，计划将杂志、书籍、有线服务、动画等传统媒体业务与美国在线网络服务的新经济运营模式很好地结合起来，但后来发现美国在线只是充当了时代华纳的各种产品的在线市场推广机器，自己本身得不到相应的利益补偿。

2001年美国在线正式收购时代华纳的时候，认为时代华纳的电视及杂志等内容可以在自己的网络业务中运用，但是这个如意算盘很快就被快速增长的宽带业务所打破，2002年，美国在线拥有2600万拨号上网的用户，但目前只剩下500万户左右。

同样，时代华纳也没有与时俱进地在业务上进行变革，尽管其有线电视网络可为超过2000万的美国用户提供服务，但是由于美国在线受到网络带宽、传输技术的限制，时代华纳再精彩的内容也无法通过互联网销售，本来一个是渠道服务商，一个是内容提供商，这种结合在很多人的想象中应该算得上是天仙配，可惜双方的业务根本无法互相渗透。

也有一些人认为，如果美国在线擅长的是宽带业务，那么这种融合就能实现。但也有人认为，美国在线害怕宽带对拨号带来大面积影响，进入宽带市场时迟疑不决，错过了最佳时机。

实际上，即使美国在线的宽带业务实现突破，由于利益分成的问题，两者的主营业务也依然不能实现预想中的融合。

融合以失去专注为代价

从其分拆后美国在线与时代华纳的最新动向上，我们可以知道，两者已经对曾经的并购困境的真正原因大彻大悟了。

分拆后，“美国在线将在内容、社交网络、搜索和网络广告方面寻求突破，确立自己的核心产品，但是其难度不小，因为其最大的对手正是10年前自己不屑一顾的谷歌。谷歌的可怕之处在于它有强大的技术研发力量，具备极快的创新速度，许多创新像Chrome操作系统、谷歌手机、Google Voice等等都在颠覆现有的商业模式，不断冲击着整个IT产业链的神经。可以说，创新速度决定了IT企业的核心竞争力，美国在线如果在这方面仍然无法改变，那么迟早会被市场所淘汰”。

“时代华纳方面，目前已经形成了强大的传媒链条，在内容生产到渠道方面都有优势资源，而且时代华纳还开始一系列的业务重组，对贡献不大的杂志出版业进行支出削减，解雇非核心部门的部分员工，加大对CNN、HBO、TBS等电视频道的投资，这种聚焦资源的做法已经初见成效，其中HBO已经荣登美国付费频道的第一宝座，其规模是第二名的三倍之多，类似《欲望都市》这样的热播剧不断为公司带来了丰厚的利润。在内容生产方面的精耕细作，未来仍可以巩固时代华纳在传媒界的优势地位”。

分拆后，美国在线将成为一家独立上市的互联网公司，专注于发展广告业务；时代华纳则专注于内容业务，继续在自己的电影、电视领域做精做强。同时，美国在线的债务包袱变得更小，在媒体变革的大背景下成功的可能性会更高。

请注意这个词——“专注”，也只有专注于有限的一种业务或几种业务，才能集中精力做好它。

如同所有并购刚完成的集团一样，当年，两公司合并后，美国在线急于利用财力和名气在全球开花，摊子铺得太大，步子迈得很急。美国在线还想将网络、电视、电话服务一体化，但结果是投入太多、损失巨大。拨号上网业务急速下降，其网络广告、搜索和电子邮件斗不过极具创新活力的谷歌，社区博客竞争不过脸谱和推客，网景的浏览器市场被微软彻底取代，电子商务又没有亚马逊和电子港湾强，即时通信ICQ似乎也没有MSN、Skype甚至是腾讯QQ那样的人气和应用。

比较流行的话语说，不要把鸡蛋放在一个篮子里。这句话是不专注的代名词，很多传媒集团发展多元化业务也秉持这个理念。这样导致传媒集团每时每刻都担心着每个篮子里的鸡蛋不要碎了，顾此失彼，疲于应付。要我说，就是应该把鸡蛋放在一个篮子里，我只要看好一个篮子就可以了。

什么都有，等于什么都要兼顾，也等于什么都很差。

搜索引擎曾被认为毫无商业价值可言，然而谷歌却凭此项服务逐渐发展壮大。谷歌自身不生产任何内容，不干涉媒体公司的内容编辑，不分享媒体公司的广告收益。在很长一段时间里，它只做一件事情，结果它成功了。最近，谷歌也在拓展它的业务范围，从经验来看，这是衰败的前奏，希望它能够打住。

融合错误地理解了兼并的价值

在美国在线与时代华纳的兼并中，美国在线充当的是渠道角色，时代华纳则是内容提供者。利用美国在线庞大的网络基础设施传播时代华纳的内容产品，这也是很多人当时看好这场“世纪兼并”的出彩点。

但是，我认为，这种兼并思路是完全错误的。

为什么要兼并，兼并的价值只体现在垄断上。兼并同行，使自己成为某一行业的领先者或寡头，才能更专注于某一行业。赢家通吃是大家所追求的目标，正确的兼并目的是使自己成为行业的领军者，以实现赢家通吃。

但是现在许多传媒的兼并目的却是与此背道而驰的，一个很流行的说法是要延伸传媒产业链。梦想着传媒既能拥有上游原材料，又有内容资源，还有下游分销渠道。简单地说，就是什么都不求人，一个传媒集团拥有一切。

这种兼并观念是典型的“小农思想”，自给自足，完全不符合现代社会大规模生产规律的要求。现代社会，分工越细，效率越高；即使传媒集团获得了从内容生产到渠道运营及接收终端等产业链条的所有节点，其导致的效率低下和传递损耗也将严重影响传媒集团的产品竞争力。

而且，产业链的上游和下游都可以通过公平合理的市场机制获得，在产业分工和社会大规模生产的机制作用下，效率提高到极致。江浙一带的产业完全遵循这种经济规律，各个家庭作坊大规模地各自生产商品的某一个小环节，在市场机制的作用下，组装成最终产品。效率提高，大家都获益。门户网站仅仅是占据了产业链的某一节点，百度只专注于搜索业务，移动、联通也只占据了产业链条上的渠道环节，并没有占据产业链的所有环节，它们的竞争能力有目共睹。这一点具有启发意义，关键在于某一个节点上具有核心竞争力，就是别人求着你，牢牢掌握话语权。兼并其他环节，拥有一切，什么都不求人，只是非常低层次的追求。

产业分工只会越来越细，在这样的形势下，兼并如果是简单地兼并上下游产业，那么，效率低下、磨合困境、互相抵触等都是必然的事情。

兼并是内涵的强调，而不应是外延的拓展。

如果兼并的结果并不能实现垄断，那么，奉劝大家还是不要兼并了。有人研究了全球的企业并购的成功概率，得出的结论是：世界上的企业并购成功率只有34%。2003年7月，美国波士顿咨询集团发表了一份研究报告，进一步印证了并购研究中的一个老生常谈的话题：并购能否使股东受益？它对1985—2000年期间美国的277件并购大案进行了研究，发现其中64%的并购案对股东不利。

融合导致市场机制失灵

传媒集团外部需要市场机制，内部的市场机制也很重要。

美国在线本来希望通过时代华纳有线网——美国第二大有线电视网提供宽带上网服务，但是由于内耗，行政机制开始运作，市场机制失灵。直到2001年，也就是整合整整一年后，时代华纳有线网才开始为美国在线的宽带上网服务提供条件。美国在线在宽带领域的低效率发展，使微软、雅虎、EarthLink等对手有机会争取到更大的市场份额。美国在线—在宽带领域的竞争最终落败。

从广告经营来看，在面对外部客户时，美国在线—时代华纳各媒体的广告部门根本不能从大局出发进行合作，只为本部门的利益争斗，效率低下，造成客户在合同到期时不愿意续约，或者大幅缩减合同金额。

为什么会出现利益争斗和效率低下的问题？关键在于没有一个公正平衡的利益分配机制，以强制力将各单位各部门融合到一起，强扭的瓜不甜，国外的瓜也是如此。当硬着头皮要把本部门的东西送给其他部门，却得不到相应回报时，这种合作绝对只能是暂时的。就像现在大多数媒体联盟的机制一样，依靠道德和倡议不可能合作长久。

组织机构的融合通病是使本来公平的外部交易变成内部不能公平的交换，很多都是无私奉献，自然不能实现高效运作。这也是很多传媒集团出问题的原因。

当内部交易的成本高于外部交易成本时，企业规模就到了一个限度，组织机构的融合就变得1+1小于2了。

从这个意义上说，公平的市场机制比什么都重要。

无论是内部还是外部，如果外部能够实现公平的市场机制，交易成本低、顺畅、转换方便，那又何必一定把它们弄到一起呢？

（原文刊载于《新闻记者》2010年第12期）

后记

我就是来唱反调的

我是喜欢反思的，这是很文雅的说法；用大白话说，我就是喜欢跟人唱反调。读书时，我尊敬的导师张立伟评价说我喜欢逆向思维。还是老师厉害，他简单一个词就提升了我思维方式的水平，显得很上档次。

在导师的导引下，我将这种研究方法导入到研究实践中。2003年，在成都读研二时，我发表了第一篇论文，标题叫做《为同质竞争辩护》。所有的人都说同质竞争不好，想着法子要避免同质竞争。但我认为，同质竞争促使办报水平提高，创新不断，读者受益。

当然，在任何时候，我从来都没有刻意地要唱反调，而是在对传媒运作实践的观察与分析中，我意识到，大多数人说对的事情不一定就正确。比如，大家都说媒介融合是大势所趋，但是在调研中，我发现报业媒介融合的结果并没有好结果。比如，大家都要办报纸新闻网站，但是报纸新闻网站没有赚钱的，这个大家都能看得到；比如，大家都想让手机报卖广告，但是没有卖广告卖得好的；大家都声称“我是全媒体集团，我很牛”，但是我发现原来叫得最响的全媒体集团现在已经开始变得低调了……

当大家都一哄而上的时候，最需要的是反思。

每当我问到报业新媒体的收益如何时，原本说得很起劲的报业同仁，总是闪烁其词，“我们嘛，主要是抢滩占位，赢利不赢利暂不用考虑太多”。或者干脆顾左右而言他，或者反问我，别的报社新媒体做得怎样。一些比较熟悉的朋友会跟我坦诚相告，新媒体还没有找到合适的赢利模式，非常头痛。于是，我开始通过各种途径收集各种资料，并在各种会议、各种场合与一线的报业操作者们进行我希望是坦诚的交流，甚至还深入到报业新媒体运作的一线，跟随全媒体记者一起去采访，和网站编辑一起值夜班，与接线员一起整理QQ线索。

当然，反思与赞歌相比，总是让人不爽。对于实践或是研究来说，“认同”在任何时候任何场合面对任何人都是受欢迎的。但是我在对一些做法和观点不认同的同时，却非常认同兢兢业业的实践者们所做的拓荒者般的创新努力。我非常尊重那些失败的案例，报业的未来必须建立在它们“屡败屡战”的努力上，空谈拯救不了报业。作为一名报业观察者，我向我所观察的对象致敬。

当然，反思的最终诉求也是提高。总结为什么失败的目的是为了今后不再失败。在这一点上，失败与成功是相似的，总结成功经验的目的也是为了再次成功。

我试图通过本书告诉“很头痛”的报人们，先驱者为什么会失败，他们有哪些惨痛的教训。同时也试图告诉人们，哪些是有成功先例的，为什么他们能成功，将来可能成功的是什么。

这就是我唱反调的核心诉求。也只有这样，我的“反调”才有意义。

唱反调的过程，是一段非常有意义的思想征程，与人们早已认同的观点作斗争，通过案例与实践找出问题所在，其乐无穷。本书是一些观点火花映照下的实践思考，可以说并不是一部十分严谨的学术著作，我也不指望它过于严谨。有时，严谨往往会是思维创新的敌人。报业的过去已经严谨够了，报业的未来最需要的是创新。

感谢在我观点形成过程中与我一起分享这种思想火花碰撞，并贡献思想光芒的导师、前辈、同行、领导、同事、朋友。特别是本书的编辑刘志一同志，他是一名非常专业的传媒图书编辑，很多东西他都看得很清楚，还独具市场眼光。在他们那里，我获得了共鸣，更获得了非常难得的相左的意见，我更珍惜这种机会，观点的交锋让彼此思想都得到了升华。同时也欢迎读者继续就此话题与我一起探讨拯救报业之路。联系信箱：24687113@sina.com，新浪微博：中国记者-陈国权。

特别鸣谢，为中国报业的未来创造经验教训的实践者，他们正在拥有报业的未来。